唐朝吐蕃西域之战

The Battle of the Western Region between the Tang Dynasty and Tubo

宿巍 著

辽宁人民出版社

© 宿巍　2024

图书在版编目（CIP）数据

唐朝吐蕃西域之战 / 宿巍著 . — 沈阳：辽宁人民出版社，2024.3
ISBN 978-7-205-10837-3

Ⅰ．①唐… Ⅱ．①宿… Ⅲ．①吐蕃—战争史—史料—中国—唐代 Ⅳ．① E294.2

中国国家版本馆 CIP 数据核字（2023）第 167355 号

出版发行：辽宁人民出版社
　　　　地址：沈阳市和平区十一纬路 25 号　邮编：110003
　　　　电话：024-23284191（发行部）　024-23284304（办公室）
　　　　http://www.lnpph.com.cn
印　　刷：河北朗祥印刷有限公司
幅面尺寸：145mm×210mm
印　　张：10
字　　数：260 千字
出版时间：2024 年 3 月第 1 版
印刷时间：2024 年 3 月第 1 次印刷
责任编辑：贾　勇　赵维宁
封面设计：人马艺术设计・储平
版式设计：一诺设计
责任校对：吴艳杰
书　　号：ISBN 978-7-205-10837-3
定　　价：78.00 元

序 言

中国人谈历史，言必称汉唐。这是有道理的。因为强汉盛唐才是真正的中华。汉唐盛世是中华儿女永远的骄傲。

身为一个中国人必须要了解自己国家的历史，尤其是汉唐。

唐朝在汉朝的基础上更强大更自信也更包容，在世界上的影响也更为深远。

然而，我们的国人对真正的唐朝却不够熟悉。

中国的历史教育需要改进的地方很多。国人知道的唐朝是贞观之治；是武则天成为历史上第一位女皇帝，是唐玄宗的开元盛世，还有他与杨贵妃缠绵悱恻的爱情故事，以及接下来的安史之乱。几乎九成以上关于唐朝的历史书籍都逃不出这个范围。但这些只是唐朝历史的热点却不是全部。

以战争史而言，最引人瞩目的是唐与突厥的战争，其次则是唐与高句丽的战争。但这些战争的影响仅限于初唐。真正对唐朝产生深远影响的战争却被长期忽略，鲜为人知，这就是唐朝与吐蕃的战争。因为这场战争旷日持久，有多久呢？从初唐到盛唐，从中唐到晚唐，整整打了两百年。初唐名将苏定方、薛仁贵，盛唐名将王忠嗣、哥舒翰、郭子仪、李光弼、高仙芝、封常清，所有这些名将，他们沙场建功的地方，十之八九都在西部，在西域、在与吐蕃对峙的河陇前线。平定安史之乱的主力朔方军也来自西部。

唐朝的精兵猛将几乎都来自西北，因为主战场在这里。关乎大唐国运的战争不在东而在西。汉唐建都关中立国西北，这就决定了西部战线才是决定帝国兴亡的生命线。

唐朝与吐蕃的关系在唐朝历史上相当重要，但如今这个专题却是热门中的冷门，这与其历史地位极其不相称。唐朝在河西陇右以及西域的历史值得深入研究。

本书写作的初衷即还原真实的唐朝，希望更多的人来关注研究唐蕃往来历史。

目 录

求婚唐朝——唐朝与吐蕃的初次相识 / 001

噶尔家族掌权——吐蕃的权臣时代开启 / 015

唐蕃开战——折戟大非川 / 025

兵败承凤岭——唐蕃青海之战 / 033

噶尔家族的血腥内斗——政治洗牌 / 042

低调的人往往都很厉害——唾面自干的宰相娄师德 / 045

步步为营——开拓西域设置安西四镇 / 049

大功告成——千里跃进扫荡西突厥 / 074

必争之地——唐蕃对安西四镇的争夺 / 091

喋血宫廷——唐蕃政坛大换血 / 116

陇右大捷——薛讷武街驿之战 / 128

互有攻守——唐蕃鏖兵陇右 / 132

进不求名退不避罪——国之干城王忠嗣 / 141

浪子回头——大器晚成哥舒翰 / 154

001

帝国双璧——建功西域的高仙芝与封常清 / 163
任人唯亲酿苦果——天宝战争 / 175
渔阳鼙鼓动地来——安史之乱 / 179
汉兵处处格斗死——河陇失守 / 208
临危受命——郭子仪收复长安 / 213
从满门忠烈到起兵反唐——被逼反的功臣仆固怀恩 / 218
功成身退——传奇名将郭子仪 / 226
浴血苦战——大历灵州保卫战 / 236
困守孤城——沙州之围 / 242
一错再错——从清水会盟到平凉劫盟 / 246
构建对吐蕃的战略包围网——贞元之盟 / 260
城盐州——必守之地盐州城 / 269
剑南唐军的反击——维州之战 / 274
鲜血浸润的东归之路——沙陀归唐 / 279
四十载泣血坚守，满城尽是白发兵——唐朝西域孤军 / 286
浴血坚城——决战盐州 / 295
一波三折——维州归唐 / 300
六郡山河宛然而旧——西北有唐朝孤忠归义军 / 304

求婚唐朝——唐朝与吐蕃的初次相识

唐朝贞观八年（634），一队来自青藏高原的吐蕃使者不远万里来到长安向唐朝朝贡。

此时的唐朝皇帝正是贞观天子李世民，在李世民的治理下，国势蒸蒸日上，唐朝正在开创属于它的辉煌盛世，即历史上享有盛名的贞观之治。

雄才伟略的唐太宗李世民在经历玄武门之变登上帝位后，面对错综复杂的局面，对内迅速平息因玄武门之变引发的内部危机，妥善处理了隐太子旧部，巩固了帝位；对外扫平不可一世、嚣张一时的东突厥。

唐朝的强大令北方草原各部只能仰视，特别是唐军只用三年便打垮了曾经的草原霸主东突厥，令他们对唐朝非常敬畏。然而，唐朝并未恃强凌弱，而是友好相待，恩威并施。

唐朝之所以成为大唐，开创名垂青史的大唐盛世，原因正在于它的开放与包容。这是只有强者才拥有的从容与自信。

北方草原各部落为表达对大唐天子的敬意，一致尊称李世民为"天可汗"。

此后，四方朝贡的使者络绎不绝，帝都长安经常有来自不同地域、不同国家的使者来朝觐大唐天子。

"九天阊阖开宫殿，万国衣冠拜冕旒。"这是只有唐朝才有的盛世气度。

唐朝百姓早已习惯来来往往说着不同语言、穿着不同服饰的来自世界各国的使臣。来自青藏高原的吐蕃使团并未引起唐朝的注意，事实上也的确如此。

唐朝天子李世民仅仅礼貌性地接见了吐蕃使团，便让他们回去了。史书对这次会面仅有寥寥数笔，这次会面确实极其短暂，却意义非凡。因为这是唐朝与吐蕃见于史册有文字记载的第一次正式接触。

真正令唐太宗对吐蕃产生兴趣的是在它附近的另一个游牧部落吐谷浑。唐太宗当时正为吐谷浑对唐朝西南边境的频繁袭扰而大为恼火。

听说吐蕃在吐谷浑的南边，唐太宗李世民便想趁机对这个陌生的吐蕃有更多的了解。唐太宗有这种想法一点儿也不奇怪，这跟当年汉武帝派张骞出使西域联络大月氏的用意是相同的，都是为了牵制当面之敌。

汉武帝的敌人是匈奴，唐太宗的敌人是吐谷浑。然而英明神武如李世民也不会想到，相比时常来边境小打小闹的吐谷浑，吐蕃才是唐朝未来真正的敌人。

每个朝代都会有来自外部的威胁，两汉的外敌是匈奴，魏晋则是鲜卑，中原王朝的边患大多来自北方，唐朝似乎也是，建国初期，突厥骑兵经常来关中"串门"，顺便带点东西回去，就连唐朝的都城长安一度都处在突厥骑兵的威胁之下，逼得李渊几次想迁都。

说起唐朝的劲敌，很多人第一时间想到的也是突厥。但这个答案其实是错的。唐朝真正的边患不是北方的突厥，也不是东北的高句丽，当然，更不是西南的南诏。唐朝的"一生之敌"正是此刻前来长安通好的吐蕃。

相比令隋唐两朝四代帝王刻骨铭心的高句丽以及曾令唐朝

开国皇帝李渊受尽屈辱的突厥，吐蕃出场的时间多少有点晚，但读过武侠小说的都很熟悉这么一个套路，开始出场的多是功夫值不高的小角色，虽然出场很高调，但多数是龙套，有的连脸都没混熟就告别了舞台，而真正的高手往往都在后面出场，而且，多数时候，他们都很低调。

有的时候，历史与小说的情节往往很相似，此时的吐蕃就是出场稍晚的那种武林高手，出场一点儿也不炫目，但人家却是主角。突厥与高句丽，不过逞强一时，两三场较量下来，就被唐朝彻底打回原形。

唐太宗李世民以雷霆之势闪击东突厥，曾极度嚣张的草原霸主东突厥一战即亡。

西突厥因为地处偏远又一度与唐朝关系融洽，才得以又延续二十余年。到李世民的儿子李治时，西突厥也俯首归附。

顽劣的高句丽凭着山高路远气候寒冷与唐朝硬抗二十年，但还是被唐朝打败，最终以亡国收场。

只有吐蕃与唐朝几乎从头打到尾，双方从初唐相识，至盛唐陷入鏖战达到高潮，直到晚唐结束，跨越两个世纪，长达两百年的漫长战争。

6世纪，吐蕃兴起于西藏山南地区的雅隆部。经布聂赛、南日伦赞父子的开拓，势力逐渐扩张到拉萨河流域，雅隆部又叫悉勃野部。南日伦赞是松赞干布的父亲，极速扩张的吐蕃，内外矛盾也在急速加剧，南日伦赞很快便死于吐蕃内部的政治谋杀，当时还是少年的松赞干布表现出与其年龄不相称的成熟稳重，即位后以雷霆之势迅速扫平叛乱，稳住局势，并于贞观七年（633）迁都逻些（今西藏拉萨），正式建立起吐蕃政权。这个政权的历史几乎就是与唐朝对抗的战争史。

唐朝与吐蕃在各自的巅峰相遇，从初唐打到盛唐，从中唐打到晚唐，唐朝与吐蕃的战争几乎与唐朝的历史相始终。

但此刻双方对彼此尚十分陌生，也不清楚对方的实力。遣使通好即是来摸虚实。来而不往非礼也，唐朝作为礼仪之邦，自然要讲礼数。

唐太宗李世民派使者冯德瑕随吐蕃使臣回访，顺便也摸摸吐蕃的底。吐蕃首领松赞干布隆重接待来自唐朝的使者。虽然地处闭塞苦寒之地，但松赞干布对唐朝也仰慕已久。不过，松赞干布对唐朝的了解也多是道听途说，这次唐使到来，松赞干布自然不愿错过这个拉近彼此关系的机会。

在与使者的聊天中，松赞干布得知突厥、吐谷浑的可汗都娶了大唐公主。这令松赞干布十分羡慕，他也想做唐朝的女婿。身为一国之主，松赞干布自然不会为娶媳妇犯愁，他们的婚姻也不是简单的嫁娶。娶唐朝公主是典型的政治婚姻。

古代上层社会，政治联姻是最常见的政治联盟方式，对这一点，有一个词最为大众所熟悉，那就是门当户对。相比师生、同乡，以婚姻为纽带，建立起的血缘关系，显然更可靠。皇帝与大臣之间、大臣与大臣之间，政治联姻几乎是贵族婚姻的常态，特别是在标榜门阀的魏晋，隋唐亦如是。门第是基础，身份是关键。

古人有言，娶妻以德，娶妾以色。后面的"色"很好理解，纳的妾要长得漂亮。重点在前面的"德"，这个德可不仅仅是指贤良淑德，"德"字的背后大有深意，它的真正含义其实是身份，准确地说是政治地位。

门阀贵族婚姻的本质是门第相当，身份对等。娶的是身份，嫁的也是身份。妻是正妻，必须要有贵族的身份。妾是侧室，可以不限门第。身份对等，门第相当才有联姻的可能。

鉴于政治联姻的重要作用，这种方式也被广泛用于国家之间。春秋时期，秦晋长期通婚，于是就有了秦晋之好。战国时代，秦楚世代联姻，来自楚国的外戚长期在秦国掌权。政治联姻对国家政治的影响巨大。当中原王朝与周边游牧部落产生交集后，政治婚姻也开始向外拓展。汉朝与匈奴就是通过和亲的方式建立起政治联系。

联姻的好处显而易见，与唐朝通婚可以迅速提升吐蕃作为新兴国家的政治地位，与唐朝建立亲密关系，符合吐蕃的利益。做唐朝的女婿，说出去也是很有面子的。

于是，松赞干布再次遣使携带金银珠宝随唐使冯德瑕入朝，目的很明确——求婚。

然而，松赞干布失望了，唐朝没有答应他的求婚。

不答应的原因也很简单，实在没有那个必要。

唐朝之所以要与突厥、吐谷浑联姻，那是因为在唐朝看来，突厥、吐谷浑对于稳定唐朝的边境很重要，需要利用联姻稳固关系。

而吐蕃远在万里之外，之前对吐蕃感兴趣是因为吐蕃北面的吐谷浑，但不久之前，唐军两次远征已经彻底搞定了吐谷浑。吐蕃的重要性自然也就下降了。

唐朝也不是跟谁聊两句就嫁公主。在李世民的国家战略里，此时吐蕃的地位极其不重要，那也就没有必要嫁公主过去。

其实，松赞干布听到的消息并不可靠，事实上，直到贞观十四年（640）吐谷浑才娶到唐朝的弘化公主，而同年，唐太宗李世民也同意了松赞干布的求婚。至于突厥，虽然几次求婚，但到头来还是未能做成唐朝的女婿，与之相比，松赞干布已经很幸运了。

不过，当时松赞干布的感觉不是很好，毕竟求婚被拒，面子上过不去。

松赞干布感到自己受到轻视，实际上也差不多。为了迎娶唐朝公主，松赞干布认为有必要向唐朝展示一下自己的实力。但他首先攻击的对象却是吐谷浑。

据说奉命出使长安求婚的吐蕃使臣在求婚被拒后，怕被责备办事不力，就胡乱编了个借口，说唐朝天子本来很热情，也答应了和亲，但吐谷浑的使者从中挑拨离间，唐朝才取消和亲，要不是吐谷浑使坏，这时唐朝公主恐怕已经在路上了。松赞干布听后大怒，这才发兵进攻吐谷浑。

这个说法纯属胡扯。吐蕃进攻吐谷浑是其国家战略。

松赞干布十三岁便继位当上赞普，其谋略才干非常人可比。虽然此时的松赞干布也不过才二十出头，但政治上已经相当成熟，可不是一个使臣能随便骗过去的。

当年松赞干布的接班并非正常的权力交接，他的父亲南日伦赞是被手下大臣毒死的。此时的吐蕃作为一个新兴的部落国家，正在急速扩张，在南日伦赞东征西讨之下，山南、拉萨、日喀则、那曲都成为吐蕃的领土。

吐蕃的版图在一天天扩大，但在这个过程中，矛盾也在急剧激化，阳光照不到的角落，总有暗流在涌动。新贵族与旧贵族之间为争夺权力明争暗斗。旧贵族认为南日伦赞偏袒新贵族，终于有一天，旧贵族的不满怨恨达到顶点，将南日伦赞毒杀。

松赞干布面对危机四伏的险恶处境，不动声色，秘密调集部队，迅速出兵，以雷霆之势扫平各地叛军，处死毒杀他父亲的旧贵族。

之后，松赞干布亲自带兵杀入叛乱的中心雅砻，兵锋所至如沸汤泼雪，反叛势力纷纷瓦解，很快便平息叛乱。

而松赞干布之所以先对吐谷浑下手，只能从地图上找答案。翻开地图便不难明白，为何吐蕃会对吐谷浑动手。

青藏高原周边山川阻隔。南部横亘着喜马拉雅山脉和喀喇昆仑山脉；东部是横断山脉的高山幽谷；西北是昆仑山脉的皑皑白雪；东部有唐古拉山、巴颜喀拉山。只有向北进攻吐谷浑，才能打开缺口，走下高原向河西陇右扩张。

吐谷浑控制了从青海往北、往东、往东南、往西、往西南的所有通道，联系着中原与漠北、西域、吐蕃的交通。

吐谷浑是河西走廊的战略缓冲，与河西陇右是唇亡齿寒的关系。正因如此，李世民才会大费周折，数次派兵征讨吐谷浑打垮反对势力，以和亲方式扶持亲唐的吐谷浑可汗诺曷钵，将弘化公主嫁给他。

吐谷浑从此使用唐历，奉唐正朔，遣子弟入唐，成为唐朝属国。和亲的战略价值在吐谷浑的身上得到了充分的体现。

从前时常来打劫的小土匪，现在变成了顺从听话的小弟。如此巨大的转变，可不是一两场战争能办到的，显然和亲的作用不可忽视。

贞观十二年（638），吐蕃大举进攻吐谷浑。吐谷浑不久之前刚被唐军修理过，还没缓过来。被吐蕃一顿猛捶，被打得丢盔弃甲，被迫撤到青海湖以北躲避吐蕃兵锋，青海湖以南的大片牧场为吐蕃所有。

轻松击溃吐谷浑后，松赞干布意犹未尽又率军东进横扫白兰、党项等诸羌部落。

在这个过程中，吐谷浑多次向唐朝求救，奇怪的是唐朝却态度暧昧，眼看着自己的准女婿（此时公主尚未过门）被吐蕃痛打，却不管不问，置之不理。估计李世民也是被之前吐谷浑频繁袭扰河西搞得很不爽，觉得让吐蕃教训教训这个爱闹事的部落也不错。

吐谷浑见告状不管用，打又打不过，很是郁闷，只能在青海湖附近躲躲藏藏，明明是在自己的地盘上，却弄得跟做贼似的，被赶得到处跑，苦不堪言。

郁闷的不只吐谷浑，吐蕃也很郁闷，本想通过修理吐谷浑刷存在感，以引起唐朝的注意，结果人家根本不理这茬儿。

见打小弟不管用，松赞干布决定直接找唐朝对话。同年八月，松赞干布率兵进攻唐朝的松州（今四川省松潘县），号称兴兵二十万，还放话说"公主不至，我且深入"。不嫁公主，我可就来"串门"了。

松赞干布刚刚在青海湖南面打败吐谷浑，向北翻过祁连山直接可以威胁唐朝的河西陇右。青海湖周边地势平坦，十分适合吐蕃骑兵作战，但松赞干布却选择去打东面千里之外的四川重镇松州。放着近路不走，偏要翻山越岭去四川，用意再明显不过，还是想引起唐朝的注意。

松州守将都督韩威听说吐蕃来犯，还以为是吐谷浑之类的松散小部落来抢掠，也没多想，立即率兵出击。他可能只是想出来收拾几个打劫的小股土匪，顺便立点军功，可没想到出门就遇上了吐蕃的主力军团。

松州并不大，军队也不是很多，与吐蕃主力一番野战，结果大败。吐蕃军乘胜围攻松州城，连着打了十多天却打不下来。吐蕃不善攻城的弱点也暴露出来，此后的两百多年，这一直都是吐蕃的短板。

松赞干布见松州城一时难以攻下，便在城外扎营，围而不攻。唐朝边军被吐蕃击败，虽然只是小败，但在周边的羌人部落中还是引起极大震动，依附于唐朝的阔州、诺州等羌人部落搞顺风倒，相继举州降蕃。

边境军情迅速传到长安，这次终于引起唐朝的重视。

八月，唐太宗李世民命令吏部尚书侯君集为当弥道行军大总管，以右领军大将军执失思力为白兰道行军总管，左武卫将军牛进达为阔水道行军总管，率步骑五万反击吐蕃。

九月初六，先锋大将牛进达率军直抵松州城下，发现吐蕃防备松懈，于是带兵夜袭吐蕃大营，斩杀千余人。吐蕃见唐军援兵赶到，主动后撤。

松赞干布这次来本就只是抱着显示实力的目的，并不是真要与唐朝开兵见仗。出兵以来一连串的胜利，令吐蕃收获颇丰。于是，松赞干布见好就收，撤兵而去。

松赞干布的举动充分说明了他的意图。他只是想引起唐朝的注意，并不是真的想与唐朝打仗。松赞干布对他的国家实力还是很清楚的，与大唐开战并不明智。

松赞干布虽说号称带来二十万大军，但其实这里面水分很大，游牧部落建立的国家，兵民的区分很不明显，也可以说是兵民合一。

对他们来说，出来打仗抢东西也是另一种生活方式。此时的吐蕃也是如此，他们出来是赶着牛羊带着家属的。所谓二十万大军，老弱妇孺都算在内，真正有战斗力的也就五六万人。

此次唐军的反击兵力也不过五万，总体来说，双方势均力敌。对一支五六万人的大军而言，损失一两千人，对战斗力的影响几乎可以忽略不计。

很明显，松赞干布不会因为一次寻常的小挫败改变决策，对于见惯大风大浪的松赞干布来说，松州城下的战斗实在不值一提，但他还是退兵了。因为他的目的已经达到，向唐朝展示了他的实力，同时，他也亲眼见证了唐朝的强大。

此时，吐蕃在青藏高原的政权尚未稳固，实力与唐朝更是相去甚远，处在发展上升期的吐蕃这时需要的是与唐朝友好相处，得到唐朝的承认以提升其地位。

对唐朝而言，广阔的西域才是用兵的重点，河西陇右更是唐朝的命脉所在，与吐蕃保持和平，避免吐蕃对边境的骚扰也符合唐朝的利益。

贞观十三年（639）秋，吐蕃自松州退兵，与此同时，遣使入长安谢罪，并再次提出和亲请求。唐朝也改变之前的拒婚态度，同意松赞干布的求婚。

贞观十四年（640），大喜过望的松赞干布立即派吐蕃大论（相当于唐朝宰相）禄东赞携带黄金五千两及大量礼物作为聘礼来长安求亲。

十月，吐蕃使团抵达长安。唐太宗李世民亲自接见禄东赞，并决定将文成公主下嫁吐蕃。史册中对文成公主的记载甚少，这位公主充满神秘感，从有限的资料中，人们只知她武德八年（625）生于任城（今山东省济宁市），是唐宗室之女，连她父亲是谁都不清楚，但现在多猜测为李道宗，当时的任城王正是李道宗。至于她本人，我们甚至连她的名字都不知道。

汉唐以来，和亲公主多是宗室之女，皇帝的亲生女儿轻易是舍不得远嫁的。不同于寻常百姓的婚嫁，对和亲公主而言，她们这一去即是永别。

正如《红楼梦曲·分骨肉》中所唱：

> 一帆风雨路三千，把骨肉家园齐来抛闪。从今分两地，各自保平安。

但例外总是有的，就在吐蕃求亲使团来长安的路上，一支送亲队伍也从长安出发，前往吐谷浑。这位早于文成公主数月出嫁的是弘化公主。她要嫁的是吐谷浑可汗诺曷钵。

弘化公主也是唐朝宗室之女，她是淮阳王李道民的女儿，也是唐朝十余位和亲公主中，为数不多的出嫁后还能回国省亲的公主。弘化公主在其父淮阳王李道民及大将军慕容宝的护送下，离开长安远嫁青海。不久之后，这两位远嫁的公主还会在青海相会。

贞观十五年（641）正月的一个黄道吉日，文成公主在江夏王李道宗的护送下启程前往吐蕃。唐太宗李世民亲自到长安城外送别，而派李道宗护送文成公主出嫁，也是想让这位父亲能再多陪陪即将远嫁的女儿。

文成公主一行冒着凛冽的寒风，踏着初春的积雪，经过关中平原，越过赤岭来到吐谷浑。在这里，文成公主受到吐谷浑可汗诺曷钵和新嫁来不久的弘化公主的热情欢迎，在早已建好的行馆休息月余，以消除长途跋涉的疲劳。之后，文成公主继续西行。

经过艰难的跋涉，送亲队伍终于到达柏海（今青海省札陵湖），松赞干布按照之前的约定从逻些赶来迎亲。松赞干布特意穿上唐朝衣冠，以子婿之仪拜见李道宗。文成公主盛装会见松赞干布，仪式隆重而盛大。欢宴过后，文成公主与送亲的父亲洒泪分别。

文成公主入藏途经的青海湖、日月山，至今仍流传着大量有关她的传说，这些传说广为流传真实地反映了汉藏人民对唐蕃和亲为一家的欣喜。

文成公主到逻些时，红山上的布达拉宫已经建成。松赞干布为文成公主举行了庄重盛大的婚礼。数以万计身着盛装的青年男女汇集到红山下参加这一盛典。

文成公主嫁入吐蕃后，唐蕃之间的经济文化交流日趋紧密。中原先进的农具制造、纺织、建筑、造纸、酿酒、碾磨等技术和历算、医药、天文等科学知识得以传入青藏高原。

吐蕃也经常派出使者到长安朝贡。来自吐蕃的使臣们不但能说一口流利的汉语，而且常常能引经据典。

文成公主出嫁后的十余年里是唐蕃的蜜月期。

不久之后发生的王玄策事件可以充分说明这一点。

大唐贞观二十二年（648），唐太宗以王玄策为正使、蒋师仁为副使，率使团三十余人携带礼物出访天竺。此次出访的目的是从天竺引进蔗糖的制作工艺和匠人，任务并不困难。

贞观十七年（643），王玄策就曾以副使的身份出访过天竺，那次访问受到天竺的热情接待。在王玄策看来，这是一次再普通不过的访问，然而，偏偏发生了意外。

使团来的时候正赶上天竺内乱，之前的老国王已经去世，天竺政局动荡，一个名叫阿祖那的大臣趁机篡夺政权。这个家伙贪图唐使带来的财物，干起了杀人劫财的勾当。

王玄策率领的是使团不是军队，而且只有三十余人，对方调动军队来抢劫，自然难以抵挡。使团奋力抵抗，大多英勇战死。王玄策、蒋师仁率仅剩的为数不多的部下连夜突围，来到吐蕃的属国泥婆罗。

一般的使者到此时也不过是寻求庇护，然后辗转回国。至于怎么对付天竺，那是朝廷的事情。

但唐朝的使臣不同以往，强盛的唐朝令唐人豪气干云，这是骨子里的自信。盛唐气度，不是说说而已，而是体现在方方面面。

唐朝的尊严不容侵犯。必须让那些胆敢冒犯唐朝的人受到惩罚，令世人皆知，犯大唐者，虽远必诛！

王玄策来到泥婆罗不是寻求保护的，他是来借兵的。这个外交官要带兵杀回去，为死难袍泽报仇雪恨。

泥婆罗国王不敢做主，便向他的上级吐蕃赞普松赞干布请示。松赞干布一听就怒了，竟敢抢我岳父的使团，真是活腻了。

松赞干布立即下令从逻些抽调精兵一千二百人，又令泥婆罗出兵七千全部交给王玄策指挥去报仇。

王玄策带着八千精兵直扑北天竺的茶博和罗城，击败拥有战象的天竺军队。对方见王玄策攻势强劲，骁勇敢战，实在打不过，干脆固守避战，躲在城里不出来。

王玄策则直接带兵攻城，经过一个月的围攻，攻下茶博和罗城，接着，又是一路追杀，斩首三千，落水溺死者将近万人。

阿祖那见势不妙逃往中天竺。王玄策乘势攻入中天竺。阿祖那整军再战，再次被王玄策击败，只得弃国东逃，逃入东天竺。阿祖那从东天竺国王那里搬来援军，要去找王玄策拼命。起初阿祖那进展顺利，然而，他很快就明白了原因，他又中计了。

王玄策故意败退将阿祖那引进埋伏圈，接下来的事情，就很俗套了。进入埋伏圈的阿祖那军被全歼，他本人也被活捉。这时阿祖那的妻子还固守着朝干托卫城。

王玄策命蒋师仁带兵围攻朝干托卫城，自己则带兵扫平周边城邑，附近的大小城邑望风而降。

不久，朝干托卫城也被攻克。由于东天竺王之前曾援助阿祖那，王玄策携大胜之师进攻东天竺。此时东天竺王尸鸠摩吓得魂飞魄散，连忙派人前来谢罪，表示愿臣服唐朝。王玄策这才收兵，将阿祖那押回长安。劫持唐朝使团事件，以大唐的胜利宣告结束。

王玄策回国之后立功受赏自不必说。令唐太宗李世民真正感到欣慰的是吐蕃在此次事件中的表现。

虽然王玄策胆略过人，但王玄策的胜利在于吐蕃的支持。吐蕃的出兵相助才是关键所在。此时，李世民的主要精力在东面的高句丽，西南的吐蕃与唐朝保持良好亲密的关系，唐军才能全力东征。

唐太宗李世民对松赞干布仗义出兵的举动大为赞赏，下令"于昭陵前，造赞普石像，记其功绩"。

在使团被劫事件中，人们津津乐道的往往是王玄策以一人平一国的出色表现，使唐朝声威远播中外。唐朝固然是此次事件的赢家，却并不是唯一的一个。相比于唐朝，吐蕃其实才是更大的赢家。

从遣使求婚到出兵助战，吐蕃的每次行动目的都不单纯。很多人都忽视了吐蕃此时的国家状态，当时的吐蕃正处在上升期，部落国家在极速扩张，扩大地盘，提升国际影响力。

之前，松赞干布向唐朝求婚就是谋求获得唐朝的认可，而后出兵则既是谋求领土扩张也是向唐朝展示实力。结果就是，松赞干布既吞并白兰羌等部落的地盘，也成功娶到唐朝公主，名利双收。

这次出兵助唐目的相同，相比于万里之外的唐朝，吐蕃对近在咫尺的天竺兴趣更大。对外扩张是吐蕃的国策，恐怕吐蕃对天竺也早就有意，趁着帮唐使复仇，顺势将吐蕃势力渗入天竺是再好不过的机会，还能打着为唐朝报仇的正大光明的旗号。

此次出兵也是一举两得，既博得了唐朝的好感，也顺利实现了向南方的扩张。尽管因为气候等原因，吐蕃并未将势力深入天竺，但这一步毕竟是走出去了。

用一句当今的流行用语来总结使团事件，就是唐朝与吐蕃实现了双赢，然而这种友好合作的时期很快就将成为过去。

贞观二十三年（649），唐太宗李世民病逝，贞观时代结束。

听闻唐太宗病逝，女婿松赞干布立即派使臣到长安吊祭，并致书宰相长孙无忌："天子初即位，若臣下有不忠之心者，当勒兵赴国除讨。"

即位的唐高宗李治下令加封松赞干布为驸马都尉、西海郡王。双方的关系仍然和睦友好。

然而，第二年，松赞干布也因瘟疫去世。

随着唐太宗和松赞干布的死，唐蕃的蜜月期也随之结束。

噶尔家族掌权——吐蕃的权臣时代开启

松赞干布去世后,其子贡松贡赞早亡,孙子芒松芒赞继位,但因年幼,大论禄东赞(噶尔·东赞域松)实际掌控吐蕃军政大权。吐蕃噶尔家族正式走上历史舞台,未来的数十年里,吐蕃政令皆出其门,噶尔家族权倾朝野。

掌握吐蕃实权的禄东赞上台后,并未急于对外扩张,不是不想,实在是国内的形势不允许。

贞观十六年(642),也就是文成公主与松赞干布结婚的第二年,松赞干布便开始了他统一青藏高原中最重要的一场战争——吞并象雄。

这场兼并战争持续了三年,松赞干布才最终获胜。然而,象雄的抵抗力量依然存在,松赞干布不得不带兵长期在各地巡视。松赞干布与文成公主结婚十年,但真正在一起的时间还不到三年。

极速扩张的吐蕃内外矛盾丛生,吐蕃需要一位强硬的实力派掌权来稳住局势,禄东赞也就是在这种背景下上台的。因而,他掌权后,首先要做的不是对外扩张而是对内维稳。

执政的最初几年,禄东赞先是派兵平定阿里的部落叛乱,又确立吐蕃的盟会制度,以定期盟会的方式召集各部首领议事,平衡各部纷争。禄东赞还组织了吐蕃历史上第一次人口普查,建立户册以便征税。

等禄东赞忙完这些,已经是唐高宗显庆元年(656),这年禄东赞率军再次东进,迅速吞并白兰羌。禄东赞终于迈出了在他主政期间对外扩张的第一步。此后的数十年,吐蕃军在禄东赞、论钦陵父子率领下四面出击,连年征战,从东到西,从南到北,几乎将周边邻国打了个遍。

尽管吐蕃的扩张是全方位的,但自禄东赞执政以来,他的主攻方向只有一个——青海的吐谷浑。当吐谷浑成为吐蕃对外扩张的目标,战争便不可避免。

对唐朝而言,为经营西域确保河西走廊乃至关中的安全,青海是必守之地。对吐蕃而言,要走出封闭苦寒的高原,青海是必争之地。

吐谷浑所在的青海依傍祁连山,坐拥黄河上游谷地,这里虽地处高原,但黄河谷地气候湿润、物产丰富。

青海的条件比中原自然不行,但比雪域高原要好很多。不论是农耕条件还是牧场质量,青海都比雪域高原要好。吐蕃,常被误解为游牧部族,就本质而言,吐蕃其实是农耕部落,畜牧虽然也很重要但从来不占主导地位,也可以说吐蕃是亦农亦牧,而既适合农耕又适于放牧的青海,对吐蕃的吸引力不言而喻。

禄东赞在稳定内部后,便将攻略吐谷浑上升到国家战略,倾举国之力来争。

但同一时期,唐朝却没有对吐谷浑给予足够的重视。此时的唐朝也确是分身乏术。

朝堂上,唐高宗李治与他的强势老婆武则天正为争夺权力跟关陇集团斗得不亦乐乎。

而外面,活跃于西域的西突厥首领阿史那贺鲁在唐太宗病逝后公然反叛,自称沙钵罗可汗,在西域攻城略地,成为唐朝在西域的心腹大患。

与此同时,在东方战场,唐朝对高句丽的战争也仍在继续,决战的时刻尚未到来,唐军采取的是疲敝敌人的持久战,派小部队对高句丽进行不间断地轮番攻击,始终保持对高句丽的军事压力,持续削弱其国力,为最后的决战做准备。

历代以来,中原政权的威胁主要来自北方,只有唐朝是例外。唐朝的威胁主要来自西南的雪域高原。

吐蕃的历史几乎与唐朝相始终,但吐蕃的强大也不是一夕而成的,吐蕃能在未来的两百年里与唐朝打成平手甚至在很长时期略占上风,原因之一,便是他们牢牢掌控着青海这一战略要点。

占据青海,吐蕃进可攻退可守,进退自如。这里既是他们的后勤补给基地,也是他们的前进阵地。青海吐谷浑的兵员、战马、粮食为吐蕃源源不断地提供着发动攻击的动力。

禄东赞主政时期的吐蕃实力有限,他们的扩张刚刚开始。此时是封堵他们的最佳时期。只要守住青海,堵住他们的去路,吐蕃就只是一个建立在高原上的政权,而一旦吐蕃冲出青海,走下高原,再想挡住他们就要困难很多,要付出更大的代价。

处于两线作战的唐朝确实很难,但以当时唐朝的国力,在青海堵住吐蕃也是可以做到的。不得不说,唐高宗李治的战略眼光比他父亲唐太宗差了不止一个层次。

禄东赞吞并吐谷浑前后用了近十年的时间,然而在这个过程中,唐朝几乎没有采取有效的行动,坐视吐谷浑被吐蕃吃掉。

吐蕃早在贞观时期就已经开始了对吐谷浑的渗透。贞观十五年(641)正月,就在文成公主入藏的同时,一场阴谋正在吐谷浑进行。

贞观九年(635),李靖率唐军深入吐谷浑作战,伏允可汗兵败被杀。吐谷浑从此分成东西二部,西部由伏允次子达延芒波结（慕容尊王）率领逃居鄯善，后投降吐蕃。

东部则由伏允长子慕容顺率领归顺唐朝，受封西平郡王，居伏俟城。慕容顺死后，其子慕容诺曷钵继位，被唐朝封为河源郡王。

贞观十四年（640），唐太宗将宗室之女弘化公主嫁与他。这是唐朝将公主下嫁外蕃的开始，比文成公主远嫁吐蕃王松赞干布还早。

当时的吐谷浑与现在的吐蕃很相似，新即位的诺曷钵年纪尚轻，掌握实权的是宣王，但宣王并不满足，他想要的是取而代之。但诺曷钵是唐朝的女婿，有唐朝做靠山，他想夺位就必须也找一个靠山，于是他就想到了吐蕃。此时，吐蕃也想将势力渗入吐谷浑，双方臭味相投，一拍即合。

贞观十五年（641）正月，宣王和他的两个弟弟以祭山为名，将年轻的诺曷钵和弘化公主（此时才十九岁）骗到赤岭山中，准备实施阴谋。

聪明的弘化公主觉察到宣王的阴谋后，飞身上马，与丈夫一起带着少量亲兵，连夜向鄯善城奔去。当时驻守在鄯善城的是唐朝果毅都尉席君买。

唐朝是一个从不缺牛人的时代，王玄策以一人平一国，薛仁贵三箭定天山，至今读来仍令人热血沸腾，豪气顿生。汉唐气魄是中国人永远为之自豪的辉煌盛世。

这位席君买的经历更为传奇，不论是王玄策还是薛仁贵，他们得以建功，背后还有千军万马。可是，此时席君买手下只有一百二十名骑兵。

诺曷钵和弘化公主被宣王手下的上万兵马紧追不舍，情势十万火急，席君买对部下骑兵说，公主受辱，就是国家受辱，使公主免受其辱，乃我辈之责！

此时的将士们个个豪气干云，当然不会放过彰显男儿雄风的机会。席君买就率领这一百二十人风驰电掣般迎着宣王的上万追兵冲了上去。

对方有一万人，一百人冲上去瞬间就会被吞噬，但席君买艺高人胆大，他"射人先射马，擒贼先擒王"，率兵直冲追兵中军，接连射倒对方数人，趁敌军混乱躲避之机，一路呼啸，还没等宣王和他的两位兄弟反应过来，已将他们斩于马下，并夺过帅旗。

这一切发生在转瞬之间，群龙无首的宣王军队立刻土崩瓦解，于是，壮观的一幕出现了：战场上，一百人追着一万人打，且穷追不舍。

眼前的情景，令诺曷钵目瞪口呆，张大的嘴巴，久久不能合拢。随后赶来的威信王与鄯州刺史杜凤举率军一起平定了宣王之乱。此战过后，吐蕃不得不暂时收敛对吐谷浑的野心，而诺曷钵也彻底归心唐朝。

显庆四年（659），禄东赞正式发起对吐谷浑的战争，然而这次他却遇上了唐朝传奇名将苏定方的强力阻击。禄东赞派达延莽布支进攻吐谷浑，后者在乌海附近遭到苏定方所部唐军的伏击。这是传奇名将苏定方的又一次远程奔袭以少胜多的战例。

吐蕃军有数万之众，而苏定方只有一千骑兵，但苏定方再次复制了三十年前以三千骑兵奔袭东突厥的传奇，出其不意，以暗夜做掩护，突袭敌营，于万军之中实施斩首行动，斩杀吐蕃主帅达延莽布支，失去指挥的吐蕃军队陷入混乱，被唐军击溃。

显庆五年（660）五月，唐军第四次东征高句丽。唐军主力被调往东线，名将如苏定方、薛仁贵等皆在东征之列。

精兵猛将都被派去东线打高句丽，西线自然兵力空虚。禄东赞当然不会放过如此良机，于当年八月再次发动对吐谷浑的进攻。

失去唐军支援的吐谷浑只能孤军作战，但吐谷浑毕竟是大国，远非白兰羌可比，吐蕃全力进攻，吐谷浑也拼命抵挡，双方陷入苦战，这场战争一打就是三年。

对吐谷浑来说，能独立抵挡吐蕃三年已经很不容易，但唐朝援兵仍不见踪影。吐谷浑已危在旦夕，偏偏这时内部又出了叛徒。

龙朔三年（663），吐谷浑大臣素和贵投奔吐蕃，将吐谷浑虚实尽数告知禄东赞。得到内奸的情报后，禄东赞尽起吐蕃之兵直插吐谷浑军侧后，将吐谷浑军主力围歼。局势迅速崩溃，吐谷浑可汗慕容诺曷钵见大势已去，只得带着弘化公主以及数千部众逃至凉州寻求唐朝庇护。

同年，唐朝水军在大将刘仁轨指挥下在百济白江口大败日本水军，日军主力被歼，四百余艘战船被唐军的火箭烧成灰烬。这一战打出近千年的和平。日本彻底被中国打服，日本人也切身感受到他们的贫穷落后，更见识到唐朝的先进富强。

但也在这一年，吐蕃正式吞并吐谷浑，将青海纳入其势力范围。

东线取得辉煌胜利，代价却是在西线埋下百年祸患。

唐朝与吐蕃的战争中，谁占据青海，谁就占据主动，处于优势。后来两百年的历史将反复证明这一点。

唐朝固然不愿看到吐谷浑被吞并，但此时唐军主力正集中于东线，倾尽全力进攻高句丽，一时抽不出兵力对付吐蕃，更重要的是，皇帝李治显然没有意识到吐蕃吞并吐谷浑带来的严重后果。

高句丽是隋炀帝的心结，也是唐太宗的心结。李治继位后秉承其父之志，誓要将征伐高句丽的战争进行到底。

从隋朝到唐朝，隋唐两代四位皇帝，不惜成本，不计代价，对高句丽发起一轮又一轮猛攻。

唐军经过龙朔元年（661）平壤之战、乾封元年（666）金山之战，终于在总章元年（668）将唐军的旗帜插上平壤城头，唐军收复全部辽东失地。历时二十五年，唐朝终于取得对高句丽战争的最后胜利！

唐朝在平壤设置安东都护府管理高句丽故地，在征伐高句丽战争中表现出色的名将右威卫大将军薛仁贵被任命为安东都护，领兵两万镇守平壤。

然而仅仅过了一年，薛仁贵便被调离平壤，奔赴西线，那里有一个更强大的对手在等着他。

薛仁贵不会想到他在东线所取得的所有荣誉骄傲都将在西线失去。唐军几乎是在取得扫平高句丽胜利的同时奉命西调。原因很简单，吐蕃在西南又发起了新的进攻。

一直以来，在人们的印象里，能够对中原王朝构成威胁的是北方的游牧民族。来去如风、飘忽不定的草原骑兵给中原百姓留下了挥之不去的心理阴影。

然而，这不是历史的真相。

草原民族过的是随水草而居的游牧生活。游牧民族与生俱来的特点就是松散，一块草原的载畜量是有限的，要想生存下去，必须不停地在草原上迁徙，到处游牧。

草原民族的这种特点，决定了他们难以建立起行之有效的管理体系。不论是汉朝的敌人匈奴，还是唐朝的对手突厥，究其实质，都不过是众多小部落组成的松散联盟，强大的不过是一两个部落。看似强大，其实极其脆弱。

相比于农耕民族，草原民族更是靠天吃饭的族群。一两场大的雪灾就可能击垮整个部落。

游牧民族平时分散游牧的特点，决定了他们纪律的松散性。而纪律是维系一支部队战斗力的关键所在。

说得通俗一点，不论是匈奴还是突厥，不过是一个大首领带着一群小首领率领他们的小弟来中原抢掠。他们的特点是机动性强，抢了就跑。善于游击而不会攻坚。

来自草原的游牧民族，看似强大，其实危害不大，相对容易对付。

真正难对付的，是半耕半牧，渔猎农耕都会干，筑城结寨而居的部落国家。高句丽就是这方面的典型。他们的城池多修在山势险峻的高山上，即使在平原的城池也是尽可能利用各种险阻以增地利之势。

如果只是平原野战，高句丽早就被唐军扫平了。具体战例可以参考唐太宗李世民亲征高句丽的驻跸山之战。李世民充分利用地势，诱敌深入，分割包围，以三万破十万，几乎全歼高句丽的野战军团。此战是李世民军事生涯的又一巅峰之作，既体现出李世民高超的指挥水平，又展示了唐军强大的战力。

相对于松散的游牧部落，高句丽这种半耕半牧、渔猎兼营的类型才是对中原更大的威胁。因为他们兼具游牧部落机动性强能打游击的特点，也会筑城防守进行阵地战。这也是隋唐两朝四代皇帝不惜一切代价也要扫平高句丽的真正原因。他们比游牧民族更具危害。在这个时代，高句丽不是孤立的存在，它还有一个极其相似的伙伴——吐蕃。

其实，吐蕃也是半耕半牧的部落国家。吐蕃的战斗力只在高句丽之上而不在其之下。吐蕃还有一个高句丽不具备的条件，那就是青藏高原的地利——海拔优势。

常年生活在高原的吐蕃人很适应那里高寒缺氧的恶劣气候，但平原的人则很难适应。吐蕃军可以从高原上俯冲直下，可是，中原的军队上了高原就会表现出明显的水土不服。

作为半耕半牧的部落国家，吐蕃既有优良的重甲骑兵，也有战斗力彪悍的重步兵。他们可以杀入中原腹地，但中原的军队在当时的条件下几乎不可能直捣其巢穴。因此，类似平定东突厥的骑兵远程奔袭的闪击战,对吐蕃威胁不大。而对付高句丽的袭扰战术,步步推进的攻坚战也不适用。吐蕃的城堡远在高原腹地,相距遥远,别说打,走都走不过去。

唐军即将面对的是一个比高句丽更难对付也更强大的对手。

在占据吐谷浑故地后,吐蕃在随后的几年里并未采取大的行动,禄东赞最后的几年几乎都待在青海,不是他变保守了,只是他需要时间去消化新的占领区。

吐蕃吞并吐谷浑后,青海尽归吐蕃。禄东赞为尽快稳固吐蕃在吐谷浑的统治,在吐谷浑推行吐蕃的东岱(千户)制,并将部分吐谷浑贵族迁到吐蕃。

乾封二年(667),刚刚在青海站稳脚跟的禄东赞便迫不及待地再次发动战争,将战火一步步烧向唐朝腹地。吐蕃以青海为基地向东扩张,侵袭四川外围的羌地十二州。而此时唐军已于去年开始第五次东征高句丽,对吐蕃在羌地的袭扰束手无策,最终羌地十二州也归附吐蕃。

唐朝被迫罢除西羌十二州。

这年,禄东赞死了。此人是发动战争的罪魁祸首,是他制订了吐蕃扩张的全盘计划,先吞并吐谷浑,在青海站稳脚跟,而后又离间西域各族与唐朝的关系,再与唐朝争夺西域,进而侵占河西陇右。

禄东赞死了,吐蕃大论的位置便空了出来。吐蕃赞普芒松芒赞已满十八岁,按照吐蕃传统理应亲政,但此时朝政完全被噶尔家族掌控。赞普只是名义上的元首,大权在噶尔家族手里,不出意料,禄东赞的长子赞悉若(噶尔·赞悉若多布)接任吐蕃大论。赞悉若在朝中独揽大权,弟弟论钦陵在外掌兵。

吐蕃权力实现了平稳交接,不过是在噶尔家族内部的交接,他们似乎完全未考虑过赞普跟王室的感受。

噶尔家族继续把持朝政,志得意满的他们并未看见来自他们背后的吐蕃王室那充满仇恨的目光。

从这时起，在历届吐蕃赞普的心里，他们真正的敌人不再是唐朝，他们的敌人只有噶尔家族。

这场夺权斗争的时间长达三十年之久。此时距噶尔家族的覆亡还有三十年，吐蕃的这三十年是论钦陵嚣张跋扈的三十年，也是吐蕃王室沉寂隐忍的三十年。

在此期间，噶尔家族大权独揽，吐蕃王室的影响则几乎可以忽略不计，而这也正是仇恨的根源。

总章元年（668），吐蕃正式在吐谷浑征税。这意味着吐蕃在青海的统治已经稳定。论钦陵接替他的父亲率军常驻青海吐谷浑故地，这里也成为即将开启的唐蕃战争的主战场。

唐蕃开战——折戟大非川

咸亨元年（670）春，得陇望蜀、贪心不足的论钦陵再次主动挑起战事，这次他的目标是唐朝的西域。

吐蕃的行动相当迅速，在唐朝尚未作出反应之际，便攻陷了唐朝在西域的十八个羁縻州。虽然唐朝经营西域已有二十年，但主要是依靠当地部落首领进行羁縻统治，唐朝在西域的驻军很少且极其分散。在吐蕃大军的猛攻之下，龟兹、于阗、焉耆、疏勒相继失陷，唐朝被迫罢除安西四镇。

面对吐蕃咄咄逼人的攻势，唐朝终于决定发起反击。

既然你们要打，那我们就来真的。

虽然此前，唐朝与吐蕃在剑南、西域曾有过几次交兵，但都是规模有限的边境局部冲突，尚未上升到国家层面。但这次不同，唐朝是真要与吐蕃开战了。

四月，唐朝任命薛仁贵为逻娑道行军大总管，阿史那道真、郭待封为副将，率十万大军讨伐吐蕃。逻娑是逻些的汉译音，从薛仁贵的官号上就可以看出，大唐此次出兵的目的不是为吐谷浑复国那么简单，而是希望薛仁贵能像之前的李靖、苏定方扫平东、西突厥那般，从根本上解决吐蕃，一战定乾坤。

因为唐朝这次派出的可谓当时的最强阵容。这时传奇大将苏定方已经病逝，薛仁贵已是唐军第一名将。这次为征讨吐蕃，出征的士兵也多是富有作战经验的百战精兵。名将精兵,十万大军,唐朝上来摆出的就是决战架势。

说起薛仁贵,在中国可谓家喻户晓,比起之前被演义小说黑得极惨的名将苏定方,薛仁贵不论是在正史还是小说演义中都是正面形象且威名赫赫。了解苏定方的人可能不多,但要说有谁不知道薛仁贵,那可真叫孤陋寡闻了。

在中国古代的众多名将中,论知名度,薛仁贵肯定能排进前十。这位布衣出身的名将能名垂史册,靠的完全是实力,那真是半点儿侥幸都没有,薛仁贵的功名是在战场上一刀一枪拼出来的。

贞观十八年(644),薛仁贵以布衣从征高句丽,在驻跸山之战中,身着一袭白袍的薛仁贵横枪跃马往来冲杀所向无敌,又因他一身白袍,十分显眼,在远处观战的李世民很快就被其吸引。我们有理由相信,薛仁贵之所以在战场上穿得这么"时髦",目的就是希望引起李世民的注意,从效果来看,薛仁贵做得很成功。因为表现出色,战后,薛仁贵从一名普通战士被越级提拔为游击将军,由此一战成名。

南北朝时,南梁有一位名将陈庆之曾以七千士兵横扫中原铁骑,势不可当,因陈庆之及其所部都着白袍白甲,后来便有"千军万马避白袍"之说。

而薛仁贵的威名丝毫不逊色于陈庆之,甚至比后者更为有名,以至于薛仁贵也得了一个雅号"薛白袍"。

之后的薛仁贵更是一发而不可收,南征北战,屡立战功,东征高句丽威震平壤,西平铁勒三箭定天山。但不论是东征还是西讨,在这些战役里,薛仁贵都是副将。

这次出兵吐蕃是薛仁贵平生第一次以主帅身份指挥主力兵团作战。

然而,这次他的对手论钦陵也并非简单角色。论钦陵是吐蕃第一名将，在未来的岁月里，论钦陵会用他的战绩反复证明这一点。此人纵横沙场三十年，一生鲜有败绩，也可以说是常胜将军。但糟糕的是，他的主要对手就是唐朝。

薛仁贵不会想到，这次给他制造麻烦的不只论钦陵，还有他的副将郭待封。说起这位郭待封也是大有来头，他是初唐名将郭孝恪的第二子。

郭待封曾在乾封元年（666）唐朝第三次东征高句丽时率水军渡海进攻平壤，负责给水师运粮的船队遭遇风浪，粮船未能按时抵达。

郭待封打算将此事通告主帅李勣，又怕情报中途被高句丽劫获，便作了一首离合诗给李勣，他把想说的话都隐含在诗里面。可是，李勣是员武将，哪会想那么多，看到诗的那一刻，当时就火了，这都什么时候了，这家伙居然还有心情作诗！当即就要办了他，幸亏旁边的幕僚元万顷看懂了其中玄妙，解释给李勣听，李勣这才明白原委。通过此事不难发现，郭待封是位有能力且细心的将领。然而就是这位郭待封在大非川结结实实坑了薛仁贵。

八月，唐军才进入青海。从大战略而言，唐朝在吐谷浑被吐蕃吞并七年后才选择出兵，已经晚了。这次进兵选的时间也很成问题，唐朝边塞诗人岑参的那句"胡天八月即飞雪"是对当时塞外的真实写照。

虽然，岑参写诗的地方是西域，但青海的情况甚至比西域更严酷。这里的八月是农历八月，天气已经十分寒冷，还是在海拔四千米的青藏高原上。

唐军即将面对的不仅有数量多于自己且以逸待劳的吐蕃军队，还有寒冷的气候以及初到高原产生的高原反应。

唐军行至大非川（今青海省共和县西南）附近，道路崎岖难行，带着辎重行军，势必影响速度。兵贵神速，主帅薛仁贵令副将郭待封率两万人守护辎重，在大非川结寨固守。他自己则率唐军主力迅速出击乌海。这里是吐蕃的屯粮之地，更是连通吐蕃与吐谷浑的交通要道。夺取乌海，可分割吐蕃主力与青海吐谷浑旧地的联系。占据这里，唐军既能挡住吐蕃方向的进攻，同时可从容收复吐谷浑。

青藏高原险恶的气候地形，令薛仁贵明白，进攻逻些并不现实，恢复吐谷浑已经是最乐观的情况。

薛仁贵对自己的处境以及唐军的不利局面是有清醒认识的。一直以来，唐军出塞征战的战术都是出其不意，长途奔袭，李靖征东突厥，苏定方平西突厥都是以长途奔袭克敌制胜。薛仁贵的困难要比他们大得多。漠北草原的气候、草场适合骑兵的大兵团机动作战，但青藏高原不仅有令人头晕的高原反应、崎岖难行的道路，还有更寒冷的天气，草场也不丰茂。

薛仁贵以主力远程奔袭，必须速战速决，这是当时他能做出的最好选择。

唐军主力在薛仁贵率领下，轻骑而出，昼夜兼程，直插河口击溃吐蕃的前锋部队，缴获了大量牛羊牲畜。

然而，初战告捷并不意味着胜利，吐蕃主帅论钦陵也非等闲之辈。唐军以往的长途奔袭，平定东、西突厥，很重要的一点在于攻其不备、出其不意。远程奔袭是唐军征战游牧民族的基本战术，在这个基础上，攻其不备才是取胜的关键。但在青海，唐军虽然实现了远程奔袭，却未达到出其不意的效果。

自从唐军出现在青海，论钦陵便密切注视着唐军的一举一动，吐蕃几乎将所能动员的兵力都集中到青海，甚至征调西域的部队赶来参战。

对唐军的进攻，吐蕃不仅早有准备，而且是主力倾国而出、严阵以待。

尽管兵力雄厚且占据主场优势，但论钦陵并不急于出战，他在等唐军的破绽，所以，吐蕃主力云集青海，论钦陵却按兵不动。

年近六十的老将薛仁贵在沙场上征战二十余年，经验丰富，他深知必须捕捉战机快进快打，时间拖久了对孤军深入的唐军将大为不利，他急于寻找吐蕃主力决战。

可是，论钦陵却很有耐心，反正在自己的地盘上，反正有大把时光，论钦陵在等待最佳的出击时机。

薛仁贵急于决战，有一个人比他更急，急着抢功。此人就是正率军看守辎重的郭待封。对于给薛仁贵做副手，郭待封是很有意见的，原因并不是如一些史料所说，他出身高贵，看不起平民出身的薛仁贵。

只要看看郭待封他爹郭孝恪的出身，答案便一目了然。郭孝恪是地道的农民，而且还是农民里混得不怎么如意的那种，整日游手好闲，也不好好种地，父兄都看不起这个不务正业的家伙。

郭孝恪在老家的待遇有点像发迹前的汉高祖刘邦。大家都知道，刘邦得以发迹是因为遇上秦末农民起义，而郭孝恪能翻身靠的也是农民起义，隋末的瓦岗起义军。郭孝恪后来跟着李勣投唐，在围攻王世充时献计献策，受到李世民的赏识，后来做到左骁卫将军。贞观十六年（642），出任安西都护，六年后，在龟兹战死。与郭孝恪一起战死的还有郭待封的大哥郭待诏。

从郭待封的履历上，我们看不出他有多少军功。他之所以能升得这么快，多半是因为他是烈士子弟。

薛仁贵河口小胜，薛仁贵本人倒还平静，受刺激的是郭待封。想立功就得当先锋，而留在后面看堆儿是很难有立功机会的。

郭待封不想管后勤，他想当先锋立功，而薛仁贵却让他留在后面守着粮食草料，在郭待封看来，这就是在排挤他。你在前面冲锋陷阵出尽风头，却让我在后面给你当保管员！得知前线取胜，郭待封坐不住了，他也要上一线去立功，不对，是抢功。于是，郭待封不听将令，擅自放弃险要的营寨，带着辎重部队去追赶主力。

得知郭待封离开坚固的营寨，论钦陵笑了，等的就是这一刻。吐蕃军队擅长野战，最发怵的就是攻城拔寨。之前一直不露面的吐蕃主力，这时终于露出狰狞的面容。论钦陵亲率二十万人在路上设伏，将郭待封的部队击溃，唐军的辎重被吐蕃抢去。

这下战争的主动权就完全归属吐蕃了。很多时候，坑你的不是狼一般的对手，而是猪一般的队友。薛仁贵的猪队友郭待封为了抢功置大军安危于不顾，结果就是令唐军全线陷于被动。善于捕捉战机的论钦陵自然不会放过送上门的机会。

夺取唐军辎重后，论钦陵立即指挥吐蕃军全线出击，在乌海将薛仁贵率领的唐军主力包围。

薛仁贵被狼对手论钦陵与猪队友郭待封"前后夹攻"，处境岌岌可危。

据说为围攻薛仁贵，吐蕃动员了四十万大军。薛仁贵被迫带兵突围。然而撤退的道路上到处都是吐蕃军队，从乌海到大非川唐军一路血战，退到大非川又被吐蕃合围，十万唐军牺牲殆尽，唐军大败，薛仁贵、郭待封、阿史那道真仅以身免。

大非川惨败的消息传到长安，朝野震惊，这是唐朝开国以来少有的惨败。素来好脾气的李治也怒了，薛仁贵、郭待封、阿史那道真三位主将的官职被一撸到底。然而最应当承担责任的其实不是前线将领而是皇帝李治。

大非川之败，原因很多，比如将帅不和、高原反应、兵力悬殊等。很多史料都将战败的责任推给郭待封，好像郭待封服从指挥，唐军就能赢，这个锅郭待封背不动，将失败归于郭待封也实在是高看了他。郭待封固然有错，但即使他听从命令，唐军也很难全身而退，至多不会败得这么惨。

失败的根本原因是唐朝的战略错误，吐蕃对吐谷浑长达十年的兼并占领过程中，唐朝从未给予足够的重视，坐视吐谷浑被吐蕃吞掉消化。

大非川之战前的十年，吐蕃成功将吐谷浑纳入其势力范围，在大非川与唐军对阵的吐蕃军里很多都是原吐谷浑的士兵。吐谷浑人引以为傲的战马青海骢也成为吐蕃骑兵的坐骑。

吐蕃其实是一个披着游牧民族外衣的农耕民族，但恶劣的自然条件限制了吐蕃的发展，吐蕃本土适合农耕的土地只有雅砻河谷等少数地区，高原高寒的气候也不出产好战马。但吐蕃吞并吐谷浑后，情况完全改变，青海不仅有更适合耕种的土地，还有吐蕃人梦寐以求的战马青海骢。成功鲸吞吐谷浑的吐蕃因而实力大增。

吐蕃的人口其实一直都很少。新中国成立前，藏区的人口长期在二百万以下。直到近年，藏区的人口也不过才三百万左右。更不要说一千多年前的唐朝。吐蕃吞并吐谷浑的另一大红利就是人口。

在长达两百年的唐蕃战争中，兵源始终是困扰吐蕃的难题，为此，吐蕃到处抓兵，在后来的吐蕃军队中，不仅有吐蕃人，还有羌人、吐谷浑人、大食人，甚至还有汉人，俘虏都被编进军队，可见有多缺人。

大非川之战吐蕃进行了全国动员，能来的几乎都来了。但即便如此，吐蕃军队的数量仍然十分有限。史料中提到吐蕃军动辄二十万、四十万，其实，这里面水分很大，之前说过，吐蕃是全民皆兵，成年男性就是兵，而且，打仗的时候家属也赶着牛羊跟着走，说到这里大家就明白了，所谓四十万大军，里面真正能打仗的也就十几万至多不会超过二十万，但对于只有一百多万人口的吐蕃，动员二十万人参战已经是极限了。

本来吐谷浑的战士、战马应该是站到唐朝这边的，但因为唐高宗李治的战略短视，这些全成吐蕃的了。一增一减，实力自然逆转，本来应是主场作战，硬生生被变成客场。十万地形不熟还有高原反应的唐军，面对的是两倍于己、熟悉地形、适应气候、本土作战的吐蕃军，薛仁贵就是孙武复生，也难取胜。

大非川之败，非将之过。出兵之时，败局已定！

此役之后，唐朝在西域的羁縻州府全面瓦解。吐蕃乘胜大举进兵，兵锋直逼敦煌。唐军在西线全面陷入被动。

大非川之战后，吐谷浑复国希望渺茫，唐朝遂于咸亨三年（672）将吐谷浑诺曷钵部安置到鄯州。这里地近吐蕃，吐谷浑畏惧吐蕃袭扰，唐朝只得将吐谷浑再迁灵州鸣沙，以其部落置安乐州。

兵败承凤岭——唐蕃青海之战

面对吐蕃的咄咄逼人，唐朝并未一味防守，而是抓住一切可以利用的机会展开反击。

咸亨四年（673），反击战首先在西域打响。唐朝趁吐蕃政局不稳，派大将萧嗣业率兵讨伐亲附吐蕃的弓月部落，唐军主力尚未赶到，弓月部便与疏勒一起主动降唐。

弓月部是吐蕃的盟友，吐蕃每次来西域，弓月部都是带路党。这次吐蕃在西域的内应弓月部降唐，说明吐蕃虽占据安西四镇，但尚未站稳脚跟。

弓月部的表现其实也代表了西域各城邦部落，夹在大国之间，实力弱小的他们想要生存下去，只能做墙头草随风倒，朝秦暮楚。

上元元年（674），唐军收复于阗，次年重置都督府，到仪凤元年（676），四镇全部收复。然而，这仅仅是唐朝与吐蕃争夺西域的揭幕战，接下来便是长期的拉锯战。

就在唐朝收复安西四镇的当年，稳定内部局势后的吐蕃大相赞悉若便迫不及待地重新对安西四镇发起进攻。他派弟弟论钦陵从青海进兵，威胁河西陇右，他自己亲率大军攻击唐军驻守的安西四镇。

仪凤元年（676）三月，论钦陵率军进犯陇右，先后攻克鄯州、廓州。吐蕃军烧杀抢掠，所过之处，尽为焦土。

八月，吐蕃军队在攻势正盛之时，却突然停止进攻，带着劫掠来的人口、牲畜悄然退走。

吐蕃突然退兵，原因是吐蕃赞普芒松芒赞去世了。芒松芒赞是松赞干布的孙子，这位赞普幼年即位却始终生活在噶尔家族的阴影下，松赞干布去世后禄东赞掌握吐蕃实权，禄东赞死后，掌权的又是禄东赞的儿子们。

禄东赞长子赞悉若成为吐蕃大论执掌朝政，次子论钦陵在青海带兵。

芒松芒赞在位时，唐朝与吐蕃的战争日趋激烈，但这个时期的吐蕃，频繁见诸史册的是论钦陵以及他的哥哥赞悉若。吐蕃赞普芒松芒赞却很少出现，这很不正常，大权旁落的滋味不会好受，后来他的儿子赤都松赞血洗噶尔家族时毫不留情，与其父的影响应该是有关系的。

赤都松赞即位时年纪也很小，主少国疑。在随后的两年里，吐蕃内乱频发，赞悉若、论钦陵不得不减缓对唐朝的攻势，将主要精力用于平叛。但即便如此，吐蕃依然在西域、河陇战场接连打败唐军。

仪凤二年（677），留在西域的吐蕃军队击败唐军，第二次占领安西四镇，唐朝被迫再次罢除四镇。

为扭转被动局面，唐朝在大非川之战后，经过几年的休整，实力有所恢复，遂决心在河西陇右集中兵力进行反击。

贞观元年（627），唐朝因山川形便，分天下为关内、河南、河东、河北、山南、陇右、淮南、江南、剑南、岭南十道。

唐朝与吐蕃的战线绵延万里，大体呈弧形，从西北到西南分为三个战场，依次为西域的安西四镇、陇右道的河西走廊以及靠近羌人聚居区的剑南道西部。安西四镇所在的西域基本上就是今天的新疆，陇右道的范围很广，包括今天的新疆东部、甘肃、陕西西部，这里的陇右战场主要是指甘肃的河西走廊一带。唐玄宗时设十大节度使，陇右道的河西走廊又分为河西、陇右两镇。

三个战场，战斗最激烈、战事最频繁的是河西陇右战场，简称河陇战场。

仪凤三年（678），唐朝调集十八万大军集结于河陇战场，准备大举反击。调动如此多的兵力，自然是要打大仗。为此，唐军做了充分的准备。

可是，唐朝偏偏在最关键的主帅的人选上犯了大错。皇帝李治任命李敬玄为这次大军出征的主帅，而李治之所以做出这项足以影响大军命运的任命，是听了一个人的推荐。对这个人，熟悉唐朝历史的人都不会陌生。之前提到的白江口大战的指挥者就是此人，他就是令日本人闻风丧胆的唐朝名将刘仁轨。

大将刘仁轨可谓文武双全，白江口之战后更是出将入相，但从个人经历来看，他却是典型的大器晚成。

刘仁轨的官场生涯可谓一波三折，几十年里几起几落。他在白江口实现人生逆袭时已是一位六十多岁的老将。就在大非川之战发生的当年，年已七十的刘仁轨正式退休。可是，有能力的人注定是闲不住的。已经退休的刘仁轨不久又被征召入朝。

仪凤二年（677），吐蕃进犯陇右，当地守军连连败北。李治决定起用老将刘仁轨，任命刘仁轨为洮河道行军镇守大使，防备吐蕃。刘仁轨到任后根据边疆局势提出很多建议，却屡遭时任中书令李敬玄的反对。这令刘仁轨大为不满。刘仁轨决定报复，然而他报复的手法却很不厚道。

刘仁轨明知李敬玄文官出身且从未带过兵打过仗，却上奏皇帝说："西边镇守重任，非李敬玄不可。"李敬玄听说此事，知道是刘仁轨故意给他挖坑。李敬玄是有自知之明的，极力推辞。

可是，皇帝李治的一番话却让李敬玄明知前方是坑也不得不往下跳。李治说，就算刘仁轨需要朕去，朕都得去。卿怎么能推辞呢！皇帝都这么说了，尽管十分不情愿，李敬玄也只能硬着头皮上阵了。

李敬玄早年做过李治的太子侍读，作为太子党，李敬玄在李治即位后官运亨通，历任中书舍人、弘文馆学士、尚书右丞、太子右庶子、中书侍郎、吏部侍郎，从李敬玄担任过的官职可以看出，他是一个纯文官，而且其本人也没有往军事领域发展的意向。

照常理说，李敬玄也算是李治的旧部，跟随李治多年。皇帝对他的这位中书令的能力水平、专长特点，应该多少心里有数。可是，李治却一味听信刘仁轨的话，对这位曾在白江口立下大功的老将军几乎是言听计从，将之倚为帝国柱石。

可是，这位老将军也有不那么厚道的时候，刘仁轨的意气用事不仅坑了李敬玄及十余万将士，也坑了皇帝，坑了唐朝。

仪凤三年（678），洮河道大总管兼镇抚大使检校鄯州都督李敬玄被迫率十八万大军踏上征途。他们中的很多人将永远留在青海高原上。

李敬玄命刘审礼、王孝杰为先锋率两万唐军先行，他自己率主力大军随后跟进。

七月，先锋刘审礼率军在龙支与吐蕃军队遭遇。唐军连胜两阵，乘胜追击数百里。

吐蕃军几乎一触即溃。接连获胜令刘审礼信心倍增，唐军追至濠所，却突然遭到二十万吐蕃大军的合围。原来，吐蕃军之前的败退，不过是诱敌深入之计，等刘审礼明白过来发现中计，为时已晚。唐军先锋部队已经被吐蕃军重重围困。

深陷重围的刘审礼现在只能指望李敬玄的主力来救自己。可是，论钦陵早就在路上安排了阻击部队。

危急时刻，唐军主帅李敬玄不会打仗的弱点充分暴露出来，听说前锋被围，部下们尚未有所反应，他先慌乱了。李敬玄被论钦陵的疑兵迷惑，虽拥兵十余万，却不敢救援，坐视先锋军被敌人围攻。

主将怯懦，累死三军！

九月，担任先锋的两万唐军全军覆没，主将刘审礼、副将王孝杰被俘。李敬玄几乎在接到败报的同时便下达了撤退命令。

身为大军主帅的李敬玄带头逃跑，这个举动带来的后果是灾难性的。将是军中之胆。主帅临阵脱逃，当兵的自然也跟着跑。这么一跑，就全乱了。

失去指挥的十余万大军立即陷入混乱。大家你推我挤，争相逃命。行军队列、撤退秩序，自然是谈不上了。史书记载，辎重弃于路旁，绵延千里。

李敬玄带着十几万人在前面跑。论钦陵率吐蕃大军在后面紧追不舍。更糟的是，论钦陵早就派出轻骑占领了唐军撤退的必经之路承凤岭制高点。

唐军好不容易撤到承凤岭，才发现这里早有吐蕃军队据守。

前有封堵，后有追兵，李敬玄束手无策，眼看十几万大军就要重蹈大非川之败的覆辙。真正拯救危局的英雄出现了。

大将黑齿常之率五百勇士夜袭吐蕃军营。守在岭上的吐蕃人就等着主力赶到合围唐军，做梦也没想到，唐军会来夜袭。毫无准备的吐蕃军被打得晕头转向，黑夜里，他们也不知来了多少唐军，大营陷入一片混乱，很快被唐军赶下山岭。唐军主力趁势冲出重围。

虽然唐军得以突出重围，但损失依然极其惨重。十八万唐军死伤过半，承凤岭之战，唐军再次大败。虽然承凤岭战败，但此战也不是没有亮点，王孝杰、黑齿常之在这场战役中都有出色表现，得以崭露头角。

被俘的前军主将刘审礼死于吐蕃,而副将王孝杰却受到优待,之所以有如此差别,据说是因为王孝杰长得很像死去的芒松芒赞。

刚刚失去父亲的赤都松赞见到王孝杰便想起故去的父亲,难得动了恻隐之心。王孝杰因此受到吐蕃优待,在被关押数年后,被释放归国。正是这个王孝杰,日后成为带领唐军抗击吐蕃的主帅。

黑齿常之是青海之战唐军为数不多的亮点,这员勇将与唐朝的两位传奇名将苏定方、刘仁轨都有渊源。

苏定方东征百济时,黑齿常之率部投降。但苏定方回国后,新罗人趁机滥杀百济军民。黑齿常之再次起兵,召集百济余众据险而守与新罗对抗。

刘仁轨大破倭奴百济联军于白江口,黑齿常之再次降唐。这次,他是真心归唐并成为刘仁轨帐下一员得力干将。此后,黑齿常之一直留在百济故地,任唐朝地方官,由一个折冲都尉升到左领军将军。

仪凤二年(677),复出的刘仁轨出任洮河道行军镇守大使被派到河西前线防御吐蕃。到河西后,刘仁轨想起了这位昔日的老部下,于是向朝廷上书请求将黑齿常之调到河陇战区。

承风岭只是黑齿常之的初次亮相,未来这位来自百济的大将还会有更惊艳的表现。

承风岭是大非川之后,唐军在青海的第二次大败。遭遇如此惨败,主帅李敬玄却依旧被留任。估计薛仁贵对这个处理是很有点想法的。当初,对他可从未这么宽大。

皇帝李治的这般操作,实在令人不解。用人不明,赏罚不明,如此行事,也难怪败仗连连。不得不说,此战失利应负主要责任的不是李敬玄,而是皇帝李治。

刘仁轨虽有推荐之权,但毕竟最后拍板做决定的人是李治。

皇帝李治应该比刘仁轨更了解李敬玄，因为李敬玄是他的藩邸旧臣。李敬玄到底有没有统帅之才，李治应该最清楚。

可是，李治偏偏就派了这么个行政型官员带着十几万大军去打仗。只能说，李治在知人用人上，比他爹李世民差了不止一个档次。刘仁轨为泄私愤，置十余万大军的生死于不顾，也在他的人生履历上留下了不光彩的一页。

永隆元年（680）八月，文成公主病逝于逻些，唐朝遣使吊祭。尽管两国在前方打得不可开交，却一直保持着外交联系。

文成公主远嫁吐蕃，一人在苦寒之地飘零，及至暮年，对故乡的思念更为深切，得到的却是亲人接连辞世的消息。文成公主的去世也标志着一个时代的结束。

就在文成公主去世前的一个月，论钦陵兄弟掌权的吐蕃再次对唐朝发起了新的进攻。

永隆元年（680）七月，吐蕃赞婆（论钦陵的弟弟）率兵三万进犯河源。李敬玄率军在湟川与吐蕃军大战，不出预料，唐军再次败北，不得不再次后退。

李敬玄手握十余万大军却被三万吐蕃军击败。此战再次验证了李敬玄的指挥水平，这位老兄实在差得可以，可是，李治居然让他在青海前线待了三年。

吐蕃军获胜后屯兵于良非川（今青海省湟源县西佛海、巴燕地带），逼近河西。

黑齿常之认识到若不能击退吐蕃，使其入寇陇右，吐蕃军主力势必随后跟进，大举侵犯河西陇右剑南，甚至直入关中威逼长安。

危急时刻，又是黑齿常之力挽狂澜，他率三千精骑再次夜袭吐蕃军营。唐军如神兵下凡，冲入吐蕃大营，左冲右杀，势不可当。一番混战后，唐军终于获得一场久违的胜利，杀敌两千，缴获羊马数万。吐蕃主将赞婆单骑逃走。

良非川之战后，李治居然还没有换人的打算，倒是李敬玄自己主动提出不想干了。他还怕李治不准，说自己生病希望回京，得到批准后，如蒙大赦，飞一般逃离前线，回到了他日思夜想的长安。

在战场上表现出色的黑齿常之顺理成章升任河源军经略大使，担负起坚守河西陇右对抗吐蕃侵扰的重任。

专业的事就应该交给专业的人去干。

唐代主管边军的机构称道，相当于军区。道的最高军事长官称总管、大总管，后称都督、大都督。直到唐睿宗时正式确立军区制度，原来的总管、都督变为节度使。

《新唐书·兵志》记载："唐初，兵之戍边者，大曰军，小曰守捉，曰城，曰镇，而总之者曰道。"军是最大的军事单位，根据军事形势需要而设立。河源军设于仪凤二年（677），是陇右道统辖的驻军之一，主要任务就是防备吐蕃。

为固守河源重地，黑齿常之沿整个河湟赤岭防线修建烽燧，建立起严密的烽燧制度。

针对河源地处边防前线，地点偏远，军粮转运困难的情况，黑齿常之率军在前线开辟屯田五千余顷，每年收获的粮食有五百万石，边军由是粮草充足。

唐军在边境戍守的两大关键，一是防守严密的烽燧屯堡，二是屯垦戍边粮食自给。这两点黑齿常之都做到了，而且做得非常好。

唐军在驻地屯田，不再担心粮食。但吐蕃却越来越感受到缺乏粮草的困窘。

以前，吐蕃军队出征很少携带辎重，出来打仗的目的就是抢掠。可是，自从黑齿常之镇守河源以来，他们能抢到的东西越来越少。吐蕃也渐渐感受到了来自后勤的压力。

永隆二年（681）五月，赞婆率军三万屯驻于良非川威胁河源。吐蕃开始在青海前线设立他们的补给基地。赞婆将补给点选在良非川。

黑齿常之率三千骑兵突袭良非川，大败吐蕃，这次吐蕃的补给仓库就设在边境附近，唐军擅长的骑兵突袭战术派上了用场，一把大火将吐蕃辛辛苦苦积攒的粮草烧了个精光。唐军还缴获了大量的牛羊、战马、铠甲。吐蕃军终于也尝到了被抢的滋味。唐军的接连胜利扭转了自大非川失败以来的被动局面。

噶尔家族的血腥内斗——政治洗牌

开耀元年（681），吐蕃大相赞悉若在悉里河谷主持会盟。吐蕃会盟议事是从松赞干布时的盟誓仪式发展来的，只有松赞干布有权召开。

松赞干布死后，吐蕃大相禄东赞掌控吐蕃朝政，他将盟誓仪式发展为各部落首领的议事会议，在会议上协调纠纷，解决矛盾，只有吐蕃大相才有权主持议事会议。

同年，噶尔家族的另一权臣噶尔·芒辗达乍在甲之河谷也召集会盟。

噶尔·芒辗达乍的这番举动意图已经十分明显，另起炉灶与赞悉若分庭抗礼，这表明噶尔家族内部争夺权力的斗争已经公开化。

一山不容二虎，两派势力只能留存一个，决斗在所难免。政变，通常都是先下手为强，这次先动手的是噶尔·芒辗达乍。

他派人刺杀赞悉若，登上了大相宝座，随即对支持赞悉若的势力展开政治大清洗。吐蕃的都城逻些顿时一片腥风血雨。

此时论钦陵正屯兵云南，吐蕃兵败河源之后，鉴于黑齿常之实在不好惹，吐蕃转而向剑南用兵。

唐军曾在剑南道茂州城以西修建了安戎城用以防备诸羌，结果反被生羌所袭。论钦陵率军一路南下，从四川进入云南，诸羌纷纷投奔。吐蕃在四川、云南的势力迅速坐大。

得到哥哥被杀的消息时，为避免噶尔·芒辗达乍挟持赞普宣布自己反叛，陷于被动。论钦陵将悲伤藏在心底强作笑脸，派人去逻些表示臣服，带去大量财宝礼物，并表示会全力拥护噶尔·芒辗达乍执政。暗地里，论钦陵却联络忠于自己的将领部众，等待时机为哥哥报仇。数月后，噶尔·芒辗达乍自以为已经完全掌控了吐蕃国政，轻易离开了他的老巢逻些。

论钦陵得知芒辗达乍离开逻些的消息，立即率部翻山越岭千里奔袭，将噶尔·芒辗达乍及其护卫部队包围并全部杀死。而后，论钦陵挥军直入逻些，将支持噶尔·芒辗达乍的势力也来了一次大清洗。不到一年的时间，吐蕃经过两次血腥屠杀，弄得人人自危。

此时一个坚强的女人走向前台，她就是芒松芒赞的王后、赤都松赞的母亲赤玛伦。吐蕃赞普赤都松赞年幼，实际主持国政的是王太后赤玛伦。

噶尔家族的内讧让她看到了机会，也看到了希望。于是，她召集群臣将大相的权柄授予论钦陵，同时为朝中其他家族请命，几番操作下来，迅速稳定了吐蕃政局。

虽然吐蕃大相仍在噶尔家族手中，但是朝中的其他势力也充分感受到了赞普的影响力，从这个角度看，这次政变，最大的受益者是赞普系。

论钦陵通过军事政变成为吐蕃大相。

噶尔家族自禄东赞以来一直把持朝政。禄东赞的原名叫噶尔·东赞，禄东赞是汉文书籍对他的称呼。为方便起见，这里用的是他的汉文称呼。

禄东赞有五个儿子：

长子：噶尔·赞悉若多布，汉文称赞悉若。

次子：噶尔·钦陵赞卓，汉文称论钦陵。

三子：噶尔·政赞藏顿，汉文称赞婆。

四子：噶尔·达古日耸，汉文称悉多于。

五子：噶尔·赞辗恭顿，汉文称勃伦赞刃。

赞悉若被杀，论钦陵便成为噶尔家族的掌权人，与他的三个弟弟依然活跃在吐蕃的政坛军界。

从禄东赞到赞悉若再到论钦陵，父子三人接连担任吐蕃大相，显赫一时。但论钦陵与他的父亲和大哥不同，他的兴趣不在朝堂而在战场。论钦陵很会打仗却不懂政治。成为大相之后的论钦陵依然常年领兵在外，朝中的事情他交给了四弟悉多于及几位亲信。虽然这些人都是噶尔家族的心腹，更有弟弟留守，但长期远离政治中心，最终还是导致他死于非命。

永淳元年（682），论钦陵在四川纵兵劫掠唐朝的松州等地，边地唐军兵力很少，不敢出城野战，只能据险而守。

与此同时，吐蕃再度进犯河源与论钦陵在川西北的行动遥相呼应，领兵的乃是论钦陵的三弟赞婆。

但赞婆没有他哥哥的好运气，更不具备他哥哥的强悍实力。人与人之间能力上的差距是巨大的。赞婆吸取了上次在良非川被黑齿常之痛扁的教训，远远地绕开了黑齿常之的防区。但他想不到，虽然躲过了黑齿常之，却碰上了娄师德。

低调的人往往都很厉害——唾面自干的宰相娄师德

娄师德,很多人知道此人都是缘于一个典故——唾面自干。

娄师德在武则天称帝后被拜为宰相。他的弟弟也被任命为代州刺史。临行前,弟弟来向娄师德辞行。娄师德对弟弟说:"吾备位宰相,汝复为州牧,荣宠过盛,人所疾也,将何以自免?"弟弟说:"自今虽有人唾某面,某拭之而已,庶不为兄忧。"听到这里,师德愀然曰:"此所以为吾忧也,唾汝面,怒汝也,汝拭之,乃逆其意,所以重其怒。夫唾不拭自干,当笑而受之。"这就是成语"唾面自干"的出处。

娄师德对即将放外任的弟弟不放心,说我贵为宰相,你又是一州之长,我们家如此受宠,难免遭人嫉妒,到地方后,你打算怎么做?弟弟当然懂哥哥的心思,怕哥哥担心,就说,自今以后,就算有人冲我脸上吐口水,我也只会轻轻擦拭而已,决不会对人生气发怒。按理说,这个回答已经很低调了。

谁知,娄师德听了并不满意,反而一脸忧色,表情严肃地说,这正是我担心你的地方啊。人家向你吐口水,就说明对你已经很生气了。你擦掉就表明你对人家的抵触,会加重人家的愤怒。记住,人家向你脸上吐口水,你不但不能擦,还要微笑着接受,等它自然风干,这才是处世之道。娄师德的这番言语堪称"低调主义"的新境界。

地方刺史也是一方的封疆大吏，不会有谁真的敢对刺史大人吐口水，如果有的话，那么这个人也肯定不简单。

很多人都认为娄师德低调得有点过分了。兄弟俩，一个宰相，一个刺史，还用得着如此低调谦卑吗？

你会这么想，那是因为你不了解娄师德为相的时代背景。那时，武则天刚刚称帝，为巩固帝位，她打压反对派，重用酷吏，正在大力推行酷吏政治。这个时候高调，那就是找死。文武百官都在夹着尾巴做人，一个比一个会装孙子。

不过，娄师德的低调除了时代背景，也与他的经历有关。他这一路走来，真的是太不容易了。

娄师德生于贞观四年（630），二十岁便考取了进士，这在当时绝对算得上国宝级才子了。

唐代的进士录取的人数很少，是很难考的，所以才有"三十老明经，五十少进士"之说。就是说，明经相对容易，三十岁考上已经算老的了，但进士很难考，五十岁考上都算年轻。

娄师德二十岁就能考上进士，足够吹一辈子了。

金榜题名几乎意味着光明远大的前途，当时很多人也很看好娄师德。

娄师德中进士后，被派往扬州当官。当时的扬州长史卢业认为娄师德是一个难得的人才，必定前途光明，所以卢业一直对娄师德特别关照，对他青眼有加。而娄师德开始并不明白卢业的心意，很是诧异。

卢业对困惑不解的娄师德说了实话，以你的才华，未来必能坐上宰相之位，我的子孙以后都要托付于你，我怎么能像对待平常人那么对待你呢！

然而，娄师德的仕途并不顺畅。娄师德后被调回京师担任监察御史。

监察御史品级不高权力却很大。监察御史的职责是监察百官，代替皇帝巡视郡县，充当皇帝的耳目，直接受命于皇帝，所以官员们对监察御史都很忌惮。但很多人却不愿意干这份工作，因为这是一个吃力不讨好的工作。说得直白点就是容易得罪人。

以娄师德低调宽厚的为人，这个工作实在不适合他。而他在监察御史这个位置上应该干得也不是很开心，四十多岁的人了，仕途却还是没有起色。眼看这么干下去，就算干到退休，也很难出头。

仪凤二年（677），朝廷颁发《举猛士诏》，在全国范围内招募军事人才。娄师德在感到以正常途径难以升迁后，毅然决定以文官身份投笔从戎，去边塞为国家建功，也许是一条新的仕进之路。

为表明自己从军的决心，明明是文官的他却以红色抹额缠头，一副标准的武士打扮。抹额是绑在额头上的带子。明清以后，抹额是古代妇女的饰物。在许多古装电视剧如《红楼梦》中经常可以看到戴着抹额的贵妇。

但最早抹额其实是男子的饰品，准确地说是军人的专属标志。秦汉时代，军中的武士及扈从卫士都会佩戴抹额，要说明的是，军人佩戴抹额并非装饰美观而是军中的标识。就跟古代的军旗用途相似，不同的部队用不同颜色的旗帜，同一支部队不仅有属于自己的旗帜，也会佩戴专属颜色的抹额，用来区别敌我。

娄师德也参加了承风岭之战，不过，毕竟是文官，冲锋陷阵不是他的专长。娄师德在战后负责收拢溃兵，并与吐蕃谈判，稳住了局势，因表现出色，当然主要是主帅表现太差，娄师德受到朝廷的注意。

几年的军旅生涯，娄师德已经完全适应了边塞的生活，他率领唐军在白水涧一带和赞婆率领的吐蕃军展开激战，史称"八战八捷"。

很显然，这只是边境上常有的寻常战斗。文官出身的娄师德面对彪悍的吐蕃骑兵，反击战打得有声有色，表现确实不错。但娄师德在边塞干得最成功的不是打仗而是种地。

娄师德充分发挥他的文官专长——管理统筹，把握住了一个中心——营田屯垦。娄师德很清楚屯田对边塞的重要性，在田间地头，时常能看到穿着皮裤的娄师德与士卒一起犁地开荒，引水灌溉。他的防区常积谷数百万斛，正是军中有粮，心里不慌。在黑齿常之与娄师德的守卫下，陇右壁垒森严，吐蕃轻易占不到便宜，便知难而退，很少再来陇右。

弘道元年（683）十二月，唐高宗李治在洛阳贞观殿驾崩。儿子李显即位，是为唐中宗，但李显做事明显不靠谱，一上来就胡来。结果，李显只做了三十六天的皇帝，就被他老妈赶下台。接着，弟弟李旦被立为皇帝，这就是唐睿宗。李旦吸取哥哥的教训，上台后，全听老妈的，多余的话一句也不说。虽然李旦是皇帝，实权却掌握在武则天手里。唐朝在事实上已经进入武则天时代。

唐朝与吐蕃的角逐仍在进行，不过，主战场从陇右转移到了西域的安西四镇。

步步为营——开拓西域设置安西四镇

唐朝都城长安外城四面各开有三座城门，通向四方。面向西北的城门叫开远门，去往河西、陇右、安西都护府的商旅、官军、游人、学士，都要由此踏上旅途。据说，开远门旁曾竖有一块石碑，上面写着："西去安西九千九百里。"碑文由大书法家虞世南题写，大意是：此距安西都护府九千九百里。古人认为"戍人不为万里之行"，超过一万里，就回不了家了。安西都护府距长安尽管很远，可还没有一万里，放心大胆地去吧！

后人常会想象，汉唐盛世、大国威仪，是何景象。读罢碑文，大国气象扑面而来。"安西"这个词常出现在唐诗里，象征远方、离别和梦想。比如王维脍炙人口的《送元二使安西》："劝君更尽一杯酒，西出阳关无故人。"阳关外就没有朋友了，何况比阳关更远的安西呢？又如高适的《送裴别将之安西》："地出流沙外，天长甲子西。"它在流沙外，远得难以描述。

既然如此之远，那么，唐朝为何要耗费大量人力物力，去经营距离万里之遥的安西呢？

答案是，拓边西北，拱卫长安！

这是由唐朝的立国形势决定的。

众所周知，唐朝立国关中，以长安为都城，国之重心偏重西北。但是距陇右不远的西部即是吐蕃。一旦失去陇右、西域的护翼，长安就会时刻处在吐蕃的威胁之下。可以说，经营西域之成败，关乎国运。

陇右也称陇西，因处于陇山以西而得名，包括今天的天水、定西、兰州等地。历史上，秦汉设有陇西郡。唐朝设有陇右道，辖境"东接秦州，西逾流沙，南连蜀及吐蕃，北界朔漠"。唐朝与吐蕃的战争主要集中在河西陇右一带，这里是唐蕃交锋的主战场。双方大军的主力决战大都在河陇展开。

但随着吐蕃势力的迅速扩张，吐蕃的胃口也越来越大。在大非川决战之前，吐蕃便开始染指西域。

于是，西域也成为仅次于河陇的重要战场。

西域指玉门关、阳关以西，葱岭以东，昆仑山以北，巴尔喀什湖以南，即汉代西域都护府的辖地。

"西域"一词最早见于《汉书·西域传》："西域以孝武（汉武帝刘彻）时始通，本三十六国，其后稍分至五十余，皆在匈奴之西，乌孙之南，南北有大山，中央有河，东西六千余里，南北千余里。东则接汉，阸以玉门、阳关，西则限以葱岭。"

在说唐朝对西域的开发治理之前，有必要说说汉朝在西域的经营。正是有了西汉的拓荒之行，才有之后汉唐数百年对西域的有效管理。

众所周知，汉朝自建国定都长安便处在北方匈奴骑兵的威胁之下。

汉唐立国关中，那么为守河西进而开拓西域就是必然的。

顾祖禹的《读史方舆纪要》认为"欲保秦陇，必固河西；欲固河西，必斥西域"，秦陇即是关中，河西就是河西走廊。汉唐的历史为这个观点提供了生动的注解。

开拓西域不是好大喜功的过度扩张，而是保证西北边防至关重要的一步。

汉武帝一生对外主要干了两件事：北抗匈奴、开拓西域。

其实，这两件事也可以看作一件事，开拓西域的目的也是为了北击匈奴。

西汉帝国的外部威胁首先是蒙古高原的匈奴，其次则是西南青藏高原上的众多羌人部落。而河西走廊以及西域正好处在两大高原之间。

只要看看地图，形势便一目了然。这是一个选择被敌人包围，还是包围敌人的决策。不守河西甚至放弃西域，西南的羌人与北方的匈奴就会连成一片，帝国的京畿重地关中便直接处于敌人骑兵的攻击范围之内，成为抗击游牧骑兵的前线，长安也可能成为战场，这是任何一个汉朝皇帝都不愿看到的。

而选择固守河西，帝国都城长安便能得到切实的安全保障。自汉军出陇右西击匈奴，置武威、张掖、酒泉、敦煌河西四郡，"张国臂掖，以通西域"。河西走廊成为拱卫长安连接西域的战略通道。

若进而开拓西域，那么羌人与匈奴骑兵便会被彻底隔开。与此同时，在牢牢掌控西域的前提下，不论对匈奴还是羌人，汉朝都可以形成弧形包围。

在与匈奴乃至羌人的对峙中，汉朝将处于进可攻退可守的有利形势。西汉的皇帝们从汉武帝开始便不计成本，向西域派兵运饷，在西域屯田驻兵。东汉在大多数时期也竭尽全力经营西域，原因就在这里。

在国力允许的情况下，两汉都不惜代价要守住西域，就是为了不被敌人包围，而可以包围敌人。

历史总是惊人的相似。

数百年过去后，大唐帝国强势崛起。

唐朝面对的局势几乎就是汉朝的翻版。只不过，匈奴变成了突厥，羌人换成了吐蕃。

北边的事情从西边解决，从汉至唐，历史已经反复证明这项国策的正确。

汉朝通过漠南之战解除匈奴对北方特别是长安的直接威胁，之后便挺进河西，发起河西之战。汉军以闪击战成功夺过具有战略意义的河西走廊，这是汉匈战争的转折点，从这时起，西汉便完全掌握了战争的主动权。

在河西站稳脚跟后，汉朝又将目光投向更遥远的西域，于是便有后来的开拓西域。再之后，南匈奴内附，北匈奴西迁，汉朝赢得汉匈战争的最后胜利。

唐朝的开局要比汉朝好。河西走廊早已成为唐朝的"血库"，这里的精兵、战马、粮食是唐朝成就盛世的坚实基础，战略地位仅次于关中，远远高于尚在开发之中的江南。

河西四郡是西域的脐带，是唐朝开拓西域的起点，也是连通中原与西域的战略枢纽。

唐朝开国首先面对的也是来自北方突厥的威胁。唐朝在通过远征扫平东突厥势力之后，也不约而同地将目光投向广袤的西域。

唐太宗李世民在解除了北方突厥的边患之后，便开始着手经营西域。汉唐的行动如此相似，不是巧合，而是国家战略的必然选择。

中原王朝控制西域的主要意义和目的在于国防。

农耕文明的中原王朝，内向型的经济结构对外向型的商业贸易并不感兴趣。所谓的丝绸之路，在汉唐从未成为真正的国家发展战略。

甚至，"丝绸之路"这个词汇也是德国地质地理学家李希霍芬在近代才提出的。

丝绸之路的作用极其有限。作为商路，首先要满足基本的安全，商旅往来才能正常，然而丝绸之路过于漫长，沿线遍布游牧部落，尤其是匈奴、突厥之类的强横的部落国家几乎是靠抢掠为生。

其次，丝绸之路过于漫长，因而可供长途贩运的货品极其有限，考虑到陆运的高昂成本以及糟糕的运输条件，大宗商品的贸易也几乎不可能。只能贩运体积小价值贵重的奢侈品，而这更容易引来沿途难以计数的抢掠者。

但所有强盛的中原王朝，都不约而同地向西拓展，并当作帝国最主要的战略发展方向。究其原因，向西发展的目的在于控制西部游牧部落，以解决北方边患。

突厥自隋初兴起纵横北方草原，给中原王朝极大的军事压力，但隋朝采取"远交近攻、离强合弱"的策略，支持西部突厥势力自立。

开皇三年（583），突厥正式分裂。西突厥以达头可汗为首，开始与东突厥的沙钵略可汗兵戎相见。

隋文帝"远交近攻、离强合弱"的策略，不但让隋朝减轻了边防压力，也惠及唐朝。当东突厥频繁骚扰唐朝的北方边境时，西突厥的注意力一直都在西方。

东、西突厥分裂之后，西突厥与萨珊波斯以乌浒水（今阿姆河）为界。从隋初到大唐贞观初年，西突厥一直在和东罗马帝国联手，向波斯帝国进攻。

到统叶护可汗时期，西突厥达到巅峰，其疆域东至金山（今阿尔泰山），西南抵末禄河（今阿富汗木耳加布河）上游与波斯为界，南至天竺河上游喀布尔河流域。西域便在西突厥的控制之下，《旧唐书·突厥传下》记载，统叶护可汗时，"其西域诸国王悉授颉利发，并遣吐屯一人监统之，督其征赋。西戎之盛，未之有也"。

受制于西域的地形特点，西突厥对被征服的西域绿洲地区，实行的也是一种间接控制，而非直接的占领统治，主要目的在于攫取经济利益。

渭水会盟三年后，唐朝在一系列政治、经济措施的加持下，国力急速上升。

贞观三年（629）十一月，唐太宗李世民趁北方草原陷入天灾泥潭不能自拔之机，联合不甘臣服东突厥的薛延陀、回纥、拔也古、同罗等诸部发动反击。

十万唐军分兵六路，李靖、李勣（徐世勣）、尉迟敬德、李道宗、柴绍、薛万彻、秦叔宝、程知节（程咬金）、苏定方、张公瑾等初唐名将悉数上阵。

从唐军堪称奢华的配置上看，除陈国公侯君集留守长安外，唐朝名将几乎倾巢而出。压上了全部筹码的李世民，同时也赌上了大唐的国运。

李世民看人很准，"军神"李靖没有辜负他的期望，率唐军长驱直进大败突厥，生擒颉利可汗献俘于阙下，强横一时的东突厥一战而亡。

东突厥的突然败亡，震惊了整个北方草原。原来臣服于东突厥的各部族势力，纷纷质子长安向大唐称臣。

唐朝击垮东突厥，只是万里长征的第一步，西突厥依旧强大。与摧枯拉朽击溃东突厥不同，唐朝向西域的拓展是步步为营。

相比于雷霆乍惊，毕其功于一役的东突厥之战，唐朝开拓西域的过程十分漫长而又充满艰辛，不仅要攻城更要攻心，政治、军事两手都要抓，两手都要硬。

贞观四年（630）九月，原本臣属西突厥的伊吾（今新疆维吾尔自治区哈密市）城主入朝觐见，将所统七城献出。唐朝在其故地设西伊州，设置州县，移民屯田，按照内地州县制的模式治理。贞观六年（632），去"西"字，称伊州。

就在伊吾城主献城归附的同一年，高昌国王鞠文泰亲自到长安朝觐。高昌也是西突厥的臣属，这时也来向唐朝示好，这充分证明，唐朝以雷霆之势扫平东突厥对西域各国震动之强烈，同时也暴露了西域诸国的本质特性——墙头草。他们特别善于观察风向，哪边风硬就顺势而倒，倒也不好苛责他们首鼠两端，夹在突厥与唐朝之间的小国，不得不两边讨好以求生存。

唐太宗李世民热情款待鞠文泰，不仅给予丰厚的赏赐，还特别下诏赐其夫人国姓将其纳入宗亲，加封常乐公主。这个举动意味深长，表明唐朝已将高昌视为"自家人"。

高昌与唐朝的关系一度十分紧密，西域诸国有何风吹草动，高昌都会第一时间报告唐朝。高昌成为唐朝在西域的耳目。

然而，这种亲密的关系并未维持多久。双方很快就闹翻了。

双方闹翻的原因是高昌的邻国焉耆向唐朝提出一个请求——开通一条荒弃已久的商路。

只不过是恢复一条商路，为何高昌要与唐朝翻脸？答案当然是利益。之前，高昌亲近唐朝是为了利益，现在跟唐朝翻脸也是为了利益。利益面前，友谊之船说翻就翻。国家与国家从来不会有真正的友谊，所谓的友谊只是利益关系。

要想富先修路。对这句口号，相信大家不会感到陌生，曾几何时，这条标语曾刷遍大街小巷，特别是一些山区，这条标语写出了问题的本质。要说明的是，一千多年前的古人早就深深懂得了这个道理，特别是"丝绸之路"沿线的众多小国。

虽说所谓的"丝绸之路"并不是商贸往来特别繁荣的商路，原因之前说过，在之后的很多年，"丝绸之路"的主要角色其实是军事补给线，为驻守西域的唐军运送军饷以及补给。

但只要是商路，还是有人往来做生意的，虽然不多，但确实有。既然是商路，必然带来商机，很多沿线的西域小国因此得到实惠。虽然往来的商人不多，但西域的小国人口更少，很多小国只有几万人，十几万人的国家在西域就算大的，要是有几十万人，那在西域就是标准的"超级大国"。

因此，尽管商贸往来十分有限，但带来的收益依然能喂饱沿途的众多国家。

自丝绸之路开通，便成了沟通东西方的文化贸易纽带，从欧洲到中国的必经之路。丝绸之路在西域主要分为三条——北道、南道和中道。北道相较于其他两条道要远，而南道早已荒弃，所以在丝绸之路间往来的人多会走高昌所在的中道。高昌凭借优越的地理位置，垄断了大部分国际贸易，成为丝绸之路上最大的中转站，因而获得巨额财富。用"日进斗金"形容也不为过。

丝绸之路虽然是中西交流的桥梁，也是各国商队的生财之道，但从长安到罗马，绵延数万里，几乎不会有一支商队能从头走到尾。且不说沿途数不清的拦阻抢劫令商队随时可能有性命之忧，就算能安全抵达，数万里长途也令人望而生畏。

那是个交通基本靠走，通信基本靠吼的时代，这么长的路往返一趟就要数年。做生意讲究的是快速流通，急速变现。如此长的周期，本钱再大也玩不起，所以，丝绸之路做的是接力贸易，丝绸之路上的众多国家都是贸易的参与者，沿途大大小小的城市既是重要的贸易中转站，也是交易的主要场所。

中原的商人将名贵的丝绸运到西域，再由西域的商人运到中亚，然后再由那里的商人转运到欧洲，大家只在自己熟悉的范围内做转口贸易，这么一来，既可以避开沿途被打劫的风险，也可以尽可能缩短贸易流程，减小风险，快速变现。

中国的丝绸之所以在欧洲卖出天价，那是有原因的，原因就在于从发货地中国到收货地欧洲，中间存在着好几层中间商，这么多中间商层层加价，东西不贵才怪。

在欧洲只有上流社会的人才买得起中国货。那年月，能用得起中国货的外国人妥妥的都是贵族。中国货是高档奢侈品，那是身份与地位的象征。

而在众多的贸易中转站中,西域是极其重要的存在。高昌就在丝绸之路上,在家门口搞转口贸易,买进卖出,转手就是几倍的利润,数钱能数到手软。高昌能靠做生意发大财,金主就是唐朝,所以,高昌国王鞠文泰才会屁颠屁颠跑到千里之外的长安朝觐唐太宗李世民。

处于南道的焉耆看着高昌发财眼红,就产生了修复南道的想法。要发财大家一起发嘛。于是,焉耆国王向唐太宗报告,希望获得准许。李世民本着友好交往、互利互惠的想法批准了焉耆国王的请求。

得知消息后,高昌人的内心是抗拒的。对唐朝来说,多一条商路当然好,而开通南道,焉耆也很快会成为第二个高昌,凭着转口贸易坐地生金。但对高昌来说,那就意味着巨大的贸易损失。之前说过,丝绸之路的贸易虽然赚钱,但受交通条件的限制,贸易量是有限的,蛋糕就那么大。焉耆分的是高昌嘴里的蛋糕,高昌当然不愿意。

虽然与唐朝相比,高昌只是蕞尔小邦,但在西域这块地盘上,高昌还是比较强悍的。唐朝惹不起,但暴揍焉耆的实力高昌还是有的。焉耆还在做着发财的美梦,等来的却是暴走的高昌。打上门的高昌军队,进来之后啥也不说,直接开抢,将焉耆的金银财宝洗劫一番,打包带走。

高昌抢的是焉耆,得罪的却是唐朝。抢劫虽然痛快,但鞠文泰也明白,这次的祸闯大了。

不过,鞠文泰也有对策,他抱上了西突厥这条大粗腿。在西域,能与唐朝抗衡的也只有西突厥了。

高昌不仅停止了对唐朝的朝贡,还威胁周边小国也不许去。李世民得知后派出使者到高昌,表示希望高昌国王来长安面谈。正在闹情绪的鞠文泰自然不会去,李世民多次令他赴约,最后鞠文泰不耐烦了,干脆也不再找借口,直截了当地向唐使表明了分道扬镳的意思。

小国高昌敢与唐朝叫板的资本是远,它与中原隔着狭长的河西走廊和塔克拉玛干大沙漠,相距七千里。路远不说,路况还不好,七千里路有两千里是荒漠,长途远征,补给会十分困难。

高昌位于吐鲁番盆地,这里是我国夏季最炎热的地方,在喜马拉雅造山运动的作用下,北冰洋、印度洋和大西洋的水汽全被挡在外面。《西游记》里面火焰山的原型就在这里。

路远坑深大漠高温,真不是一般的难走。夏天酷热,春秋常刮沙尘暴。

也许有人会说,那等冬天去不就得了。

可是,冬天的吐鲁番盆地朔风刺骨。处于内陆沙漠地带的吐鲁番盆地,昼夜温差极大,论寒冷程度一点也不输漠北草原。

十年前,鞠文泰曾来过长安。通过这次访问,鞠文泰对唐朝的风土人情以及实际状况有了比较直观的了解。他看到沿边的秦、陇一带人烟稀少,经济萧条,那时还是贞观初年,国家尚在恢复,鞠文泰有此观感也不奇怪,但他进而却做出了错误的判断,认为唐朝国力虚弱,至少暂时没有雄厚的国力对高昌用兵。

可是,他不知道,唐朝的贞观时代是历史上著名的治世。唐朝的国力在迅速恢复,但鞠文泰的脑袋里还是十年前的那个唐朝,他错就错在不会用发展的眼光看问题。

李世民之所以迟迟不动手,其中一个原因在于高昌不同于西域的其他小国,高昌基本是由纯汉人组成的城邦国家。

高昌国故地本是汉代的车师前国。天山北麓、南麓的出口都经过这里。吐鲁番的水土又十分适合农牧,自西汉以来,历代中央政府都将当地视为统治西域的基地。

西汉在轮台设戊己校尉,派兵在当地屯田。从这时起,汉人便取代当地人成为高昌的主要居民。至五胡十六国的前凉，改军户为民户，置高昌郡。北魏时，北凉沮渠氏西迁，建都于此，史称后北凉王朝。北魏和平元年（460），后北凉为柔然吞并。高昌的汉人趁机独立，先后建立阚氏、张氏、马氏、麹氏四代王国。

由于高昌是汉人国家，国中通行汉语、汉文，推行郡县制，与中原几乎没有差别。

高昌与中原同文同种，与中原的关系一直不错。隋朝时，高昌见中原繁盛，便有了举国内附的想法。当时，高昌在西域胡人的影响下，辫发胡服。高昌国王麹伯雅下令，要国民解开胡人式的辫发，脱去胡服，恢复中华衣冠。

然而麹伯雅回归中原的构想并没有实现。隋炀帝征讨高句丽失败，国内群盗蜂起，隋朝处在崩溃的边缘。麹伯雅之所以敢于发布恢复中华衣冠的命令，是因为有隋朝作后盾。隋亡后，高昌便直接暴露在西突厥的威胁之下。

在西突厥射匮可汗的支持下，高昌国内的叛乱者发动政变，弑杀麹伯雅。经过十二年的混乱，麹伯雅的儿子麹文泰登上王位。此时，唐朝已经统一中原。唐高祖李渊也第一时间遣使祝贺。

从武德到贞观年间，高昌都积极向唐朝示好，充当唐朝在西域的耳目。相比西域其他国家，同文同种的高昌显然更值得信任。

因为唐朝过于强大，麹文泰害怕被唐朝吞并，所以才积极示好。从其本心而言，他并不想让高昌归附唐朝，因为他不想失去王位。于是，他不顾杀父之仇投入西突厥的怀抱，就此走上不归路。

李世民起初很有耐性地几次派使者去高昌，希望麹文泰能悬崖勒马及时回头。李世民给了麹文泰很多机会。但麹文泰却在找死的路上越走越远，不但不认错，还拼命在家砌墙头，用意再明显不过，摆明了要跟唐朝对抗到底。

好良言难劝该死的鬼，既然鞠文泰想死，那就送他去死吧。

贞观十三年（639）十二月，唐太宗李世民正式下令出兵征讨高昌，以吏部尚书侯君集为交河道行军大总管，名将契苾何力、薛万彻等随从出征，调集汉军、契苾部骑兵共二十万大军。远征军誓师出征，骑兵漫山遍野，步兵的队列看不到尽头，金鼓之声远闻数十里，史书记载，自秦汉出师未有如此之盛者。

当年进攻蛮横嚣张的东突厥，也不过动员十余万大军。高昌与东突厥实力相差悬殊，在不懂大势的人看来，用如此阵势征讨一个小小的高昌，未免有点小题大做。著名的诤臣魏徵还曾为此上书李世民，建议不要征伐数千里之外的小国，劳民伤财，得不偿失。但素来从善如流的李世民这次却没有听从魏徵的意见。

领导不必事必躬亲也可以不懂具体业务，但一定要能看清大势，有战略眼光。魏徵是贞观时代的名臣，也很认真负责，甚至多次当面顶撞过李世民，搞得后者十分不爽。但李世民是明白事理的人，尽管也有过惩罚魏徵的冲动，但大多数时候，李世民还是能做到虚怀纳谏的。

李世民这次不听魏徵的劝谏是对的，因为李世民是有卓越战略眼光的人。他要的可不止一个小小的高昌，他要的是整个西域。

只有牢牢控制住西域，才能有效地抵御来自北方游牧骑兵的威胁，确保帝国的长治久安。李世民十分清楚西域对帝国的重要意义。

目光仅局限于眼前那点钱粮的魏徵并不懂战略大势，有趣的是，几十年后，相似的一幕再次重演。

那时掌权的已经是李世民的儿媳，也是他当年的妃子武则天。当时在吐蕃的进攻下，大唐在西域的据点尽数丢失，武则天面对的是，要不要发兵与吐蕃决战，夺回西域。

进兵西域，与强敌吐蕃交手，意味着要征发数十万大军，耗费难以计数的钱粮，而且还不一定能打赢。

这时也有一位名臣上书反对出兵，主张放弃西域，理由跟魏徵如出一辙，倾国远征，劳民伤财。

与李世民的反应出奇一致的是，武则天也没有听。这位反对出兵，主张弃守西域的名臣就是武则天时代备受信任的狄仁杰。

武则天不听狄仁杰的建议，原因在于，武则天也是一个有战略眼光、能看清大势的人。

身为帝国的领导者，小事可以糊涂，大事必须清醒。魏徵、狄仁杰不明白，但李世民、武则天明白，有些地是必须争的，有些钱是必须花的，有些仗是必须打的。

进兵高昌是唐朝经略西域的第一步。

第一步一定要稳。

李世民如此兴师动众，真正要对付的敌人并不是高昌，谁都知道高昌不过是个蕞尔小邦，全国男女老少加在一起还没有大唐的远征军人多。高昌不是大唐的对手，这是个人都看得出来的。高昌不是对手，那谁是对手呢？答案是西突厥。

此时的西域是西突厥的势力范围，想要进军西域，就不可避免地要面对西突厥。此次远征，名义上是征讨高昌，实际上更深层的用意是震慑西突厥。因为西突厥才是唐朝在西域真正的对手。

当时，西域各国都不同程度地受到西突厥的控制，与西突厥眉来眼去的不止高昌，龟兹等国也向西突厥暗送秋波。

唐朝之所以如此高调地出兵，也不仅仅是震慑西突厥，更是做给西域众多小国看的。出兵之前，唐朝还派出使者到焉耆，表示你们之前受委屈了，这事儿我们都知道了，现在唐朝来给你们出头了，希望你们出兵配合，咱们东西夹击痛扁高昌，好给你们出气。焉耆自然是喜出望外，表示愿听从差遣。

贞观十四年（640）五月，唐军到达碛口（今新疆维吾尔自治区哈密市西南），也就是沙漠边缘通往高昌的入口。天然的屏障挡不住大唐取胜的决心，唐军即将兵临城下。

听到消息的鞠文泰连唐军的影子尚未见到，竟然直接被吓死了。

既然没胆就别玩火，早知今日何必当初。

鞠文泰死了，难题留给了他的儿子——新任国王鞠智盛。

唐军很快攻至高昌城下，鞠智盛一面遣使谢罪，一面却又整顿兵力加强防守，等待西突厥的援兵。

唐军主帅侯君集也是沙场老将，自然清楚鞠智盛缓兵之计的小把戏，是时候展示真正的实力了。

将作大匠出身的姜行本这次也随军出征，随同他一起来的还有精于制造攻城机械的数千能工巧匠，现在轮到他们发挥专业优势了。

数千工匠就在城外就地取材，伐木造车之声昼夜不息，声音传到城里，听得高昌人心惊胆战。

唐朝工匠制造的巢车高十余丈，站在上面可以居高临下俯瞰整个高昌城，城里的一举一动都被唐军看在眼里，唐军的弓箭手站在车上不停地向城内射箭，箭如雨下。城里的人出门必须背着门板一起走，否则分分钟就会被射成刺猬。

然而，令高昌人恐惧的不是箭雨而是石头雨。走这么远的路，当然要带点好东西给西域各国的小伙伴开开眼界长长见识，好东西要跟大家分享，藏着掖着那是不地道的。

冷兵器时代的攻城利器投石机正式出场，随着城外架起一座座投石机，数不清的大石头便划出一道道优美的弧线向高昌城雨点般地砸下来。箭雨还能用门板挡，石头雨高昌人是真扛不住了。

被砸得头破血流的高昌人还在指望西突厥的援兵，可是等来等去也不见一个突厥兵。原来，突厥人早就跑了。此时已经跑出一千多里，真的是在千里之外了。

西突厥虽然经常搞内斗，但对西域还是很上心的，毕竟，这是他们的传统势力范围。

如果当时高昌与西突厥有对话，很可能会是下面这番场景。

高昌：原本说好，有事一起扛。你却悄悄退场，留下我在这里独自受伤。

西突厥：我也想与你一起共担风雨，可谁能想到，对方砸过来的是大石头呀！

西突厥起初也是打算出手的，唐军进入西域时，西突厥大军也站在远处遥为声援，给高昌打气。可是，在见识到二十万唐军的强大战力后，西突厥瞬间变得极为理智。他们悄悄地退走没有带走一片云彩，搞笑的是，西突厥派驻可汗浮图城的部队，原本距高昌最近，可以随时支援高昌，却在唐军到来之际，连打都未打，直接归顺。

在唐军的强大攻势下，鞠智盛被迫开城投降，高昌遂平。此役，唐军破城二十二，却只得到八千民户。

捷报传到长安，唐太宗李世民下令以高昌为西州，改可汗浮图城为庭州，比照内地置州设县。

唐军八月攻占高昌。九月，唐朝便在西州交河城设置安西都护府，派兵驻守。

今天新疆吐鲁番西郊有一块高耸的被河流环绕的台地即是唐朝的交河城旧址。自汉魏以来这里就是战略要地。从交河出发，沿银山道向西南可达焉耆，走白水涧道往西北可抵轮台。向北穿过天山是庭州。东面有大路通往伊州跟玉门关。

交河城正在东西通路的交点上。交河城是唐朝向西开拓的桥头堡。接下来便是"一路向西"的征伐，随之而来的是一系列振奋人心的胜利。

西突厥并不甘心就此退出西域。在唐军主力撤离后，西突厥又蠢蠢欲动，明着不敢来，但暗地里的小动作却从未停过。

西突厥重臣屈利啜为弟弟迎娶焉耆国王龙突骑支的女儿，使得焉耆与西突厥的关系迅速拉近，日渐亲密。与此同时，焉耆与唐朝的关系却是渐行渐远。

当初高昌打劫焉耆是拉着西突厥一块来的，可是焉耆显然并不记恨，这会儿又与西突厥打得火热。再联系之前的高昌，似乎也是这个德行。国家之间，翻脸比翻书还快，特别是那些处在大国之间的小国，朝秦暮楚是再平常不过的事情。

焉耆的转向令国内的亲唐势力大为不满。

贞观十八年（644），焉耆发生内乱，亲唐派的首领颉鼻叶护与栗婆准等人因遭受国王龙突骑支的迫害逃往唐朝。

就在这年年初，唐朝新任安西都护郭孝恪来到西域。这位从隋唐之际的战争硝烟里走出的老将眼里可是不揉沙子的。郭孝恪查明实情后直接给皇帝上书，要求出兵讨伐焉耆。唐太宗李世民一直密切关注着西域，接到报告立即批准。

八月十一日，郭孝恪率军三千从西州出发进攻焉耆。栗婆准作为向导，随军出征。

焉耆都城地势险要四面环水，但防备松懈。唐军倍道兼行，于八月二十日晚抵达焉耆都城。唐军趁夜色渡河，天明时突然出击，登上城墙，鼓角齐鸣。焉耆城内顿时大乱，唐军迅速击溃焉耆守军，俘获焉耆国王。直到做了唐军的俘虏，焉耆国王还未明白是怎么回事，一切来得太快，根本来不及反应。这就是唐军要的效果，出其不意，远程奔袭，真正的闪击战。

一个月后，长安的李世民便收到平定焉耆的捷报。考虑到当时的交通条件，这个速度已经非常快了。又过了一个月，焉耆国王龙突骑支便被押到李世民面前，但事情远未结束。

郭孝恪来得快，走得也快。问题是，他撤走时未留兵。这是之后一切混乱的根源。郭孝恪立亲唐的栗婆准为新王后便率军返回。但郭孝恪实在低估了西突厥闹事的能力。

唐军走后三天，西突厥屈利啜便引兵来救焉耆。听说唐军围攻焉耆，龟兹跟西突厥都派出了援兵，龟兹国小兵少可以忽略不计，但西突厥在西域还是有与唐朝较量的实力的。

刚刚被立为国王的栗婆准位置还没坐稳，就被随后赶到的西突厥囚禁。听说唐军尚未走远，屈利啜立即带兵去追。两军在银山遭遇，西突厥也就能欺负欺负焉耆这种小国，却根本不是唐军的对手，被杀得大败一路溃逃而去，唐军追出数十里才得胜收兵。

西突厥的另一位部落首领处那啜趁乱派出手下的一名吐屯摄焉耆国政，这位吐屯遣使到长安朝贡，想得到唐朝的承认，结果遭到李世民的严厉训斥。唐朝不承认也就不具备合法性，这位吐屯干不下去，又怕被唐军抓去长安，国王也不当了，直接跑回西突厥。

处那啜为了能继续控制焉耆，将亲唐的栗婆准送到龟兹。由此可以看出西突厥的阴险，栗婆准，他们想杀，但又不敢杀。毕竟是唐朝立的国王。但不杀又不好立新王，那就只有借刀杀人了。

龟兹是西突厥的跟班，老大让他杀，明知是背锅也不敢不听。龟兹将栗婆准杀害，西突厥随即立栗婆准从父兄薛婆阿那支为王。

当时，唐朝正准备东征高句丽，不得不暂时在西域取守势。

贞观十九年（645），唐太宗李世民率军亲征，收复辽东大部，重创高句丽。

贞观二十年（646），唐朝以李道宗、阿史那社尔为主帅，率执失思力、契苾何力、薛万彻、张俭等北伐薛延陀，一战扫平薛延陀。

薛延陀是东突厥覆亡之后取而代之的又一个强大部落，当年唐军北伐东突厥，薛延陀也是出过力的。但随着实力的增强，薛延陀的野心也随之膨胀，大有成为第二个东突厥的苗头。

唐朝当然不会允许在北方再出现一个威胁自己的强敌，必须在其变强之前除掉这个隐患。战争的结果也再次证明此时的唐朝仍处于黄金时代。

在接连解决东北的高句丽、漠北的薛延陀后，唐太宗李世民将目光再次投向西北，西域是必取之地。

贞观二十一年（647）十二月，唐太宗李世民正式下诏，以左骁卫大将军阿史那社尔为昆丘（昆仑山）道行军大总管、左骁卫大将军契苾何力为副总管，起兵十万西征龟兹。

阿史那社尔、契苾何力与执失思力是贞观时代的三大外族名将，其中，尤以阿史那社尔、契苾何力与唐太宗关系亲密，情谊深厚。两年后，唐太宗李世民病逝，这两人要求以身殉葬，但李世民早有预料，留有遗诏，不准殉葬，才作罢。

李世民十分信任二人，这种信任已经远远超出君臣关系，他们更像是生死与共的战友，阿史那社尔、契苾何力堪称贞观时代的外族将领双子星。自从归附唐朝以来，二人便与李世民生死相随，几乎每役必从，为唐朝东征西讨，竭尽忠心。

西征高昌，他们是侯君集的左膀右臂。

东征高句丽，他们是李世民的得力干将。

北征薛延陀，他们是前锋大将。

此次西征龟兹将是阿史那社尔军事生涯的成名之战，也是阿史那社尔第一次出任主帅。

这是唐朝开国以来，第一次由外族将领担任大军主帅。这是李世民对阿史那社尔的深深信任。阿史那社尔、契苾何力与执失思力，他们都是唐朝的女婿，可以信赖的自己人。唐朝以其开放包容吸引着来自四海八荒的英雄。

唐朝海纳百川，英雄不问出处。不管你是特勒人（契苾何力）还是突厥人（阿史那社尔），不管你是高句丽人（高仙芝）还是契丹人（李光弼），只要你效忠唐朝，你就是唐朝的人。唐朝是各族人民共同的唐朝。

选择阿史那社尔为西征大军主帅，李世民是经过一番深思熟虑的，虽然贞观时代将星云集，但阿史那社尔却是最合适的人选。

为何如此说呢？这就要说到阿史那社尔的出身以及他的早年经历。

阿史那社尔是东突厥处罗可汗的儿子，年少时便以智勇双全而闻名草原。长大后的阿史那社尔被授予拓设即突厥的大将军，分管铁勒族的同罗、回纥等部。

颉利可汗穷兵黩武，阿史那社尔多次劝谏，可是颉利不听，反而因此厌烦阿史那社尔，派他去打薛延陀，结果还打了败仗，这下颉利更有借口了，将阿史那社尔贬去驻守西部偏远的可汗浮图城，任务是防御西突厥。

东突厥覆亡后，阿史那社尔以可汗浮图城为基地，扩张实力。正巧当时西突厥内部混乱争斗不已，他率军西征将西突厥一半的地盘纳入自己的势力范围，实力因而大增，坐拥十万雄兵，自称"都布可汗"。

要是照这个势头继续向西扩张，很可能吞并整个西突厥，称雄一方。但阿史那社尔却不想西进，他要东还，去找薛延陀报仇。

阿史那社尔始终念念不忘仇敌薛延陀。他被贬到西边的可汗浮图城，就是因为在与薛延陀的战争中失利，才被逐出权力核心。东突厥的失败，薛延陀也是趁火打劫最积极的一个。

战败之耻，亡国之恨，岂能不报！雪耻复仇是任何一个热血男儿的必然选择。

在阿史那社尔眼中,薛延陀是最大的仇敌,血性汉子阿史那社尔决心征讨薛延陀,洗战败之耻,报亡国之仇,但部众纷纷劝说:"我们刚得到西部的土地,局势不稳。如果倾尽兵力攻打薛延陀,西突厥势必会卷土重来,到时,我们将进退失据。"阿史那社尔不听,对部将们说:"如果讨伐薛延陀失败,我虽死无憾。"如果失败,我认了,但薛延陀,我打定了。

贞观八年(634),阿史那社尔率五万骑兵对薛延陀宣战。

此时薛延陀据有漠北之地,周边部落归附,拥兵二十万,实力远超阿史那社尔。

但阿史那社尔丝毫不惧依然率部与之正面硬抗了一百多天,但最后还是因实力悬殊,败下阵来。由于他挥师东向,西突厥果然趁机反攻,阿史那社尔的地盘损失殆尽,连大本营可汗浮图城也守不住了。此时他手下仅剩一万多兵力,被薛延陀、西突厥东西夹攻,在草原已经没有立足之地,只得于贞观十年(636)南投唐朝。

唐太宗得知阿史那社尔率部来归不禁大喜,他知道阿史那社尔是不可多得的大将,当即封他为左骁卫大将军,将其部众安置在灵州以北。阿史那社尔则留在长安。唐太宗还将其妹南阳长公主嫁给阿史那社尔,结为亲家。

阿史那社尔生于草原长于草原,对漠北再熟悉不过,而且他与薛延陀有着亡国之恨,所以北征薛延陀,阿史那社尔也在出征之列。

更早之前的高昌之战,阿史那社尔也是大将之一。可汗浮图城,西突厥,对阿史那社尔来说更是刻骨铭心,前者是他的大本营,后者是将他赶出大本营的仇敌。

薛延陀,让他被贬出权力中心。西突厥,让他无家可归。

仇敌见面分外眼红,打起来,自然格外卖力。

此次西征，名义上是打龟兹，实则主要目标还是西突厥。

君子报仇，十年不晚。

阿史那社尔率领的十万铁骑，大部是原东突厥的士兵。阿史那社尔是东突厥勇将。这次战争也可以看作东西突厥之间的对战。

此时的西突厥分为左、右两厢，每厢各有五部，每部万余骑兵，加起来也有近十万，但西突厥从始至终都有一个毛病，喜欢搞内斗，从来都是一盘散沙，形不成合力。加上不论是单兵还是整体战斗力，东突厥都远在西突厥之上，这场战争从一开始便没有悬念。

十万纪律严整的唐军铁骑面对一盘散沙各自为战的西突厥，简直就是碾压对方。

长久以来，在很多人的印象里，说起唐军，自然而然认为是由汉人组成的部队。但其实这种想法是错的，唐军既有来自中原的汉人组成的府兵，也有归附唐朝的游牧部落的骑兵。

唐军中由汉人编成的精锐骑兵最有名的当数玄甲军。

虽然玄甲军是大唐精锐中的精锐，在历次战争中随李世民冲锋陷阵，所向披靡，是战场突击的主力，但玄甲军的人数并不多，只有数千，属于少而精的特种部队。贞观时代纵横万里的唐朝铁骑，主要还是以归附唐朝的游牧部落骑兵为主。

西汉横扫漠北的帝国双璧卫青、霍去病彪炳史册的漠北之战，以十万汉军铁骑大败数十万匈奴骑兵，是汉人骑兵的巅峰之战。

但长期维护一支庞大骑兵的成本是非常高的，汉军虽然取得辉煌的胜利，但这背后是海内虚耗，户口减半。汉朝的损失也是十分惊人的。

李世民不愧是雄才伟略的一代明君。他对来归的各游牧部落推心置腹，一视同仁。换来的是这些出身外族的将领士兵的竭力报效。贞观时代的东征西讨，特别是深入草原的骑兵大兵团作战，这些人都是主力，他们的部队战斗力很强，成本却很低。唐军连年征战，战绩显赫，百姓负担却并不重。

虽然阿史那社尔率领的是以突厥为主力的部队，但不论是汉人骑兵，还是突厥骑兵，两者都是法律意义上的唐军。

虽然就实力而言，十万唐朝铁骑不论是对龟兹还是对西突厥都呈碾压之势，但阿史那社尔仍决定采取长途奔袭战术，出其不意，攻其不备，用最小的代价取得最大的胜利。

贞观二十二年（648）九月，阿史那社尔率十万大军从西州出发以迅雷之势闪电出击，迅速解决了西突厥处月、处密两部。

十月，唐军借道焉耆，突然出现在龟兹北部。十万大军兵分五路，以雷霆之势直压而下。

唐军借道焉耆的过程中，也顺手解决了焉耆。亲西突厥的焉耆国王薛婆阿那支见唐军杀来自知不敌，弃国逃往龟兹，被唐军追上就地处决。唐军立亲唐的突骑支的弟弟婆伽利为焉耆新王，这也是为几年前安西都护郭孝恪的工作收尾。

唐军的突然进攻收到成效。龟兹王布失毕准备不足，先是在野战中被唐军击败于多褐城外，后见唐军势大，兵锋甚锐难以抵抗，于十一月放弃都城伊逻卢城（今新疆维吾尔自治区库车市），退守六百里外的拔换城（今新疆维吾尔自治区阿克苏市）。唐军随后追至城下，将其城团团包围。

拔换城地形险要，易守难攻，唐军前锋主要是骑兵，缺乏攻城器械久攻不下。阿史那社尔留下安西都护郭孝恪守伊逻卢城，自己亲率大军驰援。

经过四十多天的围攻，唐军攻破拔换城，龟兹国王布失毕被唐军生擒，手下大臣也尽数被俘，龟兹初平。

但混乱中，龟兹国相那利却趁乱逃脱投奔西突厥，就是这条漏网之鱼，又掀起一番风浪。

那利在西突厥的支持下，又拼凑一万人马杀回伊逻卢城。此时，阿史那社尔率领的唐军主力正在六百里外的拨换城，伊逻卢城只有郭孝恪的千余唐军驻守。

郭孝恪虽也是征战多年的老将，但此人为将有一个缺点，虑事不周，做事粗心大意。

这从四年前，他出击焉耆时就能看出来，他拥立亲唐的栗婆准，却不留兵。西域小国处于西突厥与大唐之间，首鼠两端是常态，仅仅册立还不够，扶上马还要送一程。不留兵，这个亲唐政权是极其脆弱的。事情的发展也印证了这一点，不久，西突厥势力卷土重来，再次控制焉耆。郭孝恪的前期工作等于白做。

唐军刚刚占领龟兹，人心不稳。郭孝恪本应进驻伊逻卢城安抚人心，震慑那些心怀叵测、蠢蠢欲动的反唐势力。可郭孝恪实在过于轻敌，他没有进城而是带着部队驻在城外，这就给了敌人可乘之机。

西突厥在龟兹经营多年，已经在当地形成一股很强的势力。这些人投降只是摄于唐军的军威，内心并不情愿，看似平静的伊逻卢城实际上暗流涌动。

就在这时，那利适时出现，派人与城内的反叛势力取得联络。于是，里应外合，发动叛乱，等郭孝恪发现情况不对为时已晚。但在最后时刻，老将军履行了作为军人的职责，尽管事发突然，面对数量占优的叛军，老将军毫不畏惧，率部与降而复叛的龟兹军队展开殊死血战，双方从城外杀到城里，又从城里杀到城外，但终因寡不敌众，郭孝恪与儿子郭待诏以及一千部下战死沙场。

阿史那社尔与郭孝恪私交甚好，两人在西域搭档多年，是出生入死的战友，惊闻好友遇害，阿史那社尔不禁血气上涌，那种难以抑制的愤怒是任何一个在战场上拼杀过的人都能够体会的。这位重感情的血性汉子二话不说，率全军掉转方向，朝伊逻卢城杀来。

必须狠狠惩罚那些背信弃义的人！

必须狠狠教训那些降而复叛的人！

必须让背叛的龟兹人付出血的代价！

满怀复仇怒火的唐军展现出令敌人恐惧的战斗力，一座又一座龟兹城池几乎瞬间被摧垮。在唐军连续而又猛烈的攻击下，龟兹人再次宣布投降。这次，阿史那社尔没有轻易放过这些反复的龟兹人，一万多参与叛乱的龟兹人被当众全部处决，阿史那社尔要以此告诉那些首鼠两端的西域小国，告诉心怀叵测的西突厥，犯唐朝天威者，虽远必诛！

唐军扫平龟兹，威震西域！

西域众多小国纷纷归附，西面的疏勒、南面的于阗主动投靠，再次展现墙头草的本色。

这是西域的第二次集体投唐风潮。第一次发生在唐朝一战平东突厥之后。隋唐之际，突厥是北方草原名副其实的霸主，即使后来分裂成东西两部，依然实力强劲。

而东突厥的实力远强于西突厥，这是当时的国际共识。唐朝只用三年就将东突厥彻底打垮，这深深地震撼了当时的"国际社会"，尤其是臣属于西突厥的众多西域小国。这点不难理解，东突厥实力碾压西突厥，唐朝实力完虐东突厥，而西域各国臣属于西突厥。这个排列组合已经能够说明一切。接下来发生的事情顺理成章，高昌、龟兹等国排着队来长安朝觐示好。

然而，示好并不等于臣服。这仅仅是小国对唐朝因敬畏产生的礼节性致意。因为他们此时臣服的还是西突厥。后者才是此时西域的真正主人。

夹在西突厥与唐朝之间，西域小国的本能反应是谁也不得罪，两面讨好，但即便如此也有侧重，他们的重心仍在西突厥这边。

唐朝的实力远在西突厥之上，这是显而易见的，但西域的众多小国依然选择臣属西突厥，这并不是他们蠢，原因很简单，唐朝虽强，但很远。西突厥虽弱，但很近。县官不如现管。西域有事，西突厥数日便至，但唐军数月才至。这才是根本原因。对此，唐朝也是心知肚明，对西域小国并不苛责，而是埋头苦干，少说多做。伊州、西州、庭州，一步一个脚印，一路向西。唐军的驻地在步步深入西域腹地。

随着唐军占领龟兹，唐朝取得了对西域的实际控制权，西域小国在现实面前，选择重新站队归附唐朝。

唐朝专心做事的时候，西突厥正忙着窝里斗。等西突厥终于斗出结果，产生新的可汗，这时他们才发现，唐朝已经不声不响地完成了在西域的布局。

龟兹战役结束后，唐朝将安西都护府治所从西州向西迁到龟兹，以加强对西域的管理。龟兹是西域大国，当然，这个大是相对而言，相比西域那些只有两三万人口的小国，拥有十万人口的龟兹可以算得上是地区大国了。

唐军在龟兹、焉耆、于阗、疏勒修筑城堡，建置军镇，由安西都护统领，"安西四镇"正式建立，标志着唐朝在西域统治的正式确立。

四个军镇位置的选址很有讲究。龟兹，人口众多，经济发达，位居丝绸之路要冲，掌握龟兹，既能控制西域的经济命脉，又便于居中震慑西域国家。于阗是丝绸南道的必经之地。至于疏勒，在葱岭脚下，控扼东西穿过葱岭的要道。焉耆东连高昌，西接龟兹，南靠尉犁，不仅是唐军进入天山以南的门户，也是突厥南下的关口。控扼这四个要点，整个天山以南、昆仑山以北，便都在唐朝掌控之下。

大功告成——千里跃进扫荡西突厥

唐军在西域高歌猛进,建府立镇。随之而来,唐朝与西突厥的战略决战便不可避免,因为西突厥也曾是这里的主人。这种矛盾只能通过战争来解决。

即将在沙场上浴血搏杀的两国,也曾有过如胶似漆的甜蜜岁月。

曾几何时,唐朝与西突厥也是关系亲密的盟友,当然,建立联盟的前提是,他们有着共同的敌人东突厥。

东突厥与西突厥自分裂以来便势同水火。东突厥与唐朝更是你死我活的仇敌。敌人的敌人就是朋友。这时西突厥的可汗是统叶护,为争取战略主动,统叶护可汗向唐朝求婚,谋求以联姻的方式巩固同盟。

双方本来已经谈好,可很快东突厥便知道了此事,不用想也知道这是冲谁来的。东突厥出兵控制了唐朝与西突厥的来往要道,导致联姻失败。

西突厥统叶护可汗于贞观元年(627)被杀,接着,莫贺咄成为屈利俟毗可汗。统叶护可汗的部下则拥立其子咥力特勒即乙毗钵罗为肆叶护可汗,西突厥一分为二,两部都争相向唐朝示好。

唐朝攻灭东突厥之际,西突厥的内战正打得如火如荼,最终以肆叶护可汗得胜而告终。肆叶护与薛延陀作战失利后,与部下矛盾激化,不久死去。他死后,西突厥拥立泥孰为咄陆可汗。

咄陆可汗死后,其弟继位为沙钵罗咥利失可汗,因内部不稳,也向唐朝求婚,但唐朝并未答应。

沙钵罗咥利失可汗在位时期做的最重要的一件事就是分西突厥为两厢十部:右五咄陆部,置五大啜,居碎叶东;右五弩失毕部,置五大俟斤,居碎叶西,其下称一箭曰一部,号十姓部落。

不久,西突厥内乱再起,又分为两部,咥利失可汗仅能控制一部,称南庭可汗,另一部为乙毗咄陆可汗统领,称北庭可汗。咥利失可汗后来被打跑去投奔拔汗那,后来死在那里,其子继位为乙屈利失乙毗可汗。这个可汗很快也死了,部落又拥立乙毗沙钵罗叶护可汗,但沙钵罗叶护可汗又被北庭可汗击败,兵败被杀。

而在西突厥内乱不休之时,唐朝已在西域完成布局,建立起系统的军政体系。

乙毗咄陆可汗击败南庭对手后,又对吐火罗等国用兵,并出兵进犯唐朝的伊州,但被安西都护郭孝恪击败。这是唐军与西突厥主力的首次交手。而西突厥乙毗咄陆可汗失败后,内外交困,众叛亲离。西突厥中的弩失毕部遣使入唐,唐朝派使者持玺诏册立乙毗射匮可汗为西突厥的新首领。

西突厥乙毗射匮可汗既为唐朝册立,便向唐朝求婚,寻求支持。唐太宗下令以龟兹、于阗、疏勒、朱俱波、葱岭五国为聘礼才同意联姻。但不久,唐太宗驾崩,随后降唐的阿史那贺鲁发动叛乱,两国的政治联姻再度告吹,同时这场叛乱也改变了唐朝与西突厥的关系。

阿史那贺鲁是西突厥始祖室点密大汗的五世孙,在西突厥,阿史那贺鲁也是举足轻重的人物。他原是西突厥咄陆可汗麾下的叶护，牙帐建于多罗斯川（今新疆维吾尔自治区额尔齐斯河上游），统处月、处密、哥舒、葛逻禄、弩失毕五姓突厥。但在突厥内部争斗之中咄陆可汗众叛亲离，新立的乙毗射匮可汗自然不会放过他这个手握重兵的咄陆可汗党羽，向其大举进攻。阿史那贺鲁不是对手，眼见就要被人消灭。恰巧赶上唐军征讨龟兹，他趁机率部向唐军投降，不仅逃过一劫，还因此抱上唐朝这棵大树。

阿史那贺鲁被封为昆丘道行军总管、左骁卫将军。龟兹战役结束之后，西突厥虽败，但并未完全崩溃，乙毗射匮可汗依然以碎叶川为界，与唐朝对峙。

此时唐军虽然连战连捷但也十分疲惫，已是强弩之末，劳师远征并非上策。唐军退兵后，乙毗射匮可汗势必卷土重来，必须树立一个在西域有力量的亲唐势力与乙毗射匮可汗争斗，阿史那贺鲁便成为当时几乎唯一的选择，他的身份尊贵，在西突厥中又有一定的号召力，与乙毗射匮可汗又是死敌。以当时的情况看，扶植他的话既可以分化西突厥，削弱乙毗射匮可汗的势力，又可以借助阿史那贺鲁稳定唐朝在西域的统治。

因此，很快唐朝便恢复阿史那贺鲁在突厥泥伏沙钵罗叶护的爵位，并于贞观二十三年（649）二月建立隶属于安西都护府的瑶池都督府，以阿史那贺鲁为瑶池都督，给他充分授权，让其召讨"西突厥之未服者"。

通过扶持阿史那贺鲁令西突厥两部彼此削弱互相牵制，主意是不错，但阿史那贺鲁也不是省油的灯。这个家伙也很狡猾，他反而利用唐朝的授权，拉大旗作虎皮，"密招携散，庐幕益众"，很快便将碎叶川以东的突厥部落招致麾下。

阿史那贺鲁有野心，这点唐太宗心知肚明，但当时也实在找不到更合适的人选，就在阿史那贺鲁初降之际，召其入长安觐见，示以恩威，觐见结束，阿史那贺鲁主动要求做大军的向导，但阿史那贺鲁只怕唐太宗，别人他是不怕的。

贞观二十三年（649）五月十八日，一代"军神"李靖病逝，享年七十九岁，陪葬昭陵，备极哀荣。就在人们为失去一位名将而哀思不已时，八天后又传来更令世人哀痛的消息。五月二十六日，太宗皇帝天可汗李世民崩于长安含风殿，享年五十三岁，谥"文"，葬于昭陵。中国历史上君臣知遇的典范，两位不世出的英雄就这样先后而去，由此引发的政治地震影响深远。

野心膨胀的各方势力蠢蠢欲动，头一个试图挑战帝国秩序的便是西突厥。

阿史那贺鲁是一个不安分的家伙，唐朝也对其有所防备。在临近阿史那贺鲁的西州、庭州，唐朝始终对阿史那贺鲁保持高度警惕。阿史那贺鲁的异动很快便被庭州刺史骆弘义侦得，并很快上报朝廷。

朝廷得知后立刻派通事舍人桥宝明前往慰抚，要其长子咥运入朝。名义上是委以要职，其实就是做人质。

阿史那贺鲁没想到朝廷这么快就知道了，反应还这么快，只能被迫答应让其长子咥运入朝。咥运最清楚父亲的心思，因为他也是主谋之一，万一他老爹等不及提前动手，他必然凶多吉少。他父亲可不止他一个儿子。

在去长安的路上，咥运不止一次动过逃跑的心思，但派来接人的桥宝明也非等闲之辈，连忽悠带骗，终于将人质成功送到长安。阿史那贺鲁的阴谋被迫暂停，毕竟他儿子在朝廷手上。

进京之后，咥运被升为右骁卫中郎将，受到新皇帝李治的厚待。李治的政治经验明显不够，权谋水平与他爹李世民压根不是一个档次，他以为他的礼遇已经让咥运心悦诚服，又给官又给钱，还有啥不知足。

可是，对咥运这种一心想造反的人来说，他想要的，李治是给不了的。很傻很天真的李治居然下令将咥运放回西域。人家使者好不容易忽悠来的人质，这位新皇帝直接就给放了，这就是放虎归山。

阿史那贺鲁很快便用实际行动来"报答"李治了。

永徽元年（650），阿史那贺鲁正式举兵叛乱。

此时的阿史那贺鲁实力早已今非昔比，但是单单占有西域半壁江山是不可能与大唐对抗的。

大唐的实力，阿史那贺鲁还是清楚的，在唐军未到之前，抓紧时间先解决内部问题。阿史那贺鲁趁唐军尚在准备之际，倾巢而出，他要利用时间差先统一西突厥，然后回头再与唐军决战。

阿史那贺鲁带兵杀向碎叶川以西的乙毗射匮可汗属地。乙毗射匮可汗很快便被阿史那贺鲁击败，部众也被并吞。

阿史那贺鲁统一西突厥后，建牙帐于双河，自号泥伏沙钵罗大可汗，两厢十姓突厥部众皆归其所有，拥兵数十万。

阿史那贺鲁以儿子咥运为先锋，统处月、处密、哥舒禄等五部兵于永徽二年（651）春东侵庭州，相继攻陷金岭城（今新疆维吾尔自治区鄯善县西北）和蒲类县（今新疆维吾尔自治区奇台县东南），杀掠数千人而去。

西域告急！

大唐在西域的布局刚刚完成，尚不稳固。

西域的几个都督府都是羁縻建置，人心不稳，一旦形成连锁反应，局势可能立时崩溃。阿史那贺鲁的时机把握得既准又狠，瞅准了大唐的形势。

牢山之战

唐朝随即停止了征讨高句丽的军事行动，于当年冬对西突厥发动第一次西征。

唐朝以左武侯大将军梁建方、右骁卫大将军契苾何力为弓月道行军大总管，征发秦州、成州、岐州、雍州等地汉军府兵三万，以及瀚海都督吐迷度之子婆闰麾下回纥骁骑五万，取道天山北路进击。

就在朝廷大军将要出发之际，庭州刺史骆弘义对于征讨阿史那贺鲁上了一个条陈，说兵贵神速，如今天寒地冻正好可以打敌人一个措手不及，朝廷应该以阿史那贺鲁为主要打击目标，对处月、处密等附从部族进行策反离间，然后征发他们的兵力一起对付阿史那贺鲁。

朝廷很快通过这个条陈，派出大量使者去西突厥诸部进行安抚宣慰。但这个条陈最大的失误就是小看了阿史那贺鲁的能力，虽然他崛起的时间很短，但对手下各族经营得真如铁桶一般。结果派出去的使者只有射脾部酋长沙陀那速俟斤回应帝国征召。处月部酋长朱邪孤注杀唐使果毅都尉单道惠。处密、处木昆等部也先后杀害唐使，与唐朝决裂。

西突厥诸部皆反，唐军战略意图完全暴露，再想闪击阿史那贺鲁已经不现实。出征计划被迫推倒重来。唐朝依然保留瑶池都督府，留下转圜的余地。远征军的主攻矛头指向敢于触怒唐朝的处月、处密等部。唐军意在杀鸡儆猴，处月、处密就是挨宰的鸡，至于那只猴当然是阿史那贺鲁。

永徽三年（652）正月，梁建方部进抵牢山包围处月部。处月酋帅朱邪孤注率众盘踞牢山，拒不投降。唐军四面围攻，在战鼓声中，唐军将士奋勇登山。牢山虽险，也挡不住唐军。很快，处月部在大军围攻之下土崩瓦解。朱邪孤注见大势已去，连夜遁逃。

唐军自李靖开始便形成传统，犯唐者，必破其军，杀其将，擒其主。破军杀将，还不算圆满，必生擒其首领，方为全功。

即使潜逃万里之外，也必追杀到底。

梁建方秉承唐军的优良传统，派副总管高德逸领轻骑兵穷追五百余里。朱邪孤注眼见逃脱不掉又占据险要幻想能击破追兵。唐军急行军之后士气不坠，两军又是一场大战，高德逸于阵前生擒朱邪孤注，历数其罪后将其当场斩杀。

牢山大战，唐军斩首九千，俘敌酋帅六十，俘众万余，获牛、马、杂畜七万头。

与此同时，契苾何力一路顺利击败处密部，"擒其渠帅处密时健俟斤、合支贺等以归"。此时唐军粮草耗尽，班师回国。

之后唐朝在永徽四年（653），在处月置金满、沙陀二州，重新控制天山以北的西域东部，解除了阿史那贺鲁对庭、西二州的直接威胁。

此次远征虽然顺利，但远未达到预期目的，因此战后梁建方遭到御史弹劾，指责他："兵众足以追讨，而逗留不进。"

皇帝李治对战果也不甚满意。两年后，朝廷决意再次派兵远征西突厥。此时贞观时代的将军大多老迈，要么如李勣身为辅政大臣，不能轻离朝廷。或者如薛家兄弟受房遗爱谋反之事牵连，死的死、流放的流放，实在找不到合适的人选。

最后，李治不得不决定起用老将程知节。提起这个名字，很多人可能会感到陌生，但说起他在《隋唐演义》里的大名程咬金，那可是妇孺皆知。

左屯卫大将军、卢国公程知节已经二十多年未上战场。李治是实在找不到人了才想起这位老将，其水平可想而知。

当年跟着李世民征战四方的开国名将多已凋零，程知节是为数不多的仍健在的老将，但在那批名将里，程知节大概属于垫底的水平。程知节能被选中成为西征主帅，只是因为他是开国功臣，属于嫡系中的嫡系，资格老。

此次远征真正的名将是苏定方。虽然他只是作为程知节的副将出现在远征军的名单里，但很多时候，级别跟水平并不成正比，有时完全不相干，甚至根本是两回事儿。

很多时候，有才能的人不仅不会受到重用，反而会遭受刻意的压制打压，苏定方就是这方面的典型，自从追随李靖讨平东突厥之后，他已经被闲置二十多年。

贞观四年（630），李靖率一万铁骑夜袭阴山东突厥颉利可汗的大本营定襄，出其不意，大破敌军，一战扫平东突厥，此战中担任先锋的便是苏定方。战后，苏定方升任左卫中郎将，但估计苏定方本人也想不到，他在这个职位上居然待了二十六年。

大军胜利归来，主帅李靖却遭到御史弹劾，理由是李靖放纵部下抢掠财宝，要求唐太宗将李靖交付司法问罪。

李靖大败东突厥是唐朝开国以来对突厥前所未有的胜利。唐太宗得到捷报立刻下旨宣布大赦天下，以示庆祝，可见其功勋之大。立下如此大功，回国却遭弹劾，虽然李靖被赦免，但总得找一个人来担责，倒霉的是苏定方。

为啥是苏定方呢？因为他不是嫡系。苏定方原是隋朝官军，负责在河北追剿各路起义军，隋亡，苏定方投奔了窦建德。在著名的虎牢关大战中，窦建德成了李世民的俘虏。之后，苏定方又跟着窦建德的部将刘黑闼接着跟唐军对抗，直到刘黑闼兵败被杀，苏定方才归附唐朝，成为匡道府折冲都尉。

正因为不是嫡系，所以被选出来背锅，一点儿也不奇怪。

苏定方战后被闲置长达二十多年，尽管二十年里唐军征战四方，正在用人之际，但大将苏定方依然被冷落，从三十八岁坐上冷板凳，一直坐到六十三岁。

换成普通人早就被岁月磨平棱角，甘于平庸，与世浮沉，但苏定方不放弃，他仍在苦苦等待复出的机会。

随着唐朝在东西两线对高句丽、西突厥同时开战，而朝中缺乏良将，苏定方终于被重新起用。此时他的官职仍是左卫中郎将，与营州都督程名振一起被派往东线讨伐高句丽。

尽管被雪藏二十余年，但苏定方锋芒依旧，还是那个大杀四方、勇冠三军的苏定方。

因屡立战功表现出色，苏定方被选入出征西突厥的大军。他渴望再立新功，以吐二十余年郁积不平之气。

显庆元年（656）正月，西征大军从长安出发，皇帝李治亲自到宣武门为大军饯行。

远征军一路西进，然而，茫茫大草原，想捕捉西突厥主力并不容易。阿史那贺鲁最擅长的其实不是打仗而是逃跑。

直到当年八月，葱山道行军大总管程知节率领的唐军主力才在榆慕谷（今新疆维吾尔自治区吉木萨尔县）与西突厥的葛逻禄、处月二部遭遇，此时距大军出发已经过去了七个月。

好不容易逮住了，那就好好打吧，结果，一通乱打，战果如下：斩首千余级，缴获驼马牛羊万计。出来大半年了，耗费钱粮无数，好不容易遇到敌人就杀了一千多人，抢了一万多只牛羊马匹，这点缴获都不够大军的开拔费。这个战绩还不如梁建方，人家好歹也是斩首九千。

程知节的战绩要多丢人就有多丢人。没有对比就没有伤害，很快，另一路唐军在副总管周智度率领下攻破突骑施、处木昆等部的咽城，斩首三万。看看，主帅程知节的斩获还不及人家的零头。

阿史那贺鲁估计是被打疼了，终于露面并亲自上阵率领两万精锐骑兵进攻唐军苏海政部。两军会战于鹰娑川。正当两军陷入混战未分胜负之时，西突厥鼠尼施部两万骑兵突然杀到战场。

情势危急，此时十里之外，苏定方恰巧在与苏海政隔了一个小山的地方休整，望见远处烟尘阵阵，厮杀震天，知道前锋遇敌，于是急率五百铁骑赶往救援。

当苏定方赶到之时，战场局势已是千钧一发，老将苏定方经验丰富，他没有直冲敌阵，而是率部绕到敌军侧后，突然发起侧击，几乎是瞬间就将敌军的阵型冲乱。

苏定方选择的攻击方向、攻击时机都恰到好处。苏定方很聪明，他没有从正面突击，毕竟对方有数万人，他只有五百骑兵。

苏定方选择的攻击位置是敌军的侧后，而阵型最薄弱的部分就是侧后。此时，两军正面对攻陷入胶着，这个时机选得也相当好。突厥骑兵的注意力都在正面，对侧后自然就顾不过来，而这就是战机，从背后突然攻击，令敌人摸不清虚实，还可以打敌人一个出其不意。事实证明，攻击效果特别好。

突厥大军遭到突然打击，又被前后夹攻，很快崩溃，四散溃逃，唐军乘胜追杀二十余里。

形势大好，本应乘胜追杀扩大战果，但偏偏又有人出来搅局。

副总管王文度嫉妒苏定方的功劳，对大总管程知节说："贼虽走，军死伤者众，今当结辎重阵间，被甲而趋，贼来即战，是谓万全。"

在王文度指挥下，唐军一改之前的战术战法，将大军布成一个巨大的方阵，粮草辎重均藏于阵中，人马整天披甲戒备，缓慢进军，等待敌人的主动进攻。

按照唐军的一贯打法，阵前击败敌军主力后就要全速追击，但只追了二十里就收兵，使得苏定方突袭获得的战机付之流水。

一个一心想建功立业却被压制二十多年的年过六十的老将军，是不会放过任何一个沙场建功的机会的。程知节、王文度的操作彻底激怒了苏定方。虽然这两人的官职都比他高，但苏定方可不管这些。苏定方直接找到程知节，对这位主帅丝毫不客气，我们出师即为讨贼而来，如今却摆出守势，怯懦如此，何以立功！

以苏定方当时的地位敢对程知节这么说话，一点儿面子都不给，直接对喷，足见已经气愤到极点了。

事情正如苏定方所说，唐军用了七个月才找到西突厥的主力，大军远道而来就是要进攻要速战速决。既然找到了，就要穷追猛打，不然，千里迢迢跑到大草原上来为何！结阵自固是在不利情况下才用的防守阵型，而现在是唐军大胜，敌人在逃，你结阵表演给谁看呢！但官大一级压死人，程知节是主帅。他拍板做出的决定，苏定方也没辙。

大军继续前进到达怛笃城，当地民众开城投降。

这时，王文度又出馊主意，将怛笃城数千降人全部杀掉，将其财物尽数掠夺。

苏定方全程目睹程知节、王文度的杀降掠财，虽然他未参与，但也不能改变结果。这次西征以极其不体面的方式草草收场。

西征军回到长安，李治对程知节等人的行为也大为不满。王文度被开除公职，程知节也被减死免官。

欲将轻骑逐，大雪满弓刀——曳咥河之战

显庆二年（657）正月，李治任命苏定方为伊丽道行军大总管，燕然都护任雅相，药罗葛·婆闰等为副将再次出征。

这次出征距上一次还不到一年，而之所以这么急促，主要是大唐希望迅速解决西突厥，然后集中主力去打东面的高句丽。

当时唐军的主力在东线，再加上之前的那次西征损失也不小，因此苏定方这次只带了一万人。

这么少的兵力，别的将军恐怕不敢冒这个险，但苏定方敢。一直以来，他缺的只是机会，现在，机会来了。

从军四十年，终于等到这一天，成为远征大军主帅，再不是给别人做先锋，再不用给别人当副将，可以自行其志。

苏定方雄心万丈，一定要打一场漂亮的大胜仗，才对得起自己。

苏定方将攻击目标选在了多逻斯川。苏定方之所以选多逻斯川作为预定战场，是因为这里是阿史那贺鲁的支持者西突厥处木昆部的所在地。

当年，阿史那贺鲁被西突厥大汗追杀，处木昆等三族就追随他，跟着贺鲁归唐，又跟着阿史那贺鲁叛唐，算是阿史那贺鲁的嫡系。

唐军攻击处木昆，阿史那贺鲁是不能不救的，连支持者都不救，以后谁还跟他混。所以，即使知道是坑，阿史那贺鲁也只能往坑里跳。这就是苏定方的高明之处。

攻敌所必救，就掌握了战场的主动权。

不必再消耗精力，疲惫士兵去到处找敌人。因为敌人会主动现身。

十二月，唐军在阿尔泰山附近顺利击败处木昆部。首领懒独禄率万余帐投降。苏定方随后从处木昆部选出千名骑兵跟随唐军作战。

以前中原军队对游牧民族作战，多在春夏发起。但李靖进攻东突厥却选在十一月出兵，利用冬季的风雪做掩护，夜袭阴山一战击溃东突厥。

此后，唐军专门找天寒地冻的季节进行大战。唐军常在冬季发起攻势，经验丰富。

游牧民族来去如风，依赖的是水草。但冬季的草原天寒地冻，草枯水涸，适合马匹、牲畜生存的地方不多，故其机动性大打折扣。

而唐军马匹多用饲料，虽然困难，但影响不大。此时开战，对唐军有利。

一旦西突厥主力战败就会溃散,可汗只能带着少许精锐逃走。被击溃的部众面对追击而至的唐军,不想死就只有投降一条路!

由于冬季恶劣的生存环境,草料有限,牧民在冬季常常相对分散,这就给了唐军远程奔袭各个击破的机会。

唐军可以从容选择作战时机、交战地点。如此,唐军虽千里赴战,却反客为主,掌握主动。

阿史那贺鲁仓促之际召集了十部十余万骑兵来跟唐军决战。但唐军的行动迅速,他还在路上,他的嫡系处木昆部便被击溃。

阿史那贺鲁得知唐军此次兵力只有一万人。他的兵力是苏定方的十倍。而且,他还有主场优势,怎么算,他都不会输。可是,他遇上的是唐军骁将苏定方。

在曳咥河西岸,唐军与西突厥主力遭遇。苏定方"令步兵据南原,攒槊外向,自将骑兵陈于北原"。

苏定方将步兵摆在南原,而他自己则率领骑兵埋伏于北原。

此时唐军只有一万,且是孤军深入,而西突厥有十万,人数是唐军的十倍。

本来兵力就少,苏定方又将本就不多的兵力分为两处,力量不是更弱了吗?苏定方的布阵更不同寻常的地方在于,他将步兵摆在了明处,反而将骑兵隐藏起来。

苏定方的布阵确实反常,然而这正是苏定方用兵的精妙之处。

妙在哪里,阿史那贺鲁很快就知道了。

阿史那贺鲁见对面的唐军尽是步兵,数量还少,当即大喜过望,想都没想,就招呼手下的骑兵冲了过去。

按照传统经验,阿史那贺鲁以人多打人少,还是骑兵对步兵,应该是稳赢的,所以,阿史那贺鲁并未多想。习惯思维害了他，要知道，他的对手可是智勇双全的苏定方，他真的应该好好想想。

想占便宜的阿史那贺鲁想用骑兵去欺负唐军步兵，结果却撞在了铁板上。

突厥骑兵一拥而上，想冲垮唐军的阵型，却被唐军步兵的长槊戳得人仰马翻，压根就靠近不了唐军的大阵。

突厥骑兵连续进行了三轮冲锋，只在唐军的军阵前丢下一具具血肉模糊的尸体，却根本冲不动唐军的步兵方阵。

就在围攻唐军步兵方阵的突厥骑兵被戳得满身是洞、筋疲力尽的时候，苏定方率领埋伏于北原的唐军骑兵出击了。

在唐军步兵与突厥骑兵殊死厮杀的时候，苏定方率唐军骑兵突然出现在突厥大军的侧翼，直冲而入。

注意力都集中在正面的突厥骑兵被突如其来的打击打蒙了，顿时，全军大乱。

因为军队的侧翼是最薄弱的，一旦被撕开，很容易造成整个阵型的混乱。久经战阵的苏定方深知这点，才选择侧翼作为突击方向，加上苏定方打得狠，唐军冲得猛，十万突厥大军很快便被击溃。

突厥骑兵虽有十万之众，但来自十个部落，彼此互不统属，组织松散，关键时刻，只顾各自逃命。

游牧骑兵向来只能打顺风仗，擅长的是来去如风的抢劫式偷袭。打硬仗从来不是他们的强项。之前被唐军步兵的长槊方阵打得大败，士气大挫，这时被苏定方疾风暴雨式的突击彻底打蒙了，纷纷作鸟兽散，四散而逃。

苏定方以少胜多，大获全胜！

正面对峙，骑兵侧翼突击。这个战术似曾相识，没错，苏定方上次大败突厥用的就是这个战术。

还是熟悉的配方，还是熟悉的味道。

阿史那贺鲁却记吃不记打，两次掉进同一个坑里，而且这次比上次更惨。上次，苏定方只带了数百骑兵，而这次是数千铁骑，杀伤力自然也是翻倍的。

现在，答案揭晓了。苏定方在一开始摆出那个对突厥骑兵极具诱惑力的阵型，就是为了诱阿史那贺鲁出击。按照军事常识，十倍数量的骑兵去攻步兵是稳赢的。

苏定方知道阿史那贺鲁是经不起诱惑的，一心想占便宜，就不会有耐心去搞侦察，埋伏的骑兵就有机会在两军陷入混战时突然出击，结果如苏定方所料，数量众多但纪律松散的突厥骑兵被拦腰斩断瞬间崩溃。

第二天，唐军挟昨日战胜之余威继续进军。见识过苏定方厉害的胡禄屋等部悉数来降。阿史那贺鲁只带了数百骑兵向西逃窜。

接下来，就是乘胜追击，这又是苏定方的强项。

恰在此时，天降大雪，平地深达二尺，唐军连续鏖战，十分疲惫。部下众将纷纷请求，待雪停天晴再行追击。苏定方却否定了众人的提议，严令全军追击，不得休息，越是风雪交加越要追。当年苏定方的成名战，便是雪夜突袭，生擒颉利，一战而定阴山。

苏定方告诉众将，敌人以为我军长途行军必然疲惫，又逢暴雪，必会休整。但连日激战，敌我俱疲，他们料定我军不会此时追击。而我军正可出其不意，奋力急追，定能追上，打他们一个措手不及；如果此时停下休整，再想追上敌人就难了。

战机稍纵即逝，不可错过。

于是，在苏定方的率领下，唐军冒雪追击，昼夜兼程，踏雪而进。

月黑雁飞高，单于夜遁逃。

欲将轻骑逐，大雪满弓刀。

唐军沿途收拢投降的西突厥部落，而阿史那贺鲁却因为大雪而放松了警惕，在收拢散落部众后，阿史那贺鲁便带着亲信准备出去打猎，丝毫没有防备，结果被唐军突袭攻入牙帐。

此时，唐军不仅有苏定方本部汉军，还有随同出征的回纥兵以及刚刚归附的西突厥骑兵，实力迅速壮大。

阿史那贺鲁则只有本部骑兵，双方形势逆转，但此时阿史那贺鲁手下仍有数万精兵。如果组织得力，他还是有机会的。但坐了二十多年冷板凳的苏定方此时浑身有使不完的劲儿。苏定方一点儿机会都不给对手。

唐军的突袭取得了预想的效果。西突厥大军土崩瓦解，四散溃逃。

阿史那贺鲁不得不再次逃跑，渡过伊丽水（今伊犁河）一路向西狂奔。唐将萧嗣业在后紧追不舍，追到双河击败阿史那贺鲁的护卫部队，追至碎叶水时，阿史那贺鲁已经被打成光杆司令。

阿史那贺鲁狼狈逃到中亚的石国，这个石国是锡尔河、阿姆河流域的重要国家，昭武九姓之一。此时的石国依附于西突厥。阿史那贺鲁希望能在这里暂避一时，等唐军撤走后，他还可以东山再起。

抵达石国的苏咄城时，阿史那贺鲁连城都不敢进，他也很清楚，这些依附城邦都是墙头草随风倒，要是知道他已经被唐军打败，说不定就会把他当见面礼送给唐军。因此，他只派随从带着金银进城买马顺便再买点吃的，吃饱喝足再接着跑。但苏咄城主也非等闲之辈，他很快就摸清了阿史那贺鲁的底细。于是，很快阿史那贺鲁便被捆成肉粽送到石国都城。

而此时苏定方的副将萧嗣业带兵紧随其后也追到石国。阿史那贺鲁就被石国当作见面礼交给了唐军。至此，西突厥十部全部平定，唐朝分西突厥故地设立濛池、昆陵都护府，统属于安西都护府。

而苏定方也由此形成一个好习惯，那就是平一国必生擒其主。将人家打败还不算，还要穷追猛打，破军杀将只是寻常，还要将其君主生擒活捉，押送长安献俘阙下。

不仅要杀人，还要诛心。

阿史那贺鲁被带到长安，献俘昭陵后，唐高宗李治没有杀阿史那贺鲁，而是将其赦免。不久，阿史那贺鲁死在长安。

苏定方因此战功晋升左骁卫大将军，封邢国公。已然年过六旬的苏定方恐怕自己也未曾想到，他的巅峰人生才刚刚开启，扫荡西突厥之后，老将军神勇依旧，先后战葱岭，征百济，以一人平三国，皆生擒其主。

唐朝名将苏定方以花甲之年为国征战，率领唐军铁骑纵横万里，东征百济，西讨突厥，所攻者下，所击者破，烈士暮年，壮心不已！

传奇将军苏定方堪称大器晚成的典范。

必争之地——唐蕃对安西四镇的争夺

相比于雷霆乍惊，毕其功于一役的东突厥之战，唐朝开拓西域的过程堪称步步为营。

唐朝历经唐太宗、唐高宗两代，从贞观四年（630）平高昌置西州，到显庆二年（657）扫平西突厥阿史那贺鲁，彻底控制西域，前后历时近三十年，其间，由东向西，先北后南，步步为营，稳步推进。

三者的层级关系明确清晰，层层递进，出河西走廊后，稳固伊、西、庭三州，首置安西都护府，并留兵镇守。

稳固之后，再向西南拓展。以设置安西四镇的方式，镇抚葱岭以东的南疆绿洲，瓦解西突厥在这里的影响，进而达到经营西域的目的。

唐朝以南疆为战略缓冲区，保证北疆的安全；再以控制北疆，确保河西诸郡；在西、北两个战略方向上稳固大唐的边防。

因此，唐朝在西域的行政体制上，设置层次鲜明的三级管理体制。

第一层级是伊、西、庭三州的州县制。这是唐朝经营西域的起点。

唐朝最初几任安西都护，至少有两人明确带有"使持节西伊庭三州诸军事"的职衔。表明唐朝对伊、西、庭三州是一种行政分职、军事合一的管理。

安西都护府迁龟兹后，又在庭州设金山都护府，管理归附的西突厥羁縻州府。

开元年间，唐朝又设北庭节度使，管理瀚海军（今新疆维吾尔自治区吉木萨尔县）、天山军（今新疆维吾尔自治区吐鲁番市）和伊吾军（今新疆维吾尔自治区巴里坤哈萨克自治县西北），人数最多时达到两万。但三州的军事管理依旧是一个整体，未因北庭节度与安西都护分职而拆散。

第二层级是安西四镇的羁縻制。

西域羁縻制度下的各部落首领，既是部落酋长又是唐朝官员。

各羁縻州在唐朝律令下运转，矛盾由上级管理机构协调，使其不致互相离散攻杀。

其次，各羁縻州府均指定由边州都督或都护统领。但羁縻州府内部所设置的都督、刺史、司马、参将等职官，均由各部落首领担任，全部世袭罔替。

安西四镇是介于道（府）、州、县管理体系和小邦国王间的结合，是"胡汉并存"统治方式的具体体现。

不同于伊、西、庭三州的唐军驻军，起初安西四镇的唐军仅作为管理层级，通常只有数百定额，镇有将一人，镇副二人，仓曹、兵曹参军事各一人。

相对于安西四镇需要管理的庞大区域，这点儿驻军仅仅能起到维稳的作用。

唐朝安西四镇的职能是"镇"与"抚"的结合。

以"镇"的形式，向周围诸绿洲王国、部族势力宣誓唐朝的管理存在，以"抚"的形式联系周边势力，当有军事行动时，需要征召当地部落兵进行征讨。

可如果当地部落与入侵者结盟，安西四镇立即便会变得岌岌可危,这是唐初四镇屡建屡撤的根本原因。驻军过少,对外敌入侵的防御严重不足,即使有心抵抗,也是力不从心。

第三层级是四镇以外的其他羁縻府州。

这些地方连镇将也没有,与唐朝的联系仅限于朝贡、册封,是纯粹的羁縻州。

散落于各地的羁縻州府,名称来源于部落名或部落所在地名,生活自行其是,首领子承父业,对唐朝能有多忠诚自然可以想见。

唐朝在意的是羁縻州所在的势力不要倒向敌方。除此之外的其他事情,唐朝不想管,也管不了。因为这些地方距唐朝过远,已经超出当时唐朝兵力投送的极限。即使出兵远征,也很难长期保持在当地的影响。

从上可知,安西四镇在唐朝西域管理结构中具有明显的承上启下作用。

作为唐朝在西域的战略支撑点,四镇由于驻军过少,必须依赖后方基地的支援。

但即使四镇受到攻击,乃至全部失守,此时也不致损伤唐朝的整体实力。只要安西都护府有能力调兵反击,很快就能恢复。

因此,才会出现安西四镇在唐朝与吐蕃之间反复易手的局面。

显庆三年(658),安西都护府迁至龟兹,升为安西大都护府,辖四镇十六府七十二州。

唐朝安西大都护府的设立,老将军苏定方厥功至伟,而苏定方恐怕自己也想不到,他打下的疆土,负责守卫的是他的徒弟裴行俭。

苏定方是典型的大器晚成,而他的这位爱徒的经历则更为传奇,也是位在暮年走上人生巅峰的名将。

名师出高徒,用在苏定方和裴行俭这对师徒身上是再合适不过了。师徒两人一个开疆一个守边，他们成名的地方还都在西域。

裴行俭属河东裴氏，是魏晋乃至隋唐著名的门阀世族，河东裴氏兴于魏晋至唐而极盛。河东裴氏最早载入正史的是三国时代魏国尚书令裴潜。裴氏自此登上历史舞台，前后历时八百年长盛不衰，而唐朝是其鼎盛时期，有唐一代，裴氏一门先后有十七人拜相。

虽然家世显赫，但裴行俭的童年却可以用凄苦来形容。就在他出生那年，他的父兄裴仁基、裴行俨被王世充杀害于洛阳。作为烈士子弟的裴行俭受到朝廷的格外照顾，长大后进入弘文馆学习，这里是只有皇亲国戚、高级官员子弟才能进入的高等学府。

之后，裴行俭的仕途颇为顺畅，毕竟河东裴氏在朝廷里人脉广泛。

唐朝虽有科举选士的制度，但究其本质，仍是门阀世族的社会。想要进入高层靠的不是才学品行，而是门第人脉。科举是表，门阀是实。科举选士选的还是门阀世族里的人。

首先那个时代能读得起书的人就不多，而且，即使金榜题名也并不意味着锦绣前程。那只是万里长征的第一步，想要进入仕途，还要有当朝权贵的支持，博得其青睐。要不怎么会有那么多的唐朝才子热衷于写拜谒诗呢！李白那么有才、那么牛的人，也写过"生不用封万户侯，但愿一识韩荆州"。他为啥想认识韩荆州？因为人家有向朝廷荐举人才的推荐权。

裴行俭不用去刻意结识高官，也不用到处拜谒权贵。他参加了明经科的考试，因为显赫的门第背景，不出意料，榜上有名。之后，他被分配到左屯卫做仓曹参军，被当时的左卫中郎将苏定方看中，成为苏定方的徒弟。苏定方将平生所学都教给了裴行俭。

说起来,能成为苏定方的徒弟得学其兵法,是可遇不可求的好事儿。然而,裴行俭走的是文官路线,兵法对他而言似乎用不上。之后的发展好像也是,裴行俭不久就被调离禁军出任长安令。虽然只是县令,但是长安的县令,天子脚下首善之区,正是近水楼台先得月,待在这个位置得到提拔的机会简直轻而易举。

但世事难料,不久,裴行俭卷入一场政治风波,他的人生轨迹也被彻底改变。这次影响裴行俭命运的政治风波便是李治时期著名的立后事件。

这不是一次简单的册立皇后,而是李治与武则天同把持朝政的关陇集团的政治博弈。李治虽然名为皇帝,但其实大权却掌握在长孙无忌、褚遂良这些关陇贵族手中,而相同的出身及政治利益使裴行俭自然而然站在关陇集团这边,但斗争的结果大家都知道,李治与武则天取得了胜利。

站错队的裴行俭被发配到西州(今新疆维吾尔自治区吐鲁番市东)。

但是金子在哪里都会发光。

裴行俭在西域一待就是十年,这期间他的表现应该是相当不错的。因为十年之后,麟德二年(665),唐朝的安西大都护正是裴行俭。

总章二年(669),因为工作业绩出色,裴行俭被调回长安去吏部任职。这也是唐朝的优良政治传统。边疆地区的官员干得出色,不仅可以进京而且还会得到提升。

这项制度的目的当然是鼓励奋战在祖国各个地区特别是边疆的官员们,告诉他们,不用羡慕留在京城的那些同僚。只要好好干,终会有出头的那一天,不仅能回来还能升职。

裴行俭就是这项政策的受益者,结果他刚回来,第二年,西域就出事了。吐蕃抓住唐军主力东征高句丽的时机,乘虚而入。此时，唐朝在四镇只有少量维护治安的部队，难以抵抗吐蕃大军，唐朝被迫撤销安西四镇。

上元二年（675），唐军曾一度收复四镇，但仅仅过了两年又被吐蕃夺走。唐朝不得不再次罢黜安西四镇。

不过，西域是唐朝的国防前沿，不论如何，唐朝都不会放弃西域。退守只是暂时的，不久的将来，唐军就将发起反攻。

汉唐之所以强盛，成就彪炳史册的盛世华章，就是因为他们是开拓进取型的朝代。开拓进取是他们的主题，即使偶有挫折，也不过是暂时停下来积蓄力量，之后，还是要打出去的。

与之形成鲜明对比的是宋明，他们怯弱保守，是典型的不思进取型，只想防守。他们的胜利就是击退外来的敌人，守住防线。一旦失败，守不住，那就只有亡国一途。

面对外部的威胁，汉唐的选择是打出去，宋明则是躲起来。事实证明，躲是没有出路的，只有打出去才有未来。

大唐选择与吐蕃在西域死磕。

自此，唐朝、吐蕃双方开始围绕安西四镇展开了漫长持久又充满血腥的拉锯战。

仪凤三年（678），经过周密准备，唐朝再次派出十八万大军挺进青海，主将是从未带过兵打过仗一脑袋糨糊的李敬玄。他也是裴行俭在吏部时的同僚。至于结果，之前已经说过，李敬玄在青海接连败北。

在与吐蕃开战之前，唐军在北、东、西三线连战连胜，向北一战搞定东突厥，威震漠北。

之后，举军东征扫平高句丽，大唐声威远播海外。

再之后，苏定方老当益壮率唐军大杀四方，高歌猛进，气势如虹，败突厥，灭百济，平葱岭。

唐朝四面出击，所向皆捷。由是，四方归心，遣使入唐，万国衣冠拜冕旒。

唐朝的赫赫声威是打出来的。

但大非川、青海两次大败，唐朝国威受损。周边的那些草原部落都是墙头草，眼见吐蕃势头正盛，虽然表面仍归附于唐，私底下却开始与吐蕃眉来眼去、暗送秋波。

刚刚平定的西突厥，还有已经被打服的东突厥（也称后突厥）都开始蠢蠢欲动。

最先行动的是西突厥，调露元年（679），李敬玄青海惨败的消息传到草原。西突厥左厢五部落老大阿史那都支、右厢五部落老大李遮匐（突厥人赐李姓）私下与吐蕃结盟，准备攻打唐朝的安西都护府。西突厥总共十个部落分左右两厢，这下全要反水。

长安的李治得到密报坐不住了，当即就要下令派兵讨伐。吏部侍郎裴行俭却表示反对，理由也很充分，唐军在青海刚刚大败，河陇局势不稳。唐军急需休整，眼下不宜出兵。但是眼看着西突厥就要叛乱又不能不管，乱要平，又不便出兵，那该如何是好？这就很考验水平了。而裴行俭就是个有水平的人。他表示平叛不一定要用兵，此时西突厥尚未公开叛唐，可以计取之。

此时恰逢波斯王卑路斯在长安去世，裴行俭向李治献计以护送波斯王子泥涅师回国的名义，取道西域返回波斯，届时，随机应变，一举平定叛乱于未发。李治听了，很是满意，表示此计甚妙。

这个波斯王子泥涅师是位于伊朗高原的萨珊王朝亡国之君的儿子。

与唐朝同时兴起的西亚阿拉伯帝国此时也开始四面出击，同时对东罗马和萨珊王朝发起进攻。

萨珊王朝皇帝亚兹德格尔德三世，扛不住阿拉伯帝国的进攻，便向唐朝请求援助。从贞观十二年（638）到贞观二十二年

（648）的十年间，他给唐太宗李世民写了四封求救信。

李世民一看地图，从长安到伊朗高原竟有两万里之遥，路远不说，还特别难走，路上不是戈壁就是沙漠，这个距离已经远远超出唐军的兵力投送范围。因此，李世民并未答应其求援请求，不是不想救，实在是关山万里，难以救援。亚兹德格尔德三世被杀后，他的儿子卑路斯又接连两次向唐朝的皇帝李世民的儿子唐高宗李治求救。

开始，李治也认为距离过远，不便派兵，但后来耐不住卑路斯百般请求，就派了一名使者过去应付一下，封卑路斯为波斯都督府都督。

上元二年（675），萨珊王朝彻底被阿拉伯帝国吞并。卑路斯拿着李治当年给他册封时的印信带着儿子泥涅师走了两万里路，来到长安寻求唐朝庇护。

出于人道主义的考虑，李治封卑路斯做右威卫将军。卑路斯死后，他的儿子泥涅师仍留在长安。这个谁都未留意的波斯王子成为裴行俭平乱的一枚重要棋子。

按照谁出主意谁干活的原则，很快李治就让裴行俭带着诏书护送波斯王子泥涅师上路了。

当年夏天，裴行俭一行从长安出发跋涉数千里来到西州。这里他再熟悉不过了，毕竟，他在西域待了十四年。

使团到达西州后，立刻在当地引起轰动，各部落首领纷纷带着子弟赶来拜见，差点儿把裴行俭的门槛给踩烂了。

因为之前裴行俭在做吏部侍郎时，就以慧眼识才闻名朝野。经他提拔的程务挺、王方翼、李多祚、黑齿常之等人，后来都成为主政一方的大将。

曾经的老长官回来了。西州本地的汉人官吏和胡人酋长自然是热烈欢迎。要知道，裴行俭在西州治理十年，人脉极广，跟当地的很多人都有交情。故地重游自然要跟老友们叙叙旧，更重要的是，接下来裴行俭还要靠这些人平叛。

李治这次难得选对了人。裴行俭是此次平叛最合适的人选。他的假途灭虢之计既省钱又省力，但此计的关键在于需要依靠西域本地势力。只有如此才能避免打草惊蛇，达到出其不意的效果。而裴行俭在当地的人脉关系网是他最大的优势。

既然要用人家，裴行俭对前来拜访的当地豪杰自然要笑脸相迎，热情接待。当然，以裴行俭的为人作风，这种寻常走动也是必不可少的，感情是需要联络的。

各部酋长都是带着自己的子弟来的，目的显而易见，希望能被慧眼识才的裴大人选中，以后的前途自然是不可限量。

裴行俭当然明白他们的用意，也很有耐心地跟当地的青年才俊大谈人生理想。聊天的时候，他看似不经意地说了句："天儿真热，等秋天再走吧！"大家更高兴了，因为这意味着他们与这位伯乐有更长的时间相处，也就意味着他们有更多的表现机会。

聊天虽然愉快，但也不能整天干聊，于是，裴行俭提议出去活动活动，打打猎吧。古代可供娱乐的方式并不多，特别是在西域，打猎是为数不多的为广大百姓喜闻乐见的娱乐项目，大家都很喜欢。因为打猎不仅是娱乐，还有很多好处，对管理者而言，这是一种军事演习，可以练习骑射，加强各部的协同，对百姓来说，打猎还能获得更多的食物来源。

裴行俭的提议得到部落酋长及其子弟的热烈响应。大家都想好好表现，纷纷带着自己部落最好的勇士、战马随同裴大人出行，毕竟，这是难得的露脸机会，自然要拿出最好的水平。

沿途时常有听到消息的各部落子弟加入，裴行俭的狩猎队伍越来越大。

很快，裴行俭便带队循着天山边缘深入南疆绿洲。

裴行俭的确是来围猎的，不过他要捕的不是飞禽也不是走兽，而是两位密谋反水的西突厥可汗。裴行俭距他的"猎物"越来越近了。

那两位可汗觉察到危险了吗？答案是否定的。裴行俭的计策很有效，成功地骗过这两人。他们直到现在还被蒙在鼓里。

起初，听闻裴行俭西行，心里有鬼的他们可能会紧张警惕，但听说裴行俭未带兵，悬着的心就放下了。后来又听说裴行俭带着当地子弟到处围猎，还说等天凉再走，就完全不担心了。

他们这下彻底相信，裴行俭此行的确是护送波斯王子的，不是冲着他们来的。

可他们不知道，裴行俭正在来围捕他们的路上。裴行俭从长安出发时，的确未带多少兵，那是因为裴大人这次带的都是本地兵。他们忘了，裴行俭在西域待了十四年，这里几乎是裴行俭的第二故乡，全是老熟人，动员起来极其容易。

临近阿史那都支的夏季牧场牙帐时，裴行俭减缓了进军速度，但所有的弓都挂上弓弦，随时准备战斗。

直到距牙帐仅有十几里了，裴行俭才派人送信给阿史那都支，大意是许久未见，甚为想念。不过，我率领的大军离你已经很近，咱们很快就能见面了。

阿史那都支见信，当时就傻了，直到这时他才知道自己上当了。信写得很客气，但字里行间透着凛凛寒气。

当年曹操要打孙权的时候，也写了一封信给孙权，说他要带着水陆大军八十万南下来同孙权一起打猎。咱中国人含蓄，就算是剑拔弩张，也能说得礼貌得体。

阿史那都支虽然文化水平不高，但信的意思他还是懂的。唐军已经杀到家门口，这时他就算想抵抗也来不及了。游牧部落平时都散在各地放牧，此时他手下兵力有限，想调兵，远水解不了近渴，十几里的距离，对骑兵来说就是眨眼的工夫。

裴行俭本可直接出兵突袭阿史那都支的牙帐，但他并没有那么做，而是写信告知，这是给阿史那都支留下最后的体面。阿史那都支也明白这是裴行俭给他留体面，都是场面上的人，这点儿意思要是都不懂，他这些年就真的白混了。

明白事理的阿史那都支命人将自己捆成粽子，主动跑来投降，争取宽大处理。

裴行俭兵不血刃擒获阿史那都支，又命人手持阿史那都支的令箭召集周边各部落酋长来开会。接下来的事情就容易了，来一个逮一个，特别省力。

裴行俭的下一个目标是李遮匐。

这个李遮匐也是西突厥部落的首领，原为车鼻施部吐屯，是突厥王族，也姓阿史那。降唐后，因为在龟兹之战中立有战功，被赐李姓。

但乾封二年（667），野心勃勃的李遮匐在吐蕃的支持下，自立为西突厥右厢可汗，与阿史那都支分治西突厥东西两厢。

稳定西突厥东部势力后，裴行俭带着阿史那都支率军直扑碎叶，那里是西突厥西部势力李遮匐的大本营。

就在大军逼近碎叶时，恰巧遇上李遮匐派往阿史那都支处联络的使者。

裴行俭弄清使者的身份与此行的目的后，直接把使者带到阿史那都支面前，对来人说："不用费事了，人都给你们带来了。"使者见到阿史那都支，知道大势已去，灰溜溜地跑回去复命。

李遮匐得知裴行俭大军压境，知道现在干啥都晚了，打又打不过，跑又跑不了。

李遮匐只得学着阿史那都支也将自己捆成肉粽到裴行俭军前投降。

原本要调动数万大军才能扫平的叛乱，被裴行俭以极高的效率、极低的成本迅速平定。

目的达成，但波斯王子也不能不管，但这已经不是重点，裴行俭自然不会真陪波斯王子去西亚,于是另派人护送这位王子回国。

裴行俭处理好善后便押着两位可汗班师。

裴行俭走了,但他的部下王方翼却留了下来。叛乱虽然被挫败,但西突厥故地依然局势动荡,需要有人留下来控制局面。王方翼受命在碎叶筑城做长期驻守的打算。

在城防布局上,王方翼颇费了一番心思,特别是城门,碎叶城有十二座城门,但每座门的设计都各有不同。王方翼充分利用了地形地势以增强防守的强度,确保对方在攻城时吃尽苦头。

城修好后,王方翼特意将当地的西突厥各部首领请来参观,用意不言自明,谁都知道对游牧部落来说,攻城是他们的短板,而王方翼又故意炫耀碎叶城的易守难攻,就是要警告那些潜在的还存着谋反念头的人,不要胡思乱想。

然而,该乱想的人还是会乱想。西域的危机远未结束。他跟他的老首长裴行俭注定是不会寂寞的。

就在裴行俭奔袭西突厥当年,西州都督崔知辩大败吐蕃军队,再次收复安西四镇。

调露元年(679),崔知辩、裴行俭的配合,使安西四镇在唐蕃之间第三次易手。安西四镇的建置也从龟兹、于阗、疏勒、焉耆,向西拓展为龟兹、碎叶、于阗、疏勒。

李治得到捷报喜出望外,这确实超出了他的预期,估计当初他也未想到裴行俭能干得这么漂亮,省钱不说,还省心,这么能干的人才怎么早未发现,看来裴行俭干人事是把好手,领兵打仗也是行家。

此时贞观时代留下的老将已然凋零殆尽,他父亲当年选拔的名将如苏定方、薛仁贵先后去世。唐朝的疆域在李治时代达到顶峰,但这份功劳应该记在李世民身上,李治只不过是吃贞观时代的红利。

李治是幸运的，他的好父亲留给他的家底过于厚实，但再厚的家底也有用尽的时候，处于鼎盛时期的唐军此时也开始出现危机，特别是领兵大将，已经明显青黄不接。老帅凋零，新的尚未成长起来，不然也不会派一个管人事的去临时客串。

裴行俭回到长安后，李治不仅亲自设宴款待，还马上兑现奖励，给他升官。裴行俭的新职位是礼部尚书兼检校右卫大将军，一人身兼文武二职。李治欣喜的不只是平定西突厥的叛乱，更重要的是，通过此次平乱脱颖而出的老将裴行俭。

虽然西突厥的这次叛乱被裴行俭迅速平定，但两次大败于吐蕃，还是暴露出唐朝的很多问题，这个世上永远不缺墙头草。原东突厥故地已臣服几十年的各部落开始蠢蠢欲动。西突厥的失败并未影响他们叛唐的决心，这其实也不奇怪，东突厥的实力远强于西突厥，这是大家公认的事实。西突厥败了，那是他们实力不强。有吐蕃这个先例，东突厥的很多人也想效法。

这年秋天裴行俭刚刚平定西突厥叛乱，当年冬天东突厥就反了。

为了与之前的东突厥相区别，这个"后起之秀"也被称作后突厥。

原东突厥的两个部落首领阿史德温傅与阿史那奉职拥立阿史那泥熟匐为新可汗。原东突厥各部群起响应，唐朝在其故地所设二十四州皆反。

按倒葫芦又起瓢。

东西突厥就跟商量好似的，一刻也不消停。刚刚被皇帝发现的平乱小能手裴行俭又有工作可干了。

此时镇守北边的是老将萧嗣业，就是当年跟着苏定方横扫西突厥狂追阿史那贺鲁的那位。

说起来，萧嗣业是苏定方的老部下，裴行俭是苏定方的得意门生，两人都曾追随传奇名将苏定方。两人的出身也很相似，裴行俭出身河东裴氏已经是很牛的名门，然而比萧嗣业那就逊色多了，萧嗣业出身兰陵萧氏，南朝萧梁皇室，名门中的名门。

进入隋朝，萧氏依然是声名显赫的贵族。隋炀帝的萧皇后是萧嗣业的姑奶奶，不要笑，确实是姑奶奶。隋唐之际，中原混战不休，萧嗣业跟着姑奶奶萧皇后还有隋炀帝的孙子杨政道一同前往北方投奔远嫁突厥的隋朝义成公主，贞观九年（635）才回国。因为长期在突厥生活，萧嗣业对突厥的风土人情颇为熟悉，也是考虑到这点，李治才派他去镇抚东突厥。

然而，李治又失望了。萧嗣业与裴行俭都是门阀世族出身，也都曾追随苏定方，然而，两人的水平差得有点儿远。

萧嗣业在这场战争中的表现说明他只适合做副将。自古中原军队对抗游牧部落，特别是深入草原作战，有两个至关重要的要点必须把握，那就是速战速决、远程奔袭。

这是由双方的作战特点决定的，中原军队对补给的依赖远大于游牧部落，而深入草原意味着补给线的拉长，在难以通过缴获补充的情况下，这是非常危险的，所以，汉唐以来，不论是卫青漠北之战对阵匈奴，还是李靖雪夜奔袭阴山，都是一战定胜负，出塞远征很少有打持久战的。而且大胜往往靠的是远程奔袭，出其不意，打敌人一个措手不及，卫青的成名战漠南之战，即是经典战例。

起初，萧嗣业也打过几场胜仗，但都是小胜。因为事前对东突厥的动向缺乏侦察，失去出其不意、速战速决的先机，又陷入持久战的泥潭，导致唐军全线陷入被动。

很快这种弊端就显现出来。那就是唐军漫长而又脆弱的补给线完全暴露在敌人面前。唐军的运粮队经常遭到突厥骑兵的袭击。粮草被劫，将士们开始饿肚子。突厥人打劫还嫌不过瘾，又玩起了夜袭。

在一个雪花飞舞的夜晚，突厥骑兵夜袭唐军大营，唐军没有准备，全军大乱，很快崩溃。唉，雪夜突袭，这是当年苏定方一战成名的传奇之战，萧嗣业跟了苏定方那么久，这招即使学不会，至少也耳熟能详，结果却被突厥人学会，来了一把反杀，苏老将军地下有知能气活过来。

二十年过去，唐军非但没有进步，水准反而大幅滑坡。只因为换了主帅，还是那句老话，千军易得，一将难求！

败报传到长安，李治顿时就火了，去年征吐蕃惨败，今年战突厥又大败。两战皆败，国威何在！

李治本打算将萧嗣业从重治罪，后来念其往日功劳，免其死罪，发配岭南。萧嗣业也已经一把年纪了，经此一役也备受打击，很快就病死在南方。

派谁去平乱呢？李治第一时间想到的自然是裴行俭，眼前这个局面，也只有他能搞定。

既然你们要玩，那咱们就玩大的。

唐朝为这次远征进行了全国总动员，总共集结了三十万大军。这是自开国以来从未有过的规模，三十万唐军兵分三路对后突厥全面开战。

中路军由定襄道行军大总管裴行俭指挥，他也是北征大军的主帅。裴行俭领兵十八万，直接进攻叛军老巢单于都督府。

三路之中，裴行俭这路是主攻，剩下的东西两路，西路军指挥为丰州都督程务挺率兵六万从左翼包抄；东路军指挥幽州都督李文暕领兵六万从右翼迂回。唐军最担心的就是这个新冒头的后突厥听说大军将至，化整为零，玩草原游击战，那就比较头痛了。

因为唐军虽多，但只能速战速决，不能打持久战。双方的战争成本不同，唐朝的这些都是国家的正规军，吃穿用度武器装备都要钱，十万大军，日费千金。更何况是三十万，这要是在外面转悠一年，李治的头会更痛。对唐军来说，他们只能快打快撤，时间久了，真拖不起。

但后突厥就不同了，平日里他们也是骑着马在草原上溜达，打仗也是骑着马打，有啥区别，他们的战争成本几乎可以忽略不计。因为即使不打仗，他们也没啥别的事儿可干，反正闲着也是闲着，打赢就抢一把，打输就跑。

但裴行俭到了草原才发现，他多虑了。他的担心是多余的，十分多余。人家根本没打算跑，而是摆开阵势，要跟唐军正面对抗，打正规战，在战场上一决雌雄。

之前的胜利让后突厥增强了自信，占点便宜他们就飘了。他们还不知道裴行俭的厉害。

而裴行俭看到眼前的一幕简直不敢相信，敌人列队整齐出现在他面前，裴行俭不由得心花怒放。

就怕你们跑，只要不跑，就有办法收拾你。

调露二年（680），两军在黑山脚下展开决战，而过程极其简略，因为后突厥骑兵很快就崩溃了。正面交锋，突厥不是唐军的对手。不论是兵力还是装备，唐军都有压倒性优势，更何况唐军还有突厥不具备的优势，那就是严明的纪律性与严密的组织性。突厥的特点是散漫，打赢了一窝蜂上去抢，打败了就四散而逃作鸟兽散。

后突厥土崩瓦解，阿史那奉职被唐军活捉，那个刚刚被拥立为可汗的阿史那泥熟匐在逃跑的路上被手下杀死，人头被送到唐军那里请赏。三个主谋中，只有阿史德温傅成为漏网之鱼，侥幸逃脱，这个漏网之鱼组织散兵游勇干起了草原游击队。

阿史德温傅仍不死心，拥立阿史那伏念为可汗，重新叛乱。李治再次起用裴行俭。

裴行俭先联络回纥等亲唐势力，又对阿史那伏念采取攻心战，进行政治诱降。

果然，阿史那伏念深知自己是突厥的阿史那氏，投降仍不失富贵，放着富贵不要，偏要当反贼，不划算，于是设计擒获阿史德温傅投降，叛乱平定。

然而此时李治病重，朝政大权落入武则天之手。李治在对外战争方面可圈可点，虽然有时也犯糊涂，但大体上还是靠谱的。可是，换成武则天就不同了，她不听裴行俭的劝告，将阿史那伏念等斩杀，导致唐廷对突厥各部信誉全失。而阿史那骨咄禄等余党逃入草原深处，此后由这些人组织的后突厥汗国，经常来打脸武则天，直到唐玄宗李隆基时才将后突厥彻底平定。

西突厥的漏网之鱼阿史那车薄听说东突厥在东面闹腾起来，又来劲了，发动处木昆、突骑施等部落联盟叛乱，起兵围攻弓月城。

病榻上的李治又指名裴行俭去平叛，对李治的信任，裴行俭不知道该欣慰还是该苦笑，因为此时的裴行俭也在生病，而且不比李治轻。虽然如此裴行俭还是准备带病出征，但还未出长安就病逝了。一代名将就此陨落。

所幸裴行俭的老部下驻守庭州的王方翼得到消息立即率军驰援弓月城，在城外大破叛军。

阿史那车薄不是王方翼的对手，向西逃窜，王方翼在后紧追不舍，一直追到热海（今吉尔吉斯斯坦伊塞克湖）。

热海是西突厥的根据地，周围生活着大量亲西突厥的部落。阿史那车薄之所以往热海跑，也是因为这里"群众基础好"，热海周围的弓月人、突骑施人纷纷起兵支援阿史那车薄，他很快又聚集十万之众。

而王方翼的唐军虽装备精良，但在数量上已处于劣势，更为微妙的是，王方翼手下的唐军中有很多士兵本就是突厥人。

王方翼追至热海后，趁阿史那车薄援军立足未稳发动进攻。但这次进攻不但没有击溃阿史那车薄，王方翼本人反而胳膊中箭。为防止军心动摇，王方翼并未声张，两军未分胜负陷入对峙。

阿史那车薄畏惧王方翼，他知道从正面进攻，很难击败唐军，但他也知道唐军的一个弱点，那就是王方翼手下的突厥士兵。这些人是有机会争取过来的。于是，阿史那车薄派人暗中联络唐军中的突厥军官，教唆他们发动兵变活捉王方翼。

而就在这时，唐军中的军官突厥炽俟部落首领炽俟弘福也接到阿史那车薄的密信，他立即向王方翼告发，并向王方翼提供了参与密谋的突厥军官名单。

当天晚上，王方翼以赏赐为名，将这些内应召进大帐，全部秘密处死。为防发出的声音被外面听见，他令士兵在营中擂鼓，当晚大风呼啸，风声加上鼓声，成功遮盖了帐内砍人的声音。

成功处置内部奸细后，王方翼立即率军偷袭阿史那车薄大营。而此时的阿史那车薄正在等待"好消息"，却不想等来了追杀他的唐军。叛军大营被端，阿史那车薄落荒而逃不知所终，从此消失。西突厥这次是彻底凉了。

阿史那氏在突厥各部落中的地位一落千丈。草原民族是很实在的，谁也不愿跟着一个屡战屡败的首领。游牧部落的容错率是很低的，一两次大败后，就真的不认你这个老大了。

靠着裴行俭、王方翼的卓越表现和出色指挥，唐朝成功化解两败于吐蕃引发的北方边疆危机，稳住局面。

然而，好景不长。

弘道元年（683）十二月，李治在洛阳贞观殿驾崩。他的那个权欲极盛的皇后武则天终于从幕后走上前台。

与很多人固有的认知不同，李治当国时，武则天只是一个贤内助，一个能干的皇后，但真正做决策拍板的始终是她的丈夫李治。

李治想动的人，武则天才能动。李治不想动的，武则天在大多数时候是没有办法的。虽然李治后期逐渐放手，但他不是一个糊涂人,即使放权,仍在后面操控。

李治去世时,武则天也已经是一个六十岁的老太婆了。他想不到他这个老婆还能再活二十多年,还有精力再折腾二十多年。当然,他想不到的还有很多。而这对唐朝是不折不扣的灾难。

猛兽出笼,即将为祸天下。

整个国家只有李治还能压制住武则天,随着李治的去世,再也没人能阻止武则天的疯狂。

她终于得到梦寐以求的最高权力,这是她的幸运,却是唐朝的不幸。

唐朝即将迎来至暗的二十年。

这个女人对权力的执念近乎疯狂。凡是她认为是她夺权之路上绊脚石的人,她都会毫不犹豫地杀掉。即使是她的亲生骨肉也不例外。

为了权力,她杀死了儿子李弘。

为了权力,她囚禁了儿子李显。

有这些前车之鉴,接班的儿子李旦主动交出权力,才保住性命。

然而,对唐朝而言,真正的黑暗才刚刚开始,为扫清通往最高统治的道路,武则天起用来俊臣、周兴这些杀人不眨眼的酷吏,对那些反对她的李唐宗室以及忠于李唐的大臣开始了血腥的大清洗。

酷吏们的"专长"是制造冤狱。他们随意罗织罪名构陷大臣,然后严刑逼供,刑罚之恐怖更是令很多人魂飞魄散。即使少数人挺过酷刑,他们也可以伪造口供,被盯上的人几乎难逃一死。武则天还嫌杀人不够多,鼓励臣民告发。于是,更多的人被逮捕被冤杀,整个朝廷都笼罩在白色恐怖之中,酷吏横行,冤狱遍地,直杀得人人胆寒,噤若寒蝉。以至于大臣们在街上遇见都不敢打招呼,偶尔交换一下眼神便匆匆走过,不敢停留,生怕被酷吏盯上,惹来麻烦。

随着酷吏权力的扩大,陷入其中的官员也越来越多。即使是远在千里之外的守边大将也未能幸免。

此时的唐朝边疆,河陇前线有黑齿常之,西域有王方翼,漠南有程务挺,他们都是镇守一方的帝国柱石,也是在战场上杀出来的名将。边疆有他们守着,帝国才能四海升平,百姓安居乐业。

但武则天只是个精于算计的政客而非政治家,她考虑问题只从其政治得失出发,从不关心国家安危。

于是,出于政治斗争的原因,在她上台不久,便将程务挺、黑齿常之冤杀,将王方翼贬逐而死。由此,唐朝边防彻底失控。

千军易得,一将难求。这些人都是从尸山血海里杀出来的名将,战场是最残酷的学校,淘汰率极高,从这里毕业的都不是一般人,不但要有搏杀的勇气,还要有过人的胆略智谋,不是谁都能干的,武则天杀了这些人却发现找不到合适的人去接替。

唐朝的老对手吐蕃自然不会放过扩张的好机会。他们很快便动手了。

事实上,这些年吐蕃一直也没闲着,从西域到河陇再到剑南,万里边疆,处处都能见到吐蕃的身影。

自咸亨元年(670)以来,唐朝的边患基本就是吐蕃。唐军先败于大非川,再败于青海,连遭败绩,以至于东西突厥皆有轻唐之心。

西突厥的叛乱,在背后挑事儿的就是吐蕃。而东突厥之所以会乱,完全是受吐蕃与西突厥的影响,所以唐朝西北战事不断,乱源就在吐蕃。

东西突厥在北方叛乱,吐蕃自然也不会消停,这里面最能闹腾的还是吐蕃。唐军在事实上已经处于两线作战的被动局面,被突厥、吐蕃南北夹攻。

只不过，吐蕃的第一波进攻就遇上黑齿常之，被一顿狠揍，给打了回去。吐蕃知道黑齿常之不好惹，转而去了剑南，但川西北高山深谷的地形不利于大兵团展开。

相比于过了一山又一山的剑南，吐蕃人更喜欢地域广袤的西域。

垂拱元年（685），论钦陵再次率军攻入西域，在大漠草原上纵横穿插。而唐军在西域驻军很少且分散，只能维持治安。遇有战事都要靠朝廷从内地调兵。但调兵需要时间，问题在于，论钦陵不会给你这个时间，人家打的就是闪电战。结果不出预料，吐蕃又一次占领西域。

垂拱二年（686）十一月，唐朝不得不下令撤销于阗、安西、疏勒、碎叶安西四镇，这已是唐朝第三次撤销安西四镇。

接下来的两年，武则天的主要精力都用在了内斗上，搞政治大清洗。此时的她已经有了篡位称帝的想法，虽然她早已大权在握把持朝政，连皇帝也要靠边站看她的脸色，但武则天还是很不开心。她还想要名分。垂帘听政的把戏对她早就没有吸引力了。

李治在世时已经推出天皇、天后的名头。武则天已经六十多了。她不想再浪费时间，她要一步到位，做皇帝。

自从秦始皇统一天下成为中国历史上第一位皇帝，做皇帝的都是男人。

但武则天是一个很有想法的女人，谁说女人不能做皇帝。

但皇帝也不是说当就能当的。如武则天这类另立门户的，需要有声望、有大功，要有群臣拥戴，要有各方支持。后面的还好说，此时朝廷上的人都是拥戴她的，因为反对她的，已经被她杀光了。

她持续打击门阀世族，提拔寒门，广开仕进之路，赢得不少铁杆粉。但说到声望大功，那她就差多了。她包男宠的事早已是尽人皆知。虽然唐朝开放，但她那个搞法，多少还是上不得台面。至于功劳，那就更是一言难尽，武则天上台连杀三位坐镇西北的大将，自毁长城，结果导致边防彻底失控，屡战屡败，简直不忍直视，对外战绩，只能用惨不忍睹来形容。最打脸的就是西域的沦陷，那是武则天两任丈夫耗尽心血，数十万将士历经千辛万苦才打下来的，结果她接班才三年就全丢了。

就算武则天脸皮再厚，接班三年，疆域缩水一半，如此打脸的"业绩"，想帮她吹牛的人都不知道怎么吹。

为了拼业绩，为篡位铺路，武则天决定出兵西域。

永昌元年（689）五月，武则天命文昌右相韦待价为帅去夺回西域。

这次出兵，本来是想长脸的，结果却是丢人现眼。武则天选的这个主帅韦待价是个对军事一窍不通的人，论水平与之前的李敬玄有一比。这两人都可以直接归类为军事小白。

当初，李治让李敬玄领兵是被刘仁轨坑了。武则天选韦待价却没人怂恿，这次任命也充分暴露了武则天的用人水平。

如果说在内政方面，武则天尚有建树，可圈可点，但在选将用兵上，武则天可谓昏招迭出。选韦待价就是。这个韦待价出身京兆韦氏，以门荫入仕，上位全靠家族势力，没有一点儿才能。

唐朝三百年，科举选士从来不是主流。三百年考出来的进士不到一万人。而且即使考上也不意味着就能直接做官，接下来还有审查考核，这个才是重点。此时门第以及背后的关系网才是真正决定前途的决定性因素。

这就涉及门阀世族能长期存在的原因了。主要有三点：家学传承、政治联姻、圈内互捧。

门阀世族大多诗书传家，知识是进入仕途的起点。政治联姻可以增强家族抗风险的能力。圈内互捧的关键在于人脉，圈子里的人为了自己都会很自觉地维护圈子的利益。

门阀世族里也有人才，比如裴行俭，但也有平庸之辈，比如韦待价。

韦待价虽没有能力，但这些年也去过不少地方，还担任过军职，跟着薛仁贵打过高句丽，在西北也待过，之前与吐蕃的战事，他也有参与，但都是打酱油跑龙套的角色。

话说回来，武则天选韦待价也是挺纠结的，能打的名将几乎被她杀光了。看看手下这些人，关系不错的，在军队待过的，信得过的，也只有韦待价了。

即将与之对阵的是吐蕃名将论钦陵。此前，在与唐军的对战中，论钦陵保持全胜，连薛仁贵这等名将都不是其对手，韦待价这类选手去，那就是给对方刷战绩去的。

如果是黑齿常之、王方翼，还有得打。但韦待价，凶多吉少。

韦待价，军事白痴。

论钦陵，沙场悍将。

结果似乎已经可以预见。

很快，军报传来，唐军大败。

韦待价军至寅识迦河（今新疆维吾尔自治区霍城县以西）边，论钦陵还是老套路，故作败退，诱敌深入，将唐军诱至草原深处，而后分兵包抄唐军侧后，切断粮道。唐军正与吐蕃主力僵持不下，听闻粮道被断，军心大乱。此时天降大雪，很多士兵冻饿而死，韦待价只得败退回高昌城，路上因韦待价不善安抚士卒，唐军几乎哗变。吐蕃趁势掩杀，撤退变成溃逃，唐军损失过半。武则天得报大怒，将韦待价流放，副将斩首。

韦待价被证明不是她所期望的经略西域的帅才，而真正的国家良将却在狱中屈辱死去。黑齿常之在此年被酷吏周兴诬蔑谋反，黑齿常之不堪受辱，在狱中自缢而死，唐军皆哀其冤。

但世人还是低估了武则天,高看了她的道德底线。经过数十年的政治斗争,武则天的脸皮越来越厚,心越来越黑。她在不停地刷下限,不停地用惊世骇俗的举动刷新人们对这个世界的认知。

尽管前线大败,但这丝毫不影响武则天称帝的热情,整个帝国至少在表面上已经找不到反对派,敢于公然反抗的,都被她送去见先帝了。

这么做的直接效果就是,她的政令推行得特别顺畅,执行效率特别高。很多事情甚至不用她开口,她手下的那帮酷吏就会替她去做。

酷吏不仅会制造冤案,还会吹捧武则天。据说,拍马屁的最高境界是那句有名的唐诗"随风潜入夜,润物细无声"。不得不说,这些马屁精确实做到了。

第二年,武则天将儿子李旦赶下台,自己当皇帝,改国号为周,年号天授。武则天由此成为中国历史上第一位正统女皇帝。

正统史学界不承认所谓的武周,接下来的叙述,仍称李唐。

节操可以不要,但国土必须收复。武则天的脑袋遇上战事就容易短路,但她也很清楚西域对唐朝的重要性。这是敌必攻、我必守的战略要地。

长寿元年(692),武则天以右鹰扬卫将军王孝杰为武威道行军总管率军西征。

这是武则天为数不多的靠谱的军事任命,难得的一次智商在线。出兵的时机选得也恰到好处,因为论钦陵此时刚好不在西域。

论钦陵这两年回到吐蕃忙着搞人口普查,清查赋税。战争是最耗费国力的。尽管这些年,吐蕃胜多败少,看似占了便宜,但巨大的消耗还是让吐蕃背上了沉重的战争包袱。

吐蕃控制下的吐谷浑旧部以及众多羌人部落已经呈现明显的离心倾向。论钦陵现在的首要任务是稳住基本盘。

人口普查是为征发兵源，清查赋税是为征加收入。在下轮大战之前，先要摸清家底。这方面，吐蕃明显处于下风。唐朝的国力直接碾压吐蕃，两者之间不具可比性。但国力不完全等同于军力。那个时代受各种条件的限制，兵力的投送受限于后勤补给，而中原军队是极度依赖后勤的，打仗就是打后勤，这话古今通用。

吐蕃虽然接连获胜，但损失也不小，他们也要喘口气。

唐军的出击时机选得好，王孝杰也终于找到感觉，率领大军长驱直入，所向披靡，一路平推，顺利收复安西四镇，在龟兹重建安西都护府。

这次唐军吸取以往的经验教训，并未一走了之，而是留下三万汉兵驻守龟兹、焉耆、疏勒、于阗四镇。

这些来自五湖四海的士兵，以家乡为单位，编组为营。熟悉的乡音，相似的习俗，也许能稍稍减轻他们的思乡之苦。

三万汉兵，并不是都驻在四个军镇。他们中的很多人分散驻防于军镇之间的交通沿线，守卫着一个个屯城、守捉、馆驿、烽燧，终日与风沙为伴，日复一日，年复一年，守卫着祖国的边疆，很多士兵战死沙场，埋骨他乡，再也回不到他们日思夜想的故乡。

喋血宫廷——唐蕃政坛大换血

延载元年（694），吐蕃又杀回来了。这次领兵的是论钦陵的四弟悉多于与五弟赞刃。王孝杰率部在冷泉大岭一带与吐蕃军遭遇，双方展开混战，事实证明，只要论钦陵不在，吐蕃军不是唐军的对手，吐蕃这次败得很惨，论钦陵的四弟悉多于在逃亡途中做了粟特人的俘虏。

狼狈逃回逻些的赞刃也没能躲过去，一场阴谋正等着他。

赞刃入宫觐见吐蕃赞普赤都松赞。赤都松赞说你的佩刀不错呀，拿过来给我看看。赞刃也未多想，随即解下身上的佩刀，交给赞普。赤都松赞拿过佩刀在手中把玩，"一不小心"将手指划伤，血立刻就流出来。王太后赤玛伦大怒，好你个赞刃，竟敢行刺赞普，不容分辩，当即将其以谋反罪处死。这番操作好像似曾相识，也再次印证了那句话：欲加之罪，何患无辞。想杀人，理由从来都不是问题，所有的政治谋杀都是蓄谋已久。

赞刃的被杀说明赞普以及王太后对噶尔家族数十年的专权已经不能容忍。

杀赞刃即是将矛盾公开化。

原来大家都玩阴谋，即使有矛盾，也不会公开，彼此心照不宣。现在全都摆在明处。

赤都松赞已经二十五岁了，这个年纪早应亲政，可是吐蕃政令均出自噶尔一门。赞普大权旁落已久,这次杀赞刃释放的政治信号非同寻常,这已经不是暗示而是强烈的明示。

噶尔家族五兄弟,仅剩下论钦陵和三弟赞婆,这时他们正领兵驻在青海。论钦陵得知最小的弟弟被杀,内心的痛苦可想而知。

赞普对噶尔家族势力的打压,他心知肚明,但赞普毕竟是吐蕃之主,论钦陵不想反叛只能默默接受。

他并不甘心噶尔家族就此退出政治舞台。但他接下来的举动却在错误的道路上越走越远。

如果此时,他交出权力,退出政坛,赤都松赞念在噶尔家族往日的功劳,也许能网开一面。噶尔家族现在的问题是功高震主,长期专权,化解危机的办法就是交权。

可是,论钦陵不明白,他是一个勇猛善战的将军,却不是一个合格的政治家。论钦陵以为只要在战场上为吐蕃立下更大的功勋,向赞普表示噶尔家族的忠心就能得到谅解。

于是,他亲自带兵上阵向唐朝发动了新的进攻。他的这个举动非但未化解矛盾反而加速了他的死亡。

第二年七月,论钦陵与三弟赞婆尽起青海之兵猛攻唐朝的洮州(今甘肃省临潭县)。武则天命王孝杰率兵迎敌。双方在河西陇右一线形成对峙。次年一月,武则天又派娄师德率军增援。

唐蕃两军激战多场互有胜负。三月,双方在素罗汗山(今甘肃省临洮县东)展开决战,结果唐军惨败。王孝杰加娄师德已经是此时唐朝能派出的最强阵容,但依然不是论钦陵的对手。加上之前的大非川、青海、寅识迦河三次战役,这已经是唐军第四次大败于吐蕃。唐朝四战四败,吐蕃的主帅都是论钦陵。唐军遇上论钦陵基本就是输。这也是唐朝比较郁闷的一个时期,打不过但又必须打。不过,唐军的春天就要来了。

令人奇怪的是,论钦陵并未乘胜追击,反倒主动求和,要求谈判。

这时对唐朝而言也没有更好的选择,毕竟,刚刚打了败仗。既然对方愿意谈,那就谈吧。不过,派谁去谈,反而成了难题。这时候去谈,可不好谈。因为你是弱势的一方。幸运的是,武则天虽然打仗不在行,搞政治还是很有水平的。

她派去谈判的大臣叫郭元振。这个人也很有水平。怎么说呢?他十八岁就考中了进士。唐朝的进士有多难考,录取率有多低,前面已经说过多次。十八岁的进士,那肯定是个人才。

此时,浮现在很多人脑海中的郭元振肯定是一个勤奋刻苦、好学上进的好青年。

如果你这么想,那你就要失望了。

现实中的郭元振是个极品流氓,不折不扣的人渣。

为何这么说呢?看看他干的事你就明白了。

金榜题名的郭元振此后的日子并未有多大起色,他混得比老实人娄师德还惨。郭元振考中进士后被分配到剑南道的通泉县做县尉,相当于县公安局局长。

然后,郭元振在通泉县尉的位置上,一蹲就是二十年。从意气风发的青年硬生生熬成油腻中年。

唐朝是个啥社会,之前已经说过,那依然是门阀世族掌控资源的时代,能升到高层的都是门阀世族圈子里的自己人,郭元振不是自己人自然得不到提拔。无所事事的郭元振开始私铸货币,贩卖人口,谋取私利。这事传到了武则天耳朵里,武则天当即派人将郭元振召到京城准备收拾他。

换成别人可能直接就去投胎了。

谁不知武则天的手黑,她杀人是真的不眨眼,连亲生儿子她都杀,别人还算事儿吗?二三品的高官,她杀的多了去了,一个不入流的县尉,还不是一句话的事儿!

但杀之前,要好好谈谈,就在决定生死的面试上,郭元振奇迹翻盘。面对武则天，郭元振丝毫不惧，口若悬河，侃侃而谈。这个操作反把武则天给镇住了。心想，此人初见如此大场面还这么气定神闲，非等闲之辈。先别杀了，留着用吧。

与风头正盛的论钦陵谈判不是个好干的差事。武则天说，郭元振，你去吧。

很快，郭元振与论钦陵就见面了。论钦陵也是见过大场面的，早年在长安留过学，还在唐军中服过役，他对唐朝并不陌生。但郭元振也是有备而来，对吐蕃这两年发生的事儿也是门儿清。对论钦陵现在的处境，他一清二楚。谈判之前，做好情报工作是很重要的。

两个混迹江湖多年的人开始了一场注定谈不出结果的谈判，因为双方都不是奔着谈判来的。一个想空手套白狼，一个想探虚实刷业绩。

论钦陵说，咱们打了这么久也累了，之所以经常出现摩擦，那是因为两国之间缺乏一个缓冲。然后，论钦陵说，我看西域作为两国的缓冲很不错，不如唐军退出西域吧，当然吐蕃也不会进入，以西域做两国的缓冲，罢兵休战，如何？

郭元振说，唐军现在驻守在西域，建立缓冲区当然好，不过，只是唐军单方面退出，恐怕不合适吧。

想想这些年，我们最开始发生冲突的地方应该是吐谷浑吧。唐军退出西域不是不可以，但吐蕃也要退出吐谷浑。只要吐蕃退，唐朝立即跟进。你看如何？

论钦陵只想敲诈，而郭元振将用行动教育他，想讹诈，你还嫩了点。

吐蕃当然不会退出吐谷浑，唐朝当然也不会退出西域。

谈不拢，那就接着打。

不过，论钦陵已经没有机会了。

圣历元年（698），吐蕃赞普赤都松赞带着三千人的卫队外出行猎,打猎不稀奇,但带着三千人去打猎,考虑到吐蕃的气候人口,这个排场属实有点儿大,但这一反常现象并未引起噶尔家族的注意。

当卫队到达噶尔家族的封地蔚布·蔚达附近时,赤都松赞才宣布此行的真正目的——围杀噶尔家族。他命卫队进攻噶尔家族的庄园。噶尔家族丝毫没有防备,全族两千余口除跟随论钦陵和赞婆驻军青海的成员外,几乎被屠杀殆尽。

赤都松赞血洗噶尔庄园后,立刻派人召论钦陵回逻些议事。论钦陵自然不会去逻些送死。于是,赤都松赞宣布噶尔家族反叛,亲自带兵杀向青海,追捕论钦陵。

此时,禄东赞的儿子只剩下论钦陵和赞婆尚在,曾经盛极一时的噶尔家族彻底没落。论钦陵知道大势已去,只得自杀。

赞婆与论钦陵的儿子论弓仁率部七千余帐归降唐朝。

久视元年(700),赤都松赞派大将麴莽布支攻打凉州的洪源谷。之所以要进攻这里,只是因为这里是赞婆与论弓仁降唐后的驻地。很明显,吐蕃是在追杀噶尔家族。

凉州都督唐休璟得报点兵迎战,六战六捷。虽然都是小胜,但已经很能说明问题,失去名将论钦陵的吐蕃军队,军事指挥水平直线下降,战斗力也大不如前。

长安二年(702),赤都松赞亲率大军攻打茂州(今四川省茂汶羌族自治县),被都督陈大慈击退。吐蕃连番碰壁,实在打不动,而国内又接连发生叛乱,只好再次向唐朝请求和亲罢兵。

赤都松赞从噶尔家族手里夺回兵权便一直在外征战,吐蕃的国政他都交给了他的母亲、太后赤玛伦。虽然赤都松赞在论钦陵死后任命悉诺逻恭禄为大相,但是对噶尔弄权刻骨铭心的赤都松赞显然更信任他的母亲。

此时唐朝与吐蕃掌权的都是女人,而且都是历练多年熬出来的。她们也都表现出了一定的治国能力。女人大多对战争不感兴趣,而且两国也都打得精疲力尽,两国百姓更是期盼和平。赤玛伦先行动了。

长安三年(703),吐蕃使者带着千匹良马、两千两黄金来到长安为赞普赤都松赞求婚。

能够实现两国和好,武则天当然求之不得,她也不想打仗。武则天很痛快地答应了吐蕃的请求。就在两国就公主出嫁事宜进行协商的时候,第二年,从遥远的云南传来了赤都松赞的死讯,刚刚稳定的吐蕃又开始政治动荡。

赤都松赞突然去世在吐蕃国内造成巨大的政治危机,各大家族势力蠢蠢欲动。赤玛伦知道必须尽快册立新赞普以安定人心。

赤都松赞有两个儿子,长子拉拔布和次子野祖茹。按照中原政权的嫡长子继承制,应是长子拉拔布继位,但不知是何原因,赤玛伦力主立她的次孙野祖茹做赞普。

最终经过激烈的权力斗争,野祖茹成为新赞普。夺位失败的拉拔布从此消失。但不论是长孙还是次孙,年纪都很小。赤都松赞死时只有三十四岁,他的儿子自然也不大,此时接班的野祖茹只有七岁。

野祖茹年幼,其母又不谙政事,赤玛伦再次摄政。

此时赤玛伦面对的局面要比武则天难得多。赤玛伦处变不惊,临危不乱,显示出超强的政治水平。赤玛伦先是秘不发丧,不动声色地将忠于赞普的军队从前线调回部署到逻些。

关键时刻必须掌控军队,稳住权力中心,以军队为后盾,发出的命令才有实力,背书才有效。

这是稳定内部。

赤玛伦紧接着派出使节到唐朝,谋求两国关系缓和。

这是协调外部。

这些全都做好,基本没有漏洞,再四面出击,派出军队将叛乱的贵族大臣岱仁巴农囊扎与氏桂多囊擒获，将这些叛臣尽数处死。这时她又发现刚被任命为大相不久的麹·莽布支拉松居然和支持拉拔布的势力有联系，立即将其处斩。

与此同时，赤玛伦提拔忠于赞普的韦·乞力徐尚辗就任大相。平定叛乱镇压了反对势力后，赤玛伦才为儿子赤都松赞发丧安葬。

噶尔家族走的是军事扩张之路。他们掌权时的吐蕃犹如一台战争机器。吐蕃军队长年征战在外，不是在打仗就是在去打仗的路上。吐蕃作战强悍但国力远不如唐朝，长期战争已经使国内矛盾重重，民众军队都已经十分疲惫。

战争中最痛苦的是底层百姓。即使对外扩张有收益，也大都被领导者拿去，百姓却要承担战争带来的伤亡。此时吐蕃百姓早已怨声载道，民众都不想再打了。这也是噶尔家族越来越不得人心的原因。

相比之下，赤玛伦是吐蕃的主和派，她很早就认识到了以吐蕃的国力难以支撑同唐朝的连年战争。二十多年前，她就借向唐朝通报文成公主丧信，将早年出使吐蕃，因不愿向论钦陵磕头而被其扣押十余年，死在吐蕃的大唐使臣陈行焉的尸骨送还，向唐朝示好。

又是她力主向唐朝请求开通互市，以马匹换取吐蕃急需的生活物资，而唐朝当时苦于良马短缺，急需战马补充骑兵部队。双方都有需求，但事情还是未谈成，因为论钦陵的阻挠。

铲除噶尔家族的势力后，力主唐蕃友好的赤玛伦借武则天修明堂之机，频繁遣使朝贺，分别于长安三年（703）、景龙元年（707）、景龙四年（710）三次入唐求亲，最终促成金城公主入藏，唐蕃再度联姻。

神龙二年（706），在唐蕃双方的共同努力下，两国在长安登坛会盟，史称"神龙会盟"，这是唐蕃的第一次会盟。双方约定以赤岭（今青海省日月山）为界，罢兵休战。

会盟之后，唐蕃两国关系实现正常化，两国使臣往来频繁。也是在这一时期，吐蕃通过贸易从唐朝引进茶叶，在很短时间，茶叶就成了吐蕃生活中不可或缺的必需品。

赤玛伦还主持疏通唐蕃古道，修葺由长安经古鄯城（今青海省西宁市）至逻些的主道外，又开通从长安经敦煌南下青海入蕃的著名的茶马古道。道路的疏通极大地便利了商贸往来。

先天元年（712），唐蕃之间正式决定开展以茶换马的互市交易，以甘松岭为互市之地。通往中亚的丝绸之路青海线，得以恢复，青藏高原上又响起阵阵驼铃声。

吐蕃发生权力交接引发政治动荡之时，唐朝政局也发生了巨变。

两国上层的权力交接几乎是同步进行的。但唐朝的情况要比吐蕃复杂得多，也曲折得多。

神龙元年（705）正月，武则天卧病不起，宰相张柬之等人发动政变，逼迫武则天退位，立太子李显为帝，还政于唐，史称"神龙政变"。

狄仁杰当时已经去世多年，这位名臣在后世享有盛名。很多人知道狄仁杰是一代贤相，但更多的人知道他，是因为他的另一个身份——神探狄仁杰。

电视剧《神探狄仁杰》令他的名字在中国几乎家喻户晓，妇孺皆知。但熟知他生平的人都知道，他确实处理过很多案件，只是他真正查理冤案的时间并不长，那些电视剧里演的，十之八九都是杜撰的。很多时候，整部剧只有狄仁杰这个名字是真实存在过的，其他皆为小说家言，不必当真。

狄仁杰虽受武则天器重，但仍心向李唐。发动神龙政变的五大臣，有四个都是狄仁杰提拔的，他们都是狄仁杰的人。狄仁杰的政治倾向不言自明。

李显复位后尊武则天为"则天大圣皇帝"。这年十二月，一代女皇武则天病死，享年八十二岁，中国历史上唯一的正统女皇帝武则天结束了她波澜壮阔、功过参半、备受争议的一生。

李显再次登上帝位。然而，他上位后的各种操作证明，他真不是当皇帝的材料，也难怪当年他老妈把他赶下台。

李显在长期朝不保夕的幽禁岁月里能挺过来，全靠他的媳妇韦后的鼓励、照料与陪伴。为了感谢韦后，李显不顾大臣反对，将韦后的父亲追封为王，并允许韦后干预朝政。

可李显不知道的是，他的这位皇后也是个野心勃勃的人，她想做第二个武则天。

李显这个人真是一个奇葩，他对曾想置他于死地的仇敌武三思非常信任，而对拥立他即位的功臣宰相张柬之等大臣却视如寇仇，将这些人明升暗降，夺权之后贬出朝廷。结果导致朝中韦后、武氏和女儿安乐公主专权，这几人互相勾结在朝中党同伐异，结成一股强大的政治势力左右朝政。

李显只希望混日子，他本就是平庸昏聩之人，长期的幽禁更是让他彻底消沉。这类人自然不愿意折腾。

当神龙三年（707）三月，吐蕃使臣悉薰热来长安求婚时，李显很痛快就答应了。当初是两位太后早就商量好的，李显只是履行诺言，他最终选定雍王李守礼的女儿，册立其为金城公主。

景龙四年（710）正月，唐中宗李显命左骁卫大将军杨矩护送金城公主启程。

李显亲自送亲到始平县（今陕西省兴平市）设宴百官，并与早早在此守候的吐蕃接亲大使尚赞咄热拉巾相见。

席间，李显告诉吐蕃大使，公主年幼，在宫中很受宠爱，要吐蕃对金城公主务必小心呵护，不得稍有怠慢。李显不厌其烦地反复叮嘱吐蕃迎亲大使，金城公主"朕之少女，长自宫闱""公主孩幼，割慈远嫁"，依依不舍之情溢于言表。

李显甚至在送亲途中当众恸哭。如此举动,倒真像一位舍不得爱女远嫁的父亲,其中也不免有对公主及其家人的愧疚,而后李显与金城公主洒泪而别。

二月,李显为纪念远嫁吐蕃的金城公主,将始平县改名金城县,将与公主分别地改为凤池乡怆别里,并赦免当地死刑以下囚犯,免百姓赋税一年。

金城公主在杨矩的护送下,沿着七十年前文成公主的旧道入藏。吐蕃为迎娶金城公主在奚结罗岭凿石开山修筑道路。当年年底,金城公主一行才抵达逻些。

金城公主的夫君野祖茹(赤德祖赞)只有七岁,金城公主也不过才十二岁,都还是孩子。在赤玛伦的主持下,金城公主被安置在专门为她修建的宫殿居住。

金城公主还在远嫁的路上。六月,李显却突然死亡,据说是被韦氏毒死的。当月,太子李重茂继位,改元唐隆,朝政尽归韦后。可李重茂登基还不到一个月,李旦的儿子李隆基就联合太平公主发动政变,将李重茂拉下宝座,尽杀韦氏、安乐公主、上官婉儿,复立李旦为帝,史称"唐隆之变"。

一月之间,唐朝连换三个皇帝,皇帝的宗系也由李显一支转到李旦一支,李隆基也凭借"唐隆之变"正式登上历史舞台。

唐朝的政局变动并未影响唐蕃联姻,两国仍是翁婿关系。只不过,赤德祖赞(野祖茹)的老丈人从李显换成了李旦。

景云二年(711),再次登上帝位的李旦遣使入蕃,正式认金城公主为女儿并册封其为长公主,同时他还做出了一个愚蠢的决定,将河西九曲之地赠予吐蕃作为金城公主的"汤沐邑"。这个荒唐的决定给日后的唐朝带来说不尽的麻烦。

河西九曲水草丰美,自古以来就是天然牧场,也是唐朝手中为数不多的良马产地,这次拱手让与吐蕃,使得本就良马匮乏的唐朝雪上加霜。

吐蕃得了河西九曲之地，设洪济、大漠门等城据守，"水甘草良，宜畜牧，近与唐接。自是虏益张雄，易入寇"的地方，成了日后吐蕃进攻河陇的前进基地，直到天宝十二年（753）才被哥舒翰率军收复。

金城公主入藏时，带去大量的陪嫁，还携带很多的佛教经典，这些典籍促进了唐蕃之间的文化交融。

唐蕃再度联姻，往来更为频繁，到开元二十七年（739），金城公主去世。三十年间，唐蕃两国使节往来达到四十二次之多。于是，一个奇怪的现象出现了，尽管两国在战场上打得不可开交，但依旧保持频繁的外交往来。

金城公主入藏后，唐蕃之间保持了短暂的和平，但随着景云三年（712）赤玛伦的去世，吐蕃再次出现权臣专权。吐蕃韦氏家族上台取代噶尔家族的政治地位，韦·乞力徐尚辗掌控国政。

唐朝几乎与吐蕃保持同步，也发生重大政治变动，爱好和平的武则天以及李显、李旦母子三人先后退出政坛，接班的是靠政变上位的李隆基。

同年七月，唐睿宗李旦传位于太子李隆基，自称太上皇，改元先天，唐朝进入李隆基时代。

李隆基是李旦的儿子，金城公主的哥哥，赤德祖赞的"大舅哥"。

李隆基和金城公主的兄妹关系，从金城公主给李隆基的呈文可以得到确认，在表文中金城公主称唐玄宗李隆基为"皇帝兄"。

《全唐文》：妹奴奴（金城公主）言："李行礼至，奉皇帝兄正月敕书……"

金城公主的夫婿野祖茹称唐玄宗为"皇帝舅"。

玄宗开元年间，唐军屡败吐蕃。吐蕃赞普在请和的上奏中，每每拿舅甥之情做幌子。

《旧唐书·吐蕃传》:"公主外甥是先皇帝舅宿亲,又蒙降金城公主,遂和同为一家,天下百姓,普皆安乐。"

尽管两国之间常常兵戎相见,但这种舅甥关系一直被两国维系,直到唐穆宗长庆元年(821),双方会盟时被镌刻在唐蕃会盟碑上,成为历史的见证,"景龙之岁,复迎娶金城公主降嫁赞普之衙,成此舅甥之喜庆矣"。

唐朝吐蕃西域之战

陇右大捷——薛讷武街驿之战

开元二年（714）五月，吐蕃派出使臣请求两国先在河源划定边境线，然后订立盟约。

自金城公主下嫁吐蕃，两国关系融洽，划定边界，两国也可减少纷争。李隆基也未多想随即派解琬前去谈判。曾担任朔方大总管的解琬常年在边境，对吐蕃君臣的诡计相当了解，跟这些人打交道必须留个心眼。

出使前解琬特意给李隆基打预防针，谈是可以的，但咱得留后手，做两手准备，能谈最好，万一对方耍诈，咱们也要做好准备，最好在秦、渭等州屯重兵，以备不时之需。但李隆基刚上位，明显缺乏外事经验，他还是蛮信任吐蕃的，认为两国刚刚联姻不会有事，对解琬的提议未予重视。

李隆基很信任吐蕃，但现实却给他狠狠上了一课。八月，吐蕃突然从九曲之地发兵十万连犯临洮、兰州，陇右唐军也受到李隆基乐观情绪的影响未做提防，结果被人偷袭，被抢走数千军马，损失极其惨重。

当年力主赠送九曲的鄯州都督杨矩得知吐蕃入寇，知道闯下大祸，畏罪自杀。

国难思良将，危急关头李隆基想起一个人——薛讷。

很多人看见这个名字可能会感到陌生，但薛讷之父可是位名人——白袍名将薛仁贵。其实，薛讷在小说里也很有名。薛讷就是演义中薛丁山的历史原型。

这年薛讷已经是六十多岁的老将，而且就在去年，薛讷在幽州对战契丹刚刚打了败仗，败得还很惨，官职被一撸到底，回家做老百姓了。

虽然打过败仗，但毕竟是名将之后，而且，李隆基对薛讷印象还不错。

李隆基刚登基那会儿，为了显示新人新气象，搞了一次阅兵。结果却令人大跌眼镜，可能是很久不演习了，有些生疏；也可能是组织不力，总之，乱哄哄，场面一度很混乱。参加阅兵的部队很多旗帜纷乱，队列不整，但在一片混乱中，也有亮点，只有解琬跟薛讷的部队队列整齐，丝毫不乱。这给李隆基留下了深刻的印象。李隆基从那时起就认定，此人可用。

形势逼人，刻不容缓，李隆基立即让薛讷赶赴河西练兵组织防御，戴罪立功，以白衣挂职左羽林将军，陇右防御使。

十月，初战得胜的吐蕃大将坌达延再度入寇渭源。

被连续打脸的李隆基恼羞成怒，在朝堂上放出话要发兵十万，御驾亲征。

但仅仅过了八天，薛讷便在武街驿（今甘肃省临洮县东）大败吐蕃。

十万吐蕃军屯于大来谷。薛讷率唐军在二十里外的武街驿安营下寨与吐蕃对峙。

不久，陇右群牧使王晙率所部两千人赶来与薛讷会师。薛讷命其在洮河东川一处高地屯住，与大军成犄角之势。这支生力军人数不多，但在即将发起的战役中发挥的作用却极其关键。

王晙将部队的驻地安排好后，亲自赶到大来谷口观察地形。他发现吐蕃军营全都建在谷中，不由得大喜过望，他已经有了破敌之策。王晙命人将自己的计划报给薛讷，随后选出七百精兵，换上吐蕃军服，分成两队悄悄潜进大来谷，只等黑夜便动手劫营。

夜幕降临，前队按计划悄悄来到吐蕃军营附近，王晙命士兵们大声呼喊，前队一拥而上，冲进蕃营，后队则鼓角齐鸣，充当疑兵。

黑夜之中，突然喊杀声四起，吐蕃军以为唐军主力赶到，惊恐之中，仓促应战，天黑难分敌我，冲入大营的唐军穿着吐蕃军服乱砍乱杀。吐蕃人被砍倒一片，却不知敌人在哪，乱作一团，自相残杀。这时，薛讷的援军及时赶到。唐军里应外合，前后夹击，一鼓作气攻破吐蕃军营，杀得吐蕃尸横遍野，丢下一万多具尸体，大败而逃。

坌达延率军后退，两军在大来谷外二十里的武阶谷再次形成对峙。

坌达延也是不长记性，又把军营建在谷中。王晙也是劫营劫上了瘾，率军绕到吐蕃军营背后再次发起夜袭。

吐蕃军还未从上次的溃败中缓过来，这时已是惊弓之鸟，被唐军一冲，比上次崩溃得还快。薛讷仍然率主力从正面突击，还是那个配方，还是熟悉的味道，吐蕃再次惨败。

连续两次被夜袭暴击，吐蕃军的心态彻底崩了。坌达延率残部向洮水逃窜。

薛讷率唐军紧追不舍。先锋王海宾率领所部冲在最前面，在长城堡洮河岸边，堵住了吐蕃的归路。

背水而战的吐蕃军无路可退，拼死冲锋，王海宾率唐军顽强阻击，一步不退。

但唐军先锋人少很快便陷入吐蕃军的重围，寡不敌众，太子右卫率、丰安军使郎将王海宾力战而亡。主将战死，唐军却并未溃散，他们占据高地拼死堵住吐蕃大军的逃生之路。但他们毕竟人少，吐蕃势大，眼看就要撑不住了，薛讷率唐军主力赶到。苦战的唐军见援兵到来，士气大振，前后夹击。吐蕃军在洮水岸边惨败，大量士卒被挤下洮河淹死，洮水为之不流。

此战，唐军斩首一万七千余级，逃散被歼的吐蕃士卒有数万之多。

武街驿之战，是自唐蕃开战以来取得的首次大胜。以前虽也曾有过小胜，但这种战役级别的大捷还是第一次，战果之大，更是前所未有。唐玄宗李隆基收到捷报，第一反应是不敢相信，当即令紫微舍人倪若水赶赴前线，记录诸将功勋。当然，还有一层意思，实地核查，数十年未有之大胜，别是谎报军功吧，派个靠谱的人去看看，才有底！

反馈很快传回，军报属实，确是大胜。

薛讷也凭此战一雪前耻，跻身名将之列。同时，他也以胜利为父亲出了气，报了仇。他爹薛仁贵为唐朝东征西讨屡立战功，却在大非川惨败，差点儿毁掉一世英名。薛讷取得唐朝对吐蕃开战以来的首胜，薛仁贵在天之灵也会感到慰藉吧。

战后，薛讷因功拜左羽林军大将军，封平阳郡公，其子薛畅荫封朝散大夫。次年，薛讷又升任凉州镇军大总管，统领赤水诸军，驻守凉州。

两年后，薛讷年老致仕，又过了四年，薛讷逝世，终年七十二岁，追赠太常卿，谥"昭定"。

说起来，薛讷这辈子只打过这一次大胜仗，但古代很多名将，大多也只有一两次载入史册的经典之战。

薛讷是幸运的，他建功陇右时已经六十六岁，在军人生涯即将走向尾声时，有此大胜结束也算圆满了。

互有攻守——唐蕃鏖兵陇右

随后的几年里,吐蕃对唐朝的剑南、陇右、安西四镇展开轮番进攻,但都被唐军击退。

薛讷的胜利令唐军的士气为之一振。唐军一扫往日的阴霾,面对吐蕃的频繁侵扰,不再一味固守,开始主动出击。

薛讷致仕后接替他镇守陇右的是郭知运。

开元六年(718),郭知运带兵对吐蕃占据的河西九曲发动突袭。吐蕃军丝毫没有防备,这么多年习惯于抢掠,却未承想唐军居然能打过来抢他们。

抢劫的居然被抢了。唐军缴获了大量的吐蕃精甲、战马。可能是被抢得有点儿狠,吐蕃很快就派人来长安求和了。两国很快达成和解,陇右迎来近十年的安宁。

但如果你认为吐蕃上层会就此收手与唐朝和睦相处,那你就错了。

在找不到机会的情况下,他们只能被动地接受和平。不过,一旦找到漏洞,他们就会发起新的进攻,重燃战火。

这种短暂的和平,只是因为此时的唐朝已经进入开元盛世,国力强盛,军队实力自然也随之增强。募兵制取代府兵制,军队实现职业化,训练的时间更长也更充分,战斗力显著增强。

吐蕃从剑南到陇右再到西域,所有的进攻几乎全都碰壁。

这让他们意识到从正面很难突破唐军的防线取得预期的战果。

于是，吐蕃退而求其次，采取迂回战术。他们很快找到了一个相对薄弱的突破点——勃律国。地处葱岭以西的勃律从西面连通安西四镇。从这里可以绕开唐军的正面防线，从西面攻入西域。

开元八年（720），吐蕃击败并占领了勃律国。部分勃律人迁徙到克什米尔西北建国称小勃律。留在当地受吐蕃控制的称大勃律。

开元十年（722），得陇望蜀的吐蕃又出兵小勃律，一口气连占九城并包围小勃律都城孽多。小勃律抵挡不住，向大唐北庭节度使张孝嵩求救。

一千多年后，统一日本的丰臣秀吉发兵侵略朝鲜，当时的明朝很快得出共识，关白之图朝鲜，其意在中国。关白是丰臣秀吉的官名。以怠政闻名的万历皇帝以惊人的效率迅速做出决策——出兵援朝。

小勃律之于西域，正如朝鲜之于明朝，唇亡齿寒，户破堂危，不得不救，必须去救。

这里有必要对北庭都护府做一个交代。

西域以天山为界划分为南北两个风格迥异的地区。

天山南北的差异从中原王朝入主西域伊始便已明晰。西汉时西域诸国，天山南麓的龟兹、焉耆等国分别处在天山与昆仑山环绕形成的冰川融水绿洲上，各个城邦国家依靠发展农业与商贸形成相对稳定的农商社会，而天山北麓的乌孙则是"与匈奴同俗，逐水草而居"，居住在与漠北草原相连的北疆大草原上，是相对纯粹的游牧部落聚集区。

这种情况到唐代依旧，南疆为以安西四镇为首的绿洲城邦朋友圈，而北疆向西延长至中亚两河流域的广阔草原则换成了以突厥十姓部落为主的游牧部落。唐朝对西域的控制更强于汉代。

自贞观时期,唐朝将西域纳入版图,便长期以天山南麓的高昌国旧都西州作为整个安西都护府的政治军事中心,同时统御天山南麓的安西四镇。

而天山北麓长期被西突厥十姓部落占据,唐朝对这些游牧部落只能进行羁縻统治,以防范、招抚为主。

随着吐蕃因噶尔家族内乱而暂缓对西域的军事行动,唐朝获得了整合北疆的好机会,在荡平依附吐蕃的西突厥势力后,加强对天山北麓的防御迫在眉睫。

长安二年(702),由于突骑施部落与西突厥本部关系恶化,武则天因势于庭州创立北庭都护府,以御史中丞解琬为第一任北庭都护,天山南北自此分野。

北庭都护府的任务主要是镇抚原西突厥各部,同时兼顾向南防御吐蕃。

在西域防御吐蕃的主要是归安西都护府指挥的驻守在安西四镇的唐军。

本来与吐蕃打交道的是南部的安西都护府,北部的北庭都护府很少有机会与吐蕃产生交集。但因为吐蕃军不走寻常路,本来不相及的两方,还是擦出了火花。

张孝嵩只说了一句,勃律,国之门户,不得不救。疏勒副使张思礼率兵四千紧急驰援,很快便杀到孽多城下。小勃律见援军赶到,开门出击与唐军里应外合,大破吐蕃。

吐蕃被迫撤兵,但他们是不会轻易死心的。不久之后,他们还会以另一种方式卷土重来。

吐蕃沿着唐朝的万里边防前线挨个试探,结果除了撞得满头包外,啥也没抢到。但庞大的需求与惨不忍睹的产能之间的巨大反差,迫使吐蕃不得不向外扩张。

相比辽阔但物产并不丰富的西域以及荒凉且山谷纵横的剑

南西部山区，他们更喜欢宜农宜牧的陇右。祁连山融化的雪水常年滋润着这片肥沃的土地，水草丰美的河西，既适合放牧也适宜耕种。

既然如此喜欢，为何还要舍近求远，去偏远的小勃律寻找机会。原因也很简单，陇右最好，却也是唐军驻兵最多，防守最严密的防区。

但经过反复权衡，吐蕃还是决定重新调整方向，还是要主攻陇右。进攻陇右，风险最大，但收益也最高。

开元十四年（726）冬，吐蕃大将悉诺逻恭禄从大斗拔谷（今祁连山扁都口）进兵，深入陇右，围攻甘州（今甘肃省张掖市），所过焚烧村庄，大掠边民。

此时坐镇陇右的是王君㚟，面对蜂拥而至的吐蕃大军，他选择避战不出。

时值隆冬，天降大雪，吐蕃军队围攻甘州不克，只能在周边大肆抢掠一番，便从积石军（今青海省贵德县）西撤。王君㚟开始行动了，他等的就是这个机会。

他派出的小分队在吐蕃回去的必经之路上到处放火焚烧牧草，确保吐蕃军回来的时候，能给他们一个"惊喜"。

等悉诺逻恭禄率军返回，途经大非川时，才发现草场被烧光。天寒地冻，战马吃不到草，死亡过半。王君㚟这时才率唐军主力袭击吐蕃后军。

此时吐蕃军大部已通过大非川，留在大非川以东的后军多是老弱伤员。王君㚟自然不会客气，吐蕃的后队被唐军围歼。用一句话形容悉诺逻恭禄此次陇右之行，那就是偷鸡不成蚀把米。

人家出门本来就是搞"创收"的，不占便宜就等于吃亏。更何况是真的亏了。吐蕃岂能善罢甘休。果然，转年悉诺逻恭禄就杀回来了。

这次他们是有备而来，很明显，他们吸取了上次的教训，准备得也更充分，这次他们选定的目标是瓜州。这里是河西唐军的补给仓库，囤积着大量军需，而且他们还知道上次令他们吃瘪的王君㚟的父亲就在城里，攻击这里肯定会吸引唐军前来救援，到时候来个围城打援，解决唐军主力。

吐蕃大军围攻瓜州，援兵却未出现。不久，吐蕃攻破瓜州，刺史田元献还有王君㚟的父亲双双被俘。吐蕃军先是将瓜州抢掠一空，然后放起一把大火焚毁瓜州城。嚣张是可以升级的，做完这些，悉诺逻恭禄还不满足，派人给王君㚟送去一封信，说你父亲如今在我手上，来瓜州跟我决战吧。

王君㚟何尝不想与吐蕃决战，怎奈他此时兵力有限，这时出去与敌人野战，正中敌人下怀。不但不能报仇，反而会造成更多的损失，给吐蕃以可乘之机。两害相权取其轻，王君㚟也只能选择固守待援，然而，这么做是极其痛苦的。王君㚟眼睁睁看着瓜州陷落，内心的痛楚可想而知。王君㚟"登城西望而泣"。吐蕃军焚毁瓜州，得知唐军援军将至，便带着战利品主动撤走。

吐蕃军退是退了，但并未走远。他们又派人去漠北，想联络后突厥夹攻唐朝。之前西突厥的几次叛乱也都是吐蕃从中挑唆。王君㚟得到消息准备在肃州（今甘肃省酒泉市）设伏，截击吐蕃，行进至甘州（今甘肃省张掖市）以南的巩笔驿，却突遭回纥突袭。王君㚟被杀，所部唐军全部战死。瓜州城破，王君㚟阵亡，河陇震动。

悉诺逻恭禄得胜回国被任命为吐蕃大相，一时甚是得意。但他也没得意多久。

唐朝为稳定河西局势急命萧嵩为河西节度使，接替兵败被杀的王君㚟。萧嵩到任后，以张守珪为瓜州刺史，着手重建瓜州城，安定人心。

萧嵩又行反间计，派人去吐蕃散布谣言，说吐蕃大相拥兵自重，意图谋反。转年，悉诺逻恭禄就被杀了。

悉诺逻恭禄虽然死了，但吐蕃的袭扰却未停止。于是，反间计之后，河陇战场上又上演了一场唐朝版的空城计。三国时那个是演义虚构的，是假的。但唐朝这版却是真实发生过的，是真的。

开元十六年（728），就在张守珪督促军民日夜赶工修复瓜州城时，却突然传来吐蕃大军逼近瓜州的消息。此时的瓜州到处是残垣断壁，一片狼藉，城墙还未砌好。消息传开，军民人心惶惶，张守珪连夜派人去搬救兵，但他也清楚，远水难救近火，略思片刻，他有主意了。

当吐蕃军来到瓜州城下时，他们看到的是这样一番场景，守将张守珪与众将士在残破不堪的城墙上饮酒作乐，猜拳行令，好不热闹，全然不把城外的吐蕃军放在眼里。

吐蕃将领也是见过大场面的，但这个场面却很少见，城上越是热闹，吐蕃军越是疑惑，不知唐军这葫芦里卖的什么药，一时摸不清唐军的虚实，也不敢轻举妄动。

就在此时，张守珪事先安排绕到吐蕃军队侧后的少量唐军鼓噪而来。吐蕃军以为中了唐军的埋伏，赶忙撤退。

张守珪也不想玩空城计退敌，这纯属急中生智，场面很大，全靠忽悠，好在运气好，成功把吐蕃军忽悠走了。

张守珪智退吐蕃后，率领士兵昼夜赶工疯狂砌墙，很快将瓜州城修复。毕竟，这个唐朝版的空城计多少还是有点儿冒险，也是危急时刻不得已而为之，只能骗一时，等对方回过味儿来，还是要攻城的。

瓜州城重建后，朝廷将瓜州升级为都督府，提拔守城有功的张守珪为瓜州都督。

趁着吐蕃的进攻被打退，唐军也抓住机会进行了一系列反攻。

河西节度使萧嵩联兵陇右节度使张忠亮大破吐蕃于渴波谷。张忠亮乘胜追击率军攻入龙羊峡，攻破大莫门城，烧毁吐蕃架在黄河上的骆驼桥。同年八月，左金吾将军杜宾客以强弩兵四千大破吐蕃于祁连城下，吐蕃大溃，败兵散入山谷，哭声震野。

吐蕃被唐军一连串的反击给打蒙了。他们还没从持续的打击中反应过来，更大的打击来了！他们在河陇的重要据点石堡城丢了！

唐军趁吐蕃被打得晕头转向，以轻兵长途奔袭，夺回石堡城。

石堡城，这座山城在未来数十年里被双方反复争夺，两军围绕石堡城展开了极其漫长又极其惨烈的拉锯战。此后的二十多年间，唐蕃双方为争夺石堡城发生的大战就有八次之多。石堡城是旷日持久、残酷激烈的唐蕃战争的见证。

吐蕃获得河西九曲之地后，以石堡城为基地，频频出兵袭扰河西沿边州县。每到河西麦熟之际，吐蕃必来抢粮，令河西军民不胜其扰。于是，唐玄宗决心夺回石堡城。

开元十七年（729）三月，唐玄宗命李祎与河西、陇右众将共议攻城之事。大家的认识比较一致，石堡城不好打："此城占据险要，且素为吐蕃所重，敌必全力据守，如战不胜，必遭败绩。"大家的意见也比较一致，主张"按兵不动，等待时机"。但李祎认为，石堡城位置十分重要，必须夺回，而且吐蕃深知石堡城地势险要，守备未必森严。唐军如全军来攻，吐蕃势必严守。若敌军有了充分准备，加上石堡城地形险要，易守难攻，强攻确实很难攻克，所以，要想顺利只有趁其不备，以突然袭击的方式，长途奔袭，出其不意，速战速决，取得胜利。

经过反复推演，李祎决定采取远程奔袭战术。全军轻装急进昼夜兼程奔袭石堡城。

吐蕃守军果然措手不及,唐军顺利攻克石堡城,缴获大批粮储器械。

夺取石堡城后,李祎留兵戍守。吐蕃军失去石堡城,再也不能像之前那么随心所欲,行动自如,随时都可以来一场说走就走的打劫了。唐玄宗收到捷报龙颜大悦,当即下令改石堡城为振武军。由此,唐朝河西、陇右两大战区连成一片,拓境千里。

唐军接连获胜。唐朝在河陇重新夺回战略优势,不仅将李旦赠送的河西九曲之地北部夺回,为河西、陇右诸州保留了缓冲区,更使整个河西、陇右的战略态势得到根本好转。

果然,吐蕃又撑不住了,派人来长安请和。吐蕃赞普赤德祖赞亲自致书给唐玄宗李隆基,自称外甥,表示此前两国的边境纠纷多是边将自作主张擅自兴兵。至于他本人则并不知情,请求唐朝看在唐蕃一家的情谊上,休战罢兵。

开元二十一年(733),唐蕃双方再次约定以赤岭为界,在甘松岭及赤岭重开互市。

可是到了开元二十五年(737),唐朝与吐蕃因小勃律再次爆发战争。

吐蕃与唐朝讲和却并未停止在西部的扩张,又派兵进攻小勃律,战事再起。

小勃律是唐朝的属国。被吐蕃围攻的小勃律,情急之下,向大唐求援。唐玄宗令吐蕃立即停止对勃律国的进攻。兵临城下的吐蕃军岂肯放过到嘴的肥肉,小勃律最终被吐蕃攻破。

唐玄宗大怒。正巧这时,河西节度使崔希逸的部将孙诲前往长安汇报。当孙诲听到唐玄宗正因吐蕃攻打小勃律而大发雷霆时,他觉得这是难得的立功机会,便上奏唐玄宗,说现在吐蕃边境空虚,可以攻其不备,出其不意,必获全胜。

唐玄宗遂下令拆毁赤岭界碑,命河西节度使崔希逸带兵出击吐蕃。崔希逸率众从凉州出征深入吐蕃两千余里,于青海西重创吐蕃,乞力徐只身逃走。

唐玄宗得到捷报,龙心大悦,为庆祝胜利,特命王维作为使者,出塞劳军。

王维的名篇《使至塞上》便是此时所作:

> 单车欲问边,属国过居延。
> 征蓬出汉塞,归雁入胡天。
> 大漠孤烟直,长河落日圆。
> 萧关逢候骑,都护在燕然。

第二年(738)三月,吐蕃出兵侵扰河西。崔希逸率军还击,再次挫败吐蕃的进攻。

此时唐朝边军由募兵制全面替代府兵制。随着军队职业化而来的,是唐军战斗力的直线上升。

好的军队也要有好的将领统帅才能成为真正的强军。而名将也应时而出,他就是盛唐大帅王忠嗣。

很多人听到这个名字也许会感到很陌生,那哥舒翰、李光弼,总听说过吧。这两位将军就不用多做介绍了,早已是家喻户晓,妇孺皆知。而哥舒翰、李光弼当年都是王忠嗣的部下。他们都是王忠嗣提拔起来的。王忠嗣在军中的地位有多高不言自明!盛唐将星璀璨,名将辈出,而其中最耀眼的那颗就是王忠嗣。

进不求名退不避罪——国之干城王忠嗣

开元二年（714）的渭州武街驿大捷是一场振奋人心的大胜。捷报传来，举国欢喜，但一个年仅九岁的孩子却悲伤不已，号啕痛哭，这个孩子叫王训，在这场战役中战死的先锋大将王海宾是他的父亲。

父亲为国捐躯，烈士遗孤王训受到唐玄宗接见时"伏地号泣"，唐玄宗也为之动容说："此去病孤也，须壮而将之。"

唐玄宗李隆基以王训乃"忠臣子嗣"赐名忠嗣，将他留在皇宫。年幼的王训有了新名字——王忠嗣。很快，王忠嗣在宫中就多了一个玩伴——当时的忠王、未来的太子李亨。两人从小玩到大，朝夕相处，感情极深。

时光流逝，岁月匆匆。不知不觉间，两个翩翩少年已经长大成人。

成年后的王忠嗣表现出远超同龄人的成熟稳重，平时言语不多，却腹有良谋。

仔细观察就会发现，那些平时沉默寡言的人，往往都是真正厉害的人，他们不善表达，而是将精力都用来精进事业。这类人平时不引人注意，却常常能在关键时刻，发挥决定作用。不鸣则已，一鸣惊人！

反倒是那些平时夸夸其谈的人，看似口若悬河，却没有真才实学，事到临头，不是顾左右而言他，就是逃得不知所终。

熟读兵书，通晓战策，身负国仇家恨的王忠嗣渴望建功沙场，为父报仇，为国雪恨。

唐玄宗也开始注意王忠嗣，经常与之探讨军事。而唐玄宗在听过王忠嗣关于边疆时局的分析后也时常发出感叹，对王忠嗣说，你日后必为良将。

王忠嗣步入仕途后被外放担任代州别驾，"数以轻骑出塞"。王忠嗣经常只带着很少的人就敢深入敌境，遇到敌人就扑上去猛冲猛打，很快就在边疆打出名气。王忠嗣很享受这种生活，但他的小伙伴忠王李亨听到他的那些事迹，却心惊肉跳、坐卧不安，为他这位好兄弟担心。战场上刀剑可不长眼，总这么干，早晚要出事儿的，于是向唐玄宗进言："忠嗣敢斗，恐亡之。"于是不久之后，刚刚年满二十岁的王忠嗣被朝廷召回，担任未央卫尉。王忠嗣从苦寒萧瑟的战场又回到了繁华富庶的长安城。

开元十八年（730），唐玄宗追赠王忠嗣的父亲王海宾为安西大都护。不久，王忠嗣再次得到外放的机会，先后跟过河西节度使、兵部尚书萧嵩，河东副元帅、信安王李祎。

他们都想重用王忠嗣，但唐玄宗"以其年少，有复雠志，诏不得特将"。皇帝也觉得王忠嗣年纪还轻，报仇心切，经验不足，担心他有失，特意下诏不许让其单独带兵出战。

唐玄宗知道王忠嗣是不可多得的将才，是个好苗子，但正因为如此，更要小心呵护，不能出闪失。既要历练，也要保护。因为皇帝的最高指示，王忠嗣在军中被"雪藏"三年。

开元二十一年（733），河西节度使萧嵩要回长安述职。王忠嗣说："从公三年，无以归报天子，乃请精锐数百袭虏。"萧嵩感觉这小伙子这么有干劲儿，自己却奉上级的指示，"压制"了人家整整三年，也感觉过意不去，就答应了他的请求。

但如果萧嵩知道王忠嗣随后的举动，估计就是打死他，他也不会批准王忠嗣的求战请求。王忠嗣的胆子是真大,他只带了七百弩兵就奔着吐蕃去了。

当时,吐蕃赞普正在郁标川阅兵。王忠嗣只带数百精锐"候月乘风,卷旗鞭马,精兵七百弩,便孤军深入郁标川"。等他们进去才发现,这是吐蕃的大部队。刚进来的时候很兴奋,等看到长槊林立、战马云集、旌旗招展、人山人海的大场面时,大家很快都变得理性了。

很多部下主张好汉不吃眼前亏,趁敌人还未发现,赶紧撤,还来得及,但王忠嗣丝毫没有撤退的意思。别人看到的是危机,他看到的却是战机。

王忠嗣很清醒,这时候即使后撤,也很难全身而退。一旦暴露,必遭追杀。这数百人很快就会被敌人吞噬。与其如此,不如全力一搏,险中求胜。

人少有人少的好处,那就是目标小。趁此时尚未暴露,趁敌人没有防备,突然发起攻击,打敌人一个措手不及,得手后迅速撤退。这是最好的方案。

胜负生死只在主将一念之间,王忠嗣迅速做出了正确的选择。

王忠嗣令旗一挥,全军出击!数百大唐男儿旋风般杀进敌阵,瞬间就搅乱了吐蕃军的阵型。

唐军的突然出现,雷霆攻击,完全出乎吐蕃的预料。

自大非川、青海之战,唐军便很少深入作战,通常都是吐蕃攻唐军守。薛讷大败吐蕃后,唐军打出了信心,开始积极主动出击,但也仅限于沿边地带,很少深入吐蕃控制的纵深区域,长久以来,吐蕃军在他们的驻地都很有安全感,自然也很少做防备。

王忠嗣抓住敌人防御松懈的机会,给吐蕃以痛击。

数百唐军杀敌数千,主动出击,以少胜多,以少量精锐击溃吐蕃军主力，这是唐军开战以来从未有过的胜利。

损兵数千对实力正处于巅峰的吐蕃来说不算很大的损失，但对吐蕃士气的打击是沉重的。

用一句网络流行语讲就是，伤害性不大，但侮辱性极强。

王忠嗣以七百精锐突袭郁标川，深入敢战之气概，简直就是唐朝的霍去病。两人身上有很多相似的地方，都是自幼长在宫中，都深受皇帝喜爱器重，都有勇气胆略，都敢轻兵深入，还都怎么打怎么赢。

青年时代的王忠嗣的确很像当年的霍去病。但这种相似也仅限于青年，事实上，步入中年的王忠嗣更像卫青。但此时谁也想不到，王忠嗣得到的却是周亚夫的结局。

萧嵩向朝廷奏报王忠嗣的战功，本就对其寄予厚望的唐玄宗立即兑现奖励，晋升王忠嗣为河西讨击副使、左威卫将军。

但不久之后，王忠嗣被人构陷，被贬官。不过这只是他人生中的一个小插曲，王忠嗣很快得到新任河西节度使杜希望的赏识。

前线正在打仗，正是用人之际。千军易得，一将难求。王忠嗣在郁标川初露锋芒，已经引起西部唐军上层的注意。因为他实在过于耀眼，想隐藏也隐藏不住。当然，他也不想隐藏。他的父亲就是死于与吐蕃的战争，这些年来，他做梦都想上战场斩将杀敌报杀父之仇。他靠自己的努力迎来了机会。

开元二十六年（738），河陇战火重燃，唐军准备攻取吐蕃占据的新城。

杜希望上书朝廷向皇帝要人，而且点名要王忠嗣，"忠嗣之材足以辑事，必欲取胜，非其人不可"。朝廷的批复很快下来"诏追忠嗣赴河西"，王忠嗣没有让那些对他寄予希望的人失望，顺利攻下新城。王忠嗣也以军功授左威卫郎将。

吐蕃军自然不会善罢甘休，很快就集结主力又打回来，双方为争夺一城一地反复拉锯的情形在河西、陇右重复上演,两军都已习惯这种攻守模式。

但这次吐蕃仗着人多,又玩出新花样,他们直接顶着唐军的营门列阵,堵着门摆战场,这是名副其实的打到家门口了。

吐蕃人够狠,可他们想不到的是,他们遇上了更狠的王忠嗣。

王忠嗣率所部先锋骑兵策马而前直冲敌阵,左右驰突,当者无不辟易,出而复合,冲乱敌阵还不算,还要反复循环,往来冲杀,连杀数百人,将吐蕃大军杀得七零八落。被冲垮的不只是阵型,吐蕃军在王忠嗣所部的反复冲击下,心态也随之崩溃。唐军主力随后发起冲锋。吐蕃军土崩瓦解,大败溃走。

如果说上次是靠偷袭取胜,这次可是正面对攻,在野战中杀败敌人。

王忠嗣被"诏拜左羽林军上将军、河东节度副使,兼大同军使"。开元二十九年(741),王忠嗣升任朔方节度使。

十年间,王忠嗣从一名普通边将靠自己的努力,凭战功跻身于高级将领行列,成为手握重兵、坐镇一方的节度使,镇边大将。

朔方节度使"统经略、丰安、定远三军,三受降城,安北、单于二都护府,灵、夏、丰三州,大营设于灵州,统兵六万四千"。此时的王忠嗣也不过才三十多岁。

在朔方,王忠嗣的新对手是武则天时坐大的后突厥汗国以及奚族、契丹。后突厥于永淳二年(683)"复国",初期,仅有数千之众,但通过招募突厥流散各部以及抄掠九姓铁勒,其势力复兴了起来。武则天掌权时,后突厥连年犯边,实力不断扩充,一度达到东西万余里,控弦四十万。

唐玄宗继位后,后突厥连年内乱,与唐时好时叛。奚与契丹也是武则天时闹起来的,唐玄宗在北方沿边先后设立河东、范阳、平卢三镇节度,主要就是对付他们的。

朔方镇主要是对付后突厥的,但也要时常分出兵力"关照"奚与契丹。

天宝元年(742),王忠嗣率朔方军出击河东,征讨奚族怒皆部。他们刚刚击败了唐将赵承先部,其军"只轮不返"。

但朔方军是百战精锐,王忠嗣更是可遇不可求的良将,朔方军与奚兵大战于桑乾河,三战三胜,"大获全胜,唐军耀兵漠北",胜利而归。

朔方军刚刚回到驻地,后突厥又发生内乱,拔悉密、回纥、葛逻禄三部联合攻杀骨咄叶护,判阙特勤之子被立为乌苏米施可汗。

唐玄宗遣使要乌苏米施可汗内附,但他没有理会。于是王忠嗣率朔方军"盛兵碛口以威振之",乌苏米施可汗惧而请降,却又迁延不至。

王忠嗣"纵反间于拔悉密与葛逻禄、回纥三部落,攻米施可汗走之",朔方唐军趁机出兵"取其右厢而归,其西叶护及毗伽可敦率其部落千余帐入朝"。

当年九月,唐玄宗在花萼楼设宴款待来归的后突厥各部首领,王忠嗣也因功拜左武卫大将军。

天宝三年(744),后突厥乌苏米施可汗被拔悉密部攻杀,其余众再立鹘陇匐白眉特勤继位,是为白眉可汗。后突厥大乱,朔方节度使王忠嗣再度出兵,破后突厥左厢阿波达干等十一部。

又过了两年,回纥部骨力裴罗击杀后突厥白眉可汗,将其首级送往长安。随后毗伽可汗妻骨咄禄婆匐可敦率众归唐,后突厥亡。

王忠嗣率军横扫漠北之际,西北战场,唐朝与吐蕃围绕石堡城的争夺战也已趋白热化,双方不惜代价,反复拼杀。

开元二十九年(741)冬,吐蕃调集大军攻下石堡城。

天宝元年（742），盖嘉运因石堡城的失陷被撤职，改由皇甫惟明出任陇右节度使，王倕出任河西节度使。

石堡城丢失之后，唐军明显加强了对吐蕃的进攻。

陇右节度使皇甫惟明积极出击，先是击败吐蕃的大岭军，后又大破吐蕃青海道莽布支军，歼敌五千。

河西节度使王倕也不甘示弱，连续攻破吐蕃的渔海、游弈等处大营。

天宝元年（742）冬，吐蕃大军进犯陇右，皇甫惟明率军迎击，大获全胜。不久，吐蕃大将莽布支再率三万余人来犯，唐军先锋骑将王难得率先出阵，与吐蕃赞普之子琅支都交锋，琅支都被王难得枪挑于马下，吐蕃军阵脚大乱。皇甫惟明指挥唐军乘势掩杀，斩杀吐蕃数万人。

经过战场侦察，皇甫惟明发现吐蕃军每次进犯陇右，都以洪济城（今青海省贵德县西）为前哨阵地，遂决心拔掉这个据点。

天宝二年（743）四月，皇甫惟明亲自率军自西平郡出发，长途奔袭，推进千余里，向洪济城的吐蕃军发起突然进攻。由于唐军出其不意，顺利占领洪济城。

尽管接连取胜，但石堡城还在吐蕃手里，而在唐玄宗看来，石堡城是必须夺回的。之前的多少胜仗也不抵一个石堡城。

天宝五年（746）正月，陇右节度使皇甫惟明进攻石堡城受挫被免。唐玄宗李隆基决定由在北线战场表现出色的王忠嗣担任河西、陇右节度使，而此时的王忠嗣还兼任着朔方、河东两镇节度使。如此一来，王忠嗣一人便总统四镇，而且是兵力雄厚、地位举足轻重的四镇。这在唐朝是前所未有的。

而唐朝总共只有十镇，除去一个凑数的没有存在感的岭南镇，实际只有九镇。这九镇从西北到东北一线排开，这其中王忠嗣一人就负责四镇。王忠嗣在唐军中的分量与地位由此可见。

史载，忠嗣佩四将印，控制万里，劲兵重镇，皆归掌握，自国初以来，未之有也。

王忠嗣是不可多得的帅才，善于指挥大兵团作战，而且能攻能守。别的将军有的善攻，有的能守。只有他既会攻也会守，攻守兼备。

王忠嗣利用兼任四镇节度的权力，在从敦煌至阴山的数千里防线上大量修筑工事，构成严密的烽燧堡垒预警防御体系，南并阴山，北临大荒，联烽接守，乘高扼要。自朔方至于云中，缘边数千里，当要害地开拓旧城，或自创制，斥地各数百里。

此即先为不可胜以待敌之可胜！

防守滴水不漏，进攻锐不可当。

王忠嗣不仅会砌墙修堡垒，还擅长指挥骑兵作战。训练骑兵就得有战马，唐朝的战马产地主要集中在河西、陇右。王忠嗣当时驻守的河东战马不多。不过，他有办法，从北方游牧部落那里买。为了买到好马，他开的价比市场价要高出很多。远近部落听说这边能卖高价，纷纷抢着来卖。王忠嗣趁机大肆收购，得到大批战马。

王忠嗣从朔方带来九千匹军马到陇右，西北唐军实力随之大增。王忠嗣遂集中优势兵力主动发起对吐蕃的青海湖会战，一战即大破吐蕃北线主力。接着，他又率军乘胜追击，在积石会战中再次大败吐蕃，俘虏八千依附吐蕃的吐谷浑士兵。

吐蕃在河西、陇右沿线的堡垒被唐军摧毁殆尽。吐蕃军死伤数万人，两个王子战死。此战之后，唐朝完全占据主动，吐蕃被迫由战略进攻转为战略防御，其对河西地带的威胁基本解除。

王忠嗣治军严整，"训练士马，缺则补之"；凡出战"即各召本将付其兵器，令给士卒，虽一弓一箭，必书其名姓于上以记之，军罢却纳，若遗失，即验其名罪之"。

军纪严明的军队才有战斗力。募兵制取代府兵制提升了兵源素质，而此时又是唐朝的开元盛世，有雄厚的国力做支撑，再加上王忠嗣这种优秀的统帅。此时的唐军是整个二百年唐蕃战争中最强大的。

九边重镇里面也是有侧重的，相比西北的强敌吐蕃，本就很弱又连遭打击的契丹对东北的威胁在开元时期几乎可以忽略不计。军队的战斗力跟战场强度是成正比的，而西北是战斗最激烈的地方，相应的西北唐军的战斗力在全国军队里也是最强的。

王忠嗣在河西、陇右大破吐蕃军后，一个必须面对的堡垒——石堡城横在他的面前。石堡城，王忠嗣必须面对的坚城堡垒。

王忠嗣的两位前任，盖嘉运因丢失石堡城被撤职，皇甫惟明因反攻石堡城失利被免职。皇帝将沿边九镇中的四镇交给他守卫，将占全国近乎半数的野战部队精锐交给他统领，足以说明对他是寄予厚望的。

看看两位前任的遭遇，再想想皇帝对自己战区的投入，皇帝的期望是很明确的，那就是夺回石堡城。

唐玄宗李隆基为此专门询问王忠嗣如何攻打石堡城，王忠嗣的答复是：

石堡险固，吐蕃举国而守之。若顿兵坚城之下，必死者数万，然后事可图也。臣恐所得不如所失，请休兵秣马，观衅而取之，计之上者。

王忠嗣认为石堡城地势险峻，易守难攻。吐蕃也会集中兵力固守。强攻虽然能够打下来，但必然要付出巨大的代价，得不偿失，不如休整兵马，等待合适的机会，再打不迟。

王忠嗣作为统兵的将帅，他完全是从军事角度去看石堡城这个问题的，他算的是军事账。但军事是政治的延续，身为官场中人，也要学会从政治角度考虑问题，特别是对手握重兵的大将，这点尤其重要。

作为一名优秀的职业军人，从军事角度出发去看问题当然是对的，但你的上级不是军人，他是最高当权者。他既要考虑军事更要考虑政治。你要与他保持同步，他才对你满意，对你放心。你也才能真正作为军事统帅去执行你的军事部署意图。

从王忠嗣的两位前任的下场看，唐玄宗显然已经失去了耐心，对石堡城志在必得。

唐玄宗问得也很明确，他问的是怎么打，而不是打不打、要不要打。王忠嗣的回答是答非所问。从后来唐玄宗的反应来看，显然，他对王忠嗣的回答很生气也很失望。

以王忠嗣的聪明，他不是不清楚皇帝的想法，也不是不明白他这么做的后果。但他依然选择这么做。这说明王忠嗣将军是一名真正的军人，以国家利益为重，不在乎个人的荣辱得失。他不愿意以士兵的巨大伤亡博得皇帝的赏识去赢得一场惨胜。

此时深得王忠嗣器重的部将李光弼劝说王忠嗣，不要违逆皇帝，还是出兵为好。

王忠嗣对李光弼说："今争一城，得之未制于敌，不得之未害于国，忠嗣岂以数万人之命易一官哉？"

王忠嗣说，我们夺过石堡城也不会对吐蕃形成压制，暂时丢失也不会对战局有大的影响。我不会为保住自己的官位去让弟兄们白白牺牲。李光弼听了也深受感动，更加敬重将军。

但问题是，唐玄宗对王忠嗣已经失去耐心，对王忠嗣不执行他的决策极为恼怒。

石堡城极为重要，否则唐朝和吐蕃都不傻，为何要在此地投入重兵反复争夺？

王忠嗣认为石堡城是很重要，但也不是非夺不可，不夺石堡城，他照样可以压制吐蕃，自信源于他的实力。此时的唐军在他的率领下完全有实力与吐蕃军野战，并能够在野战中击败敌人。因此，王忠嗣才不急于攻取石堡城。

王忠嗣有把握在野战中歼敌。吐蕃敢来，我消灭你就是了。我还不用损失很多人。既然如此，也就没必要用士兵的宝贵生命去攻坚城。

这时，那个以"口蜜腹剑"闻名的奸臣李林甫下手了。这是个出了名的坏人，专干损人利己的事情。他与王忠嗣正好相反，他的所作所为，完全从他的个人利益出发。至于国家大计，他从来不会去想，这号人当权，国家不出事才怪，但李隆基偏偏信任他。只能说，这时的李隆基早已不是那个锐意进取充满朝气的皇帝了。

因为唐朝是文武并举，在外有功的镇边大将归朝往往能够成为宰相，出将入相。而这是李林甫非常担心的，他十分享受专权带来的风光。他更担忧这些将军归朝后对自己的地位构成威胁。他不能容忍别人与他分享权力，因此他竭力促成边镇以胡人为将，对潜在的可能的威胁者，就用尽各种办法陷害贬黜。

开元后期，各大边镇几乎清一色胡人统帅的局面的形成便有李林甫的"功劳"，也可以说李林甫凭借一己之力促成了安史之乱。

这么一位祸国殃民的人居然当了十九年的宰相，这是李林甫个人的幸运，却是整个国家的不幸。李林甫的存在是许多悲剧的根源。

为了专权他决定坑害王忠嗣，因为相同的原因，他不久还会给另一个人挖坑，是的，这个人就是安禄山。不管好人坏人，只要能对他构成威胁的，他都要迫害。他爬到宰相的位置，只想享受地位带来的权力，却不想承担相应的职责，平日里的主要工作就是给人挖坑，而且是长年累月地挖，他挖的坑比别人的更深，这还不算，坑里还有水，水底还有钉，掉进去就别想出来。

因为坑过的人实在过多,尽管他平日里对人总是一脸人畜无害的笑容,但大家都知道他的为人,这才有"口蜜腹剑"之说,这是多少经验教训的总结提炼才得出来的。

而佩四镇将印的王忠嗣自然被李林甫视为最大的威胁。以李林甫的为人自然要给将军挖坑。这时,因为对是否夺取石堡城,唐玄宗与王忠嗣君臣二人的矛盾越来越大。李林甫趁机陷害王忠嗣。

李林甫没有直接拿石堡城说事儿,而是利用唐玄宗对王忠嗣的不满心理,摸准了皇帝极为忌讳的边镇大将与皇子亲近的政治红线。而王忠嗣与太子的关系,大家都知道,两人从小一起长大,关系极其亲密。李林甫甚至不需多说,只要不经意地提醒就能触动李隆基那敏感的神经。

对王忠嗣抗令的不满加上对太子势力坐大的担心,唐玄宗终于下定决心撤换王忠嗣,征其入朝,令三司推讯之,几陷极刑。

由于王忠嗣平时对部下极好,因此由其提拔深受其器重又极重情义的部下哥舒翰拼死为老长官求情。

在面见唐玄宗时,哥舒翰"叩头随之而前,言词慷慨,声泪俱下",甚至不惜"请以己官爵赎罪"请求赦免王忠嗣。唐玄宗这才怒气稍解,同意放过王忠嗣。

天宝六年(747),王忠嗣被贬为汉阳太守,第二年又任汉东太守。天宝八年(749),王忠嗣在任上暴病而亡。六年后,安史之乱爆发,而王忠嗣生前曾向皇帝多次提醒过安禄山已有反心,但皇帝已经彻底昏聩听不进去了。

如果王将军不死,可能就不会有安史之乱,因为安禄山只怕两个人,一个是"口蜜腹剑"的李林甫,还有一个就是以身许国的王忠嗣。相比之下,安禄山对后者更为畏惧。

安禄山造反时手握三镇兵权,但他实际能指挥的只有两镇,而王忠嗣可以指挥的有四镇。而且鲜有战事的东北边军的战斗力也远远不如常年在河陇前线与吐蕃野战的西北边军。所以，这个说法是有道理的。

唐玄宗迫害王忠嗣是自毁长城。

安史之乱爆发，唐玄宗不敢去西北，因为那里多是王忠嗣的部下，而王忠嗣是太子的人。李亨去西北就是因为那里都是自己的嫡系。

唐朝吐蕃西域之战

浪子回头——大器晚成哥舒翰

> 北斗七星高，哥舒夜带刀。
> 至今窥牧马，不敢过临洮。

这首至今读来仍令人荡气回肠、血脉偾张的唐诗《哥舒歌》，写的就是唐朝玄宗朝的名将哥舒翰。

盛唐的两位诗歌泰斗李白、杜甫都为他写过诗。这份殊荣，古今罕有。

李白的诗：

> 丈夫立身有如此，一呼三军皆披靡。
> 卫青漫作大将军，白起真成一竖子。

"诗仙"将哥舒翰吹得连卫青、白起与哥舒翰相比都不值一提了。

杜甫的诗：

> 今代麒麟阁，何人第一功。
> 君王自神武，驾驭必英雄。

> 开府当朝杰，论兵迈古风。
> 先锋百胜在，略地两隅空。

"诗圣"也盛赞哥舒翰在当时堪当首功。

能同时得到"诗仙""诗圣"的青睐，已经足以说明哥舒翰当时的人气有多旺。

但他们赞的都是四十岁之后的哥舒翰，因为四十岁之前的哥舒翰过的完全是另一种不同的人生。

哥舒翰出身西突厥十姓部落之一的突骑施部。父亲哥舒道元曾任安西副都护，母亲尉迟氏是于阗公主。这样的出身使哥舒翰从小衣食无忧，只是挂个果毅校尉的头衔，整日东游西逛，呼朋引伴，宴饮欢歌，过得那叫一个逍遥快活。这时的哥舒翰，是一个典型的纨绔子弟。

也许在旁人看来，他是在虚掷光阴，蹉跎岁月。然而当事人哥舒翰可并不这么觉得，至少在当时，他过得真的很快乐。

虽然哥舒翰喜欢吃喝玩乐，但他也有他的优点，那就是性格豪迈，行侠仗义。

哥舒翰四十岁那年，他的快乐生活结束了。他的老爹去世了。哥舒翰知道，他必须干点儿正事了。哥舒翰去了长安。在长安，初入社会的哥舒翰被上了人生的第一课，受到一个长安八品县尉的羞辱。具体的过程已经不得而知，但效果却不同凡响。

四十岁的哥舒翰开始发奋，"慨然发愤折节，仗剑之河西"，背着宝剑，去河西参军了。

在河西，哥舒翰遇到了他的伯乐，他生命中的贵人，盛唐第一名将王忠嗣。从此，哥舒翰便在王忠嗣帐下开始了自己辉煌的人生。

在与吐蕃对攻的苦拔海战役中，哥舒翰将他的勇悍表现得淋漓尽致。吐蕃军分成三个梯队,从山上依次排山倒海般直冲而下。哥舒翰所部唐军面对如此场景,丝毫不惧,迎着敌人来的方向冲过去,与吐蕃骑兵展开殊死肉搏。

混战中,哥舒翰的长枪折断,他就提着半截枪迎战,抢着只剩半截的枪与敌人绞杀在一起。唐军将士被哥舒翰悍不畏死的勇猛豪气震撼,主将都这么玩命,士兵们也被带动起来,拼命冲杀。敌人狠,你必须比他更狠,战场上就是要跟敌人斗狠。战争其实打的就是勇气。狭路相逢勇者胜。

哥舒翰有一个叫左车的家奴,孔武有力,每次战斗都紧跟在主人身后。哥舒翰善使长枪,只要哥舒翰在前面挑落敌人,左车便紧随其后,冲上去砍杀。战场上,主仆二人犹如一对恶煞附体,一挑一杀,配合默契。连向来彪悍的吐蕃人也看得目瞪口呆。

哥舒翰率将士连续击破三队吐蕃军的冲锋,血染战袍。战斗中,他始终冲在前。他的勇敢也激励起全军的士气!唐军在哥舒翰的带领下以硬对硬,以狠对狠,猛冲猛打,所向披靡。苦拔海一战,杀得吐蕃人人胆寒,哥舒翰也凭此战声名大振。战后,哥舒翰以战功升任河源军使。

当时,河西、陇右各军为保证军粮供应都在驻地屯田,一来可以给朝廷节省钱粮,二来也能自给自足。可是,大唐军民种的麦子经常被抢。每到秋天麦熟之际,吐蕃的抢粮队就会"准时"出动,这些抢粮的多是吐蕃的精锐骑兵。以往唐军的战马不多,野战实力也不强,打不过人家。只能固守堡垒,眼睁睁看着吐蕃军将自己辛辛苦苦种的麦子抢走。这种情况已经持续多年,以至于有人将积石军的麦田戏称为"吐蕃麦庄"。

哥舒翰就任河源军使后,决心改变这种状况,不能再让吐蕃人占便宜吃白食,必须教训教训这些吐蕃抢粮队。为保证将其一网打尽,哥舒翰做了精心部署,派出部将王难得等率兵马到东南山谷埋伏。

麦子熟了。吐蕃果然按"老规矩"派出五千骑兵来抢粮。按往常的经验,以往抢麦,唐军都在城中不敢出战。时间一久,吐蕃习以为常,这次到了积石军的屯田后,还按老习惯放马脱甲,进田割麦。

哥舒翰等的就是这个机会。趁吐蕃军防备松懈,他亲率精兵从城中突然杀出。吐蕃军猝不及防,唐军却是有备而来,等你们很久了,还想白拿,这次可不会便宜你们。一场混战,吐蕃军死伤过半,大败而逃,当逃至东南山谷时,又遇上王难得的伏兵,吐蕃军被包了饺子,一个也没跑出来。有了这次教训,吐蕃很长时间都不敢来抢粮了。

天宝六年(747),哥舒翰升任陇右节度使。

哥舒翰在战场的表现很出色,但其实他的三位前辈也很不差。他们的地位都是凭战功打出来的,从盖嘉运到皇甫惟明再到王忠嗣,三人全部担任河西节度使兼陇右节度使,就足以证明这一点。

唐朝设立节度使就是为了应对西北日益激烈的边疆战事,最早设节度使的正是直面吐蕃威胁的河西、陇右。

唐朝在天宝年间一共设置九个节度使和一个岭南经略史,统称天宝十节度。

唐朝在西域先后设立安西节度使和北庭节度使。

安西节度使,统辖龟兹、焉耆、于阗、疏勒四镇,统兵两万。

北庭节度使,统辖瀚海军、天山军、伊吾军,统兵两万。

西北的陇右道是唐朝与吐蕃作战的主战场,朝廷在这里专门设立了河西和陇右两大节度使。

河西节度使,统辖赤水军、大斗军、建康军、宁寇军、玉门军、墨离军、豆卢军、新泉军、张掖守捉、交城守捉、白亭守捉，统兵七万三千。

陇右节度使，统辖临洮军、河源军、白水军、安人军、振武军、威戎军、莫门军、宁塞军、积石军、镇西军、绥和守捉、合川守捉、平夷守捉，统兵七万五千。

为了统一指挥，河西和陇右节度使经常由一人担任，指挥将近十五万募兵，专门负责与吐蕃作战。

两大节度使所辖十余万唐军，防区遍及河西走廊和青海东部。

在西北设立河西、陇右两个对付吐蕃的藩镇外，在这一方向还有针对后突厥的朔方镇。

朔方节度使，统辖经略军、丰安军、定远军、东受降城、中受降城、西受降城、安北都护府、单于都护府，统兵六万四千。

河西、陇右、朔方三镇的防区是唐朝战事最为激烈的西北战区，面对的吐蕃以及后突厥都是实力强劲的对手。因此，唐朝在这一方向的兵力配置也最为雄厚。

唐朝十节度统辖五十万边军，三镇边军即有二十万之众。这里的战事也是整个唐朝最激烈的，相应的，经过战火历练的西北三镇唐军也是当时最为精锐的野战军，堪称帝国擎天柱。西北三镇对朝廷也是十分忠心的。三镇是抗击吐蕃的主力军，未来也是平定安史之乱的主力部队。

与吐蕃的战争，河西陇右是主战场，还有两大分战场，一是西域，还有一个是剑南。

针对吐蕃的袭扰，唐朝也加强了在四川西部的防御。

开元七年（719），唐朝在四川设剑南节度使，统辖团结营、天宝军、平戎军、昆明军、宁远军、澄川守捉、南江军及维州、松州等州郡兵，统兵三万。

唐玄宗改元天宝后，改幽州节度使为范阳节度使，并分出一个平卢节度使。

范阳节度使,统辖经略军、静塞军、威武军、清夷军、横海军、高阳军、唐兴军、恒阳军、北平军,统兵九万。

平卢节度使,统辖平卢军、卢龙军、榆关守捉、安东都护府,统兵三万七千。

唐朝最精锐的部队是边军,而边军几乎都集中在北方。以兵力而言,主要集中在西北与东北两个方向,即以河西、陇右两镇为骨干的西北军团,以范阳、平卢为主力的东北军团。

沿边九镇都很重要,西北与东北这四镇尤其重要,值得注意的是,为便于协同指挥,陇右、河西两镇节度使常由一人兼任。范阳、平卢亦如是,平卢甚至是直接从范阳分出来的。河西、陇右,范阳、平卢,虽名为两镇,但因为长期接受统一指挥,实则是一个军团。

西北与东北两大边防军团兵力都占到整个边军的三分之一。这两大兵团的兵力加起来几乎占到整个边军的三分之二。

在安史之乱爆发前,兼任河西、陇右两镇节度使的是哥舒翰。兼任范阳、平卢两镇节度使的是安禄山。

不久之后的安史之乱,叛乱的是东北军团,而负责平乱的则是西北军团。因为当时有实力与东北军团对抗的也只有西北军团。当然,那个时候的西北军团还要算上朔方镇。安史之乱究其实质而言,是西北军团与东北军团的决战。

哥舒翰接替王忠嗣担任的还仅仅是陇右节度使,而且这个位置还不稳固。

哥舒翰知道皇帝对他的期望,那就是夺回石堡城。只有打下石堡城,他的位置才能坐得稳,也才能在不久的将来像他的三位优秀的前任那样同时担任河西节度使,成为河陇战区的最高指挥官。

哥舒翰担任陇右节度使后的第一个目标就是石堡城。

天宝八年（749），唐玄宗下令哥舒翰攻打石堡城。

对皇帝的这个命令，哥舒翰并不感到意外。前面三位能干的前任都是因为石堡城被撤职罢官的。如果他打不下石堡城，他将是第四个，他的下场不会比前面三任更好。

石堡城很难打，却是他不得不面对的决定他命运的硬仗。

为何唐蕃要反复争夺？为何唐玄宗李隆基三番五次下令不惜代价也要夺回石堡城？

这要从石堡城所处的地理位置说起。石堡城地处唐蕃分界线赤岭（日月山）东侧，自古以来便是农耕文明与游牧文明的分水岭。而作为一处重要的战略要点，石堡城控扼着唐蕃古道赤岭至药水河谷的咽喉。

登上石堡城，从赤岭东北入药水峡、湟水河谷；东向通分水岭、拉鸡山口的道路尽收眼底。而石堡城本身的地形，东、西、南三面均为绝壁，只有北侧山坡一条险路可通山顶。

作为唐蕃两个大帝国迎头相撞的桥头堡，石堡城堪称唐蕃实力消长的"试金石"。

为争夺这座山岭上的小城，唐蕃连番斗法、嗜血搏命，双方投入兵力之多、战役规模之大、争夺时间之久，在整个唐蕃战争中，仅此一例，石堡城也因此被载入史册广为人知。

为支持哥舒翰对石堡城的进攻，李隆基从沿边各镇抽调精兵强将送往前线，很快六万精锐唐军便集结完毕，除河西、陇右的部队，还有来自朔方、河东以及西突厥归附部落的士兵。

面对石堡城这个必争之地，双方都给予了高度重视，吐蕃更是严防死守。这时再想以偷袭取胜，已经不现实，想夺回来，只有靠强攻。

战斗从开始便极其血腥惨烈，吐蕃守军虽少但据险固守。唐军虽多，但受限于狭窄的地形，人再多也难以展开。只能通过北侧唯一的狭长坡道分成梯队一拨接一拨向上仰攻，但吐蕃居高临下投掷滚木礌石。唐军无处躲闪死伤惨重,很快通向石堡城的坡道便被将士们的尸体铺满。

唐军连日苦战,伤亡巨大,却久攻不下。哥舒翰要将负责主攻的将领高秀严、张守瑜斩首。在二人苦求之下,哥舒翰严令三日内必须破城,否则立斩。这两人亲自带队拼死强攻,经过血战,在付出牺牲上万将士的代价后,终于攻上石堡城。

石堡城之战是哥舒翰的经典战例,也是其军事生涯的巅峰,但同时他也因此战而饱受争议,原因很简单,付出的牺牲实在是太大了。

之前写诗给他点赞的诗仙李白,又给他写诗了。不过,这次不是夸他而是嘲讽他用将士的鲜血为自己换前程,"君不能学哥舒横行青海夜带刀,西屠石堡取紫袍"。石堡城是哥舒翰的成名之战,却也是用两万将士的伤亡换来的,正是一将功成万骨枯。

然而,身为前线主帅的哥舒翰又能如何呢?他敢抗令吗?前任王忠嗣的凄惨下场,他是耳闻目睹的。不管他愿不愿意,皇帝的命令都必须执行。他能当上陇右节度使也是因为王忠嗣的抗令,他才替补出场。他出场的方式已经决定,石堡城是他绕不过去的关口,成败生死都取决于能否夺取这座坚城。最终,哥舒翰还是赢了。他也因此顺利过关,成为皇帝器重的边关大将。

拿下石堡城后,唐军又连续攻克洪济、大莫门、五桥、树敦城,黄河九曲之地重新被唐朝全部夺回,加上之前哥舒翰在青海湖上龙驹岛修筑的应龙城,唐军在青海一线已经形成完整的防御体系。

天宝十二年(753),战功显赫的哥舒翰受命兼任河西节度使,也像他的三位前任,身兼河西、陇右两镇节度使,晋封凉国公。不久,又晋封西平郡王。

一年后，哥舒翰奏请设立浇河、洮阳二郡并增设宁边、威胜、金天、武宁、耀武、天成、振威、神策八军以守卫黄河九曲之地，巩固胜利成果。这是唐蕃开战以来，唐军取得的最为辉煌的战绩。

在名将王忠嗣、哥舒翰率领的唐军的持续打击下，吐蕃早年横行霸道、肆意抢掠的嚣张气焰被彻底打了下去。此时唐军完全占据上风，几乎是压着吐蕃打，将吐蕃按在地上摩擦。换在四十年前，这种事儿，皇帝是连想都不敢想的。

接连收到西北捷报的李隆基估计做梦都会笑醒。击败吐蕃收复黄河九曲，李治、武则天还有他父亲李旦做不到的事，他做到了。

龙心大悦，随之而来，哥舒翰在皇帝心目中的地位也越来越高，成为皇帝的红人。能与他比肩的只有另一位少数民族将领安禄山。

可惜，这种局面只维系了很短的时间，不久之后，发生在东北的那场叛乱将彻底毁掉将士们用鲜血换来的得之不易的胜利。那场叛乱不仅终结了开元盛世，也改变了很多人的命运，这其中就包括此时意气风发的哥舒翰。当然，被改变命运的不只哥舒翰，还有同为西北名将的高仙芝与封常清。

帝国双璧——建功西域的高仙芝与封常清

强汉盛唐是中国人永远的骄傲！汉唐的文治武功至今令人称道，以至于国人谈古论今言必称汉唐，那是由内而外、发自内心的自豪。

汉唐七百年，将星闪耀，涌现出许多名垂青史的百战名将。

世不乏才，汉唐盛世更是名将辈出。汉朝反击匈奴的战争中，出身寒微的卫青、霍去病脱颖而出，他们战绩彪炳，功勋卓著，后世常以卫霍并称。唐朝并称的名将有稍后出场的郭子仪跟李光弼，安禄山掀起的叛乱最终靠的是这对名将来平定。但不论是卫霍还是郭李，虽是同一时代的名将，但他们基本是各打各的。下面介绍的这对才是真正的名将组合，配合默契的搭档。

他们就是堪称大唐西域双璧的名将高仙芝与封常清。

说起来，这是对奇妙的搭档。说奇妙是因为，不论你怎么看，他们都不"搭"。

先说出身，高仙芝是将门之后，其父是安西都护府的高级军官。高仙芝刚过二十就当上了将军，不用说这里面少不了他父亲的关系。但不得不说，高仙芝本人还是很有能力的。史载高仙芝"美姿容，善骑射，勇决骁果"。

不过，连续两任安西都护盖嘉运（738—739）、田仁琬

（740—742）对高仙芝都很一般，转机出现在第三任，天宝元年（742），羌族大将夫蒙灵察出任安西都护。夫蒙灵察对高仙芝赏识有加，在他的提携下，高仙芝的官职节节提升，先后担任于阗、焉耆镇守使，安西副都护使。不过数年，高仙芝已是安西副都护兼四镇都知兵马使，安西都护府的二号人物。即使是高仙芝这种官二代，在前进的路上也需要有贵人扶持。

与高仙芝相比，封常清的身世只能用凄苦来形容。封常清是并州人，自幼父母双亡。他是被外祖父带大的。外祖父又因犯罪被流放安西，具体的工作是看守城门。

封常清与外祖父在西域相依为命。苦难的生活并未让他消沉，这个苦命的孩子聪明、勤奋。他渴望通过努力改变自己的命运。而穷人改变命运的渠道其实很少，最有可能、成本最低的就是读书。

封常清请不起老师，教他读书的是他的外祖父，每天外祖父在城楼上教封常清读书识字。可是外祖父死后，他在世上就再也没有亲人了。孤苦的封常清也想出人头地、建功立业，然而，太难了。

他不仅出身寒微，而且相貌丑陋。封常清身材瘦弱，眼睛斜视，走路还瘸腿。尽管封常清勤奋刻苦、满腹才华，但不得不说，想要透过外貌看到灵魂，看到本质，需要时间，但多数人不会有这个耐心。人们首先看到的还是容貌。

外在的丑陋与内在的才华，塑造出一个充满矛盾的封常清——极度自卑又极度自负。

很多年过去了，已经三十多岁的封常清仍是安西都护府的普通士兵。与他年龄相仿的高仙芝已是四镇都知兵马使。

封常清很清楚，走常规路线他这辈子都很难出头，但胸怀凌云之志的他又怎甘心就此沉沦一生。

封常清决定不走寻常路，他要主动出击，去赢得机会。目标，他早就选好了，就是高仙芝。

封常清打算毛遂自荐。

高仙芝年纪轻轻就做了高官，志得意满，平时出入都带着一支三十多人组成的亲随卫队，个个仪表堂堂，鲜衣怒马，前呼后拥，很是拉风。

封常清守在高仙芝的府门前等机会。

这天，封常清如愿等到了高仙芝。待他说明来意，高仙芝只看了封常清两眼，就直接说我这卫士已经满了，不需要人手，就将他打发了。

封常清的外貌确实有点儿难看。也不该苛责高仙芝以貌取人，人与人相识，第一印象就是外在形象。

虽说第一次就碰壁，但封常清并不灰心。第二天，他又去了，结果，还是被客气地婉拒。不要紧，一次不行就两次，两次不行就三次。封常清只要有时间就跑到高仙芝府门前守着，看这架势，这兄弟是要打持久战。架不住封常清日复一日地蹲点问候，高仙芝终于被封常清的执着打动，答应收留他。

这是高仙芝做得最正确的决定。很快，封常清就用一封报捷文书证明了自己的价值。

一次，夫蒙灵察派高仙芝率军平叛，高仙芝大获全胜，这时需要写报捷的文书。

封常清在幕府以高仙芝的名义立即起草了一道捷报，其中关于沿途遇敌、如何对策、克敌制胜等情状，叙述翔实完备，分析精准到位。高仙芝想到的都写上了，甚至高仙芝想不到的封常清都替他想到了。高仙芝看过后，对封常清刮目相看，他这才见识到封常清的出众才华。

高仙芝胜利班师，夫蒙灵察的判官一见面就追问："之前送达的捷报是谁的大作？想不到你的帐下还有如此能人！"

高仙芝发现上级并不惊讶于他的这次大捷，反而对写出这份捷报的人颇为惊讶。当然,他本人对此人也非常惊讶。

高仙芝并未隐瞒,据实报告。夫蒙灵察马上请封常清入帐就座,与之相谈甚欢,如同老相识,在座众人都非常惊异。

封常清凭一封文书一举成名!

战后,封常清成为高仙芝的判官,主管军中的屯田、度支。高仙芝外出征伐,都是封常清留守后方。封常清很快成为高仙芝的左膀右臂,二人配合默契,互相成就,彼此欣赏。

小勃律、大勃律是葱岭上的两个小国,其位置正在唐与吐蕃势力范围的交界处,吐蕃由此西出可与唐争夺昭武九姓等小国,北出则可攻取安西四镇。

开元初年,唐玄宗册封两代大、小勃律王。当时的小勃律王还亲自到长安朝见唐玄宗。唐朝曾帮助小勃律击退吐蕃入侵。

唐朝与吐蕃不只有战争,也有交流。唐朝对吐蕃的影响涉及方方面面,从服饰到制度,甚至饱受诟病的节度使制度都被学去了。

开元二十八年(740),吐蕃也改变了之前强攻硬夺的风格,将公主嫁给小勃律王苏失力之,与之和亲。相比娶公主,嫁公主才是更高级的玩法。国家博弈,下嫁的才是强者,娶媳妇的反而是弱的。

相比吐蕃,小勃律显然处于弱势。娶了吐蕃公主,勃律就不再向唐朝进贡,连带周边二十多个小国都倒向吐蕃。安西都护府由此直接暴露在吐蕃面前,这个结果当然是唐朝不能接受的。

但连续三任安西都护奉旨讨伐,都无功而返,原因在于吐蕃在小勃律驻有重兵,地势险要,居高临下。唐军远道而来,高原行军艰难,粮草供应不上。

唐玄宗决定以高仙芝为行营节度使出兵讨伐小勃律。

高仙芝吸取了之前几次失利的教训,决定采取远程奔袭、分进合击的策略，出其不意对依附吐蕃的小勃律予以突然打击。这次行军要翻越葱岭，高仙芝在出征前为此做了充分的准备。

葱岭即今天的帕米尔高原，帕米尔是塔吉克语"世界屋脊"的意思，我们都知道青藏高原是世界屋脊，但以平均海拔而论，帕米尔还在青藏高原之上，是世界最高的高原。

待一切准备就绪，天宝六年（747）四月，高仙芝率部从安西出发，一路西行，经十五日至拨换城，又经十余日至握瑟德（今新疆维吾尔自治区巴楚县），再经十余日至疏勒（今新疆维吾尔自治区喀什地区），随后挥军南下，踏上葱岭，开始了异常艰苦的高原行军。

葱岭由天山山脉、昆仑山脉、喀喇昆仑山脉和兴都库什山等交汇而成。高原海拔平均都在四千米至八千米左右，高峰林立。

帕米尔高原分东、中、西三部分，东帕米尔以中山为主，是帕米尔高原海拔最高的部分，海拔平均超过六千米，山间谷地宽而平坦。唐军行军路线不但要经过东帕米尔，还要经过海拔近八千米的青岭，其艰难程度可想而知。

但唐军在行军道路上进行了最大限度的优化，选择从平坦宽阔的山间谷地行军，将高原行军的不利因素规避到最低。经过二十余日的艰苦行军，唐军到达葱岭守捉。然后继续向西，沿兴都库什山北麓西行，又过了二十余日到达播密水。唐军继续前行，再经二十余日到达特勒满川。

当时安西都护府的步兵都有私马，属于典型的乘马步兵，安西军的机动能力极强，从龟兹出发只用三个月就到达特勒满川，中间只经过四个补给点。

经过百余日的跋山涉水，唐军于同年六月抵达战场。

随后，高仙芝兵分三路，会攻连云堡：一路由疏勒守捉使赵崇玼率三千骑兵从北谷向连云堡进发；一路由拨换守捉使贾崇瓘统领自赤佛堂路南下；一路由高仙芝率主力从护密国南下。三路兵马约定于七月十三日在连云堡会合。

三路大军按时出发，如期抵达。看似简单的准时会师背后隐藏的是安西军过硬的军事素质与严明的纪律。

连云堡南面依山，北临婆勒川，堡中有一千吐蕃军驻守，在城南十五里处因山为栅，有吐蕃军主力八九千人，遥为声援。城下有条婆勒川，河水湍急渡河困难。

连云堡地势险要，易守难攻，双方兵力相当，唐军的优势在于出其不意。因为此时吐蕃尚不知唐军的到来，但唐军必须迅速渡河发起攻击，速战速决，否则时间拖久，上万人的部队很难隐藏。吐蕃又占据地利，仗会更难打，这就是现在高仙芝面对的局面。

唐军的当务之急是尽快渡过婆勒川，但这条河却并不好过。

高仙芝先以三牲祭祀河神，然后令诸将整顿兵马，兵士每人带三天干粮，次日清晨渡河。

命令下达，将士们都觉得不可思议，河水这么急，又这么深，怎么过？但当次日清晨，全军集结在河边准备渡河时，眼前的婆勒川河水却异常平缓，唐军迅速渡过婆勒川，以至"人不湿旗，马不湿鞯，已济而成列矣"。

渡河相当顺利。高仙芝见全军安然过河也兴奋不已，婆勒川是连云堡的天然护城河，如此天险，能平安渡过，等于成功了一半。

身为大将必须上知天文，下知地理。高仙芝很聪明，高原地区的河流大多是雪山融化的雪水，白日气温高，冰川融化的速度快，水量大，加之高原山地的高度差，水流自然湍急，难以通过。高仙芝选择的渡河时机恰到好处，选在清晨渡河，冰川尚未大面积融化，河水缓且浅，适合徒涉，全军顺利通过，连旗帜都未沾湿。

然而，好处还不仅于此。渡河时，最怕的是对面有敌人，来个半渡而击。这也是唐军急于渡河的原因，停留越久，暴露的风险就越大。一旦被发现，那全军翻山越岭的辛苦就付之流水了。

高仙芝长途奔袭追求的就是打敌人一个措手不及，只有如此，才能达到奇袭的效果。这就要求部队要尽可能保持隐秘，暴露得越晚越好，这对取胜至关重要。拂晓渡河，天似明不明，微微亮，这个时候最适宜大部队行动，也最适宜隐藏行踪。

渡河之后，高仙芝指挥唐军迅速登山攻城。唐军神兵天降，吐蕃守军大为惊骇，慌乱中匆忙应战，滚木礌石如雨而下。唐军远道而来必须速胜。

高仙芝令陌刀将李嗣业为先锋，下令说："正午之前必须拿下连云堡！"勇将李嗣业率领陌刀兵自险处攀缘而上，攻上堡垒，经过一番殊死血战，大败吐蕃，斩首五千，迅速攻占连云堡。

此时数万吐蕃军主力在婆勒城据守险要，试图顽抗。又是李嗣业率军强攻，击溃吐蕃，被唐军追击的吐蕃士兵四散奔逃，不是掉下悬崖摔死就是跌进河里溺死，溃不成军。

高仙芝留三千兵守连云堡，亲率大军乘胜追击。唐军疾行三日，到达坦驹岭。

这条岭长达四十里，山口海拔四千七百米，是兴都库什山著名的险峻山口之一，下岭就是阿弩越城。登临山口，必须沿冰川而上，别无他径。这里有两条冰川，东面的一条叫雪瓦苏尔冰川，西面的一条叫达科特冰川。冰川的源头就是坦驹岭山口。这两条冰川长度都在二十里以上，而且冰川上冰丘起伏，冰塔林立，冰崖似墙，裂缝如网，稍不注意，就会滑坠深渊掉进冰川裂缝。

高仙芝怕部下畏险不敢向前，就悄悄派出二十名士兵，穿上胡服扮作阿弩越胡的使者来迎接唐军。他对部将说："阿弩越胡来迎,我们不必担心了。"兵将原本不肯下山,听说阿弩越主动迎降,畏惧心理顿消。部队顺利下岭,向阿弩越城进发。

下山三天后,阿弩越城守军还真派人前来请降。次日,唐军顺利进入阿弩越城。入城以后,高仙芝又令席元庆率一千骑兵赶往小勃律都城孽多城。

对小勃律王说明唐军此来是征讨大勃律,你们不必惊慌,我们只是借路,当然,我们也不白借,有厚礼相送。席元庆拿出事先准备好的丝绸、财宝,对小勃律人说,这些都是赏给你们的,快叫你们的国王大臣们来领赏吧。

唐军早已探明城中的大臣多是死心塌地投靠吐蕃的。高仙芝跟席元庆定计:大军一到,那些大臣百姓必然逃入山谷。你以财帛利诱,等他们来领赏时,趁机抓捕他们,然后等我到来。席元庆依计行事,果然将这些大臣俘获。但小勃律王跟吐蕃公主却未上当,他们逃入深山躲藏起来。

高仙芝率唐军主力到达后,先处死了那些亲吐蕃的大臣,然后令席元庆赶紧带兵去砍断通往吐蕃的藤桥。这座藤桥距孽多城六十里,是小勃律通往吐蕃的仅有的通道。

席元庆在日落时分终于赶到将藤桥砍断。这边唐军刚将藤桥砍断,那边闻讯赶来的吐蕃援兵已经到了婆夷水东岸,只差一步,但桥已被砍断,修复需要一年的时间。吐蕃大军只能望桥兴叹。

胜局已定,高仙芝派人招降小勃律王。听说藤桥被砍,小勃律王只得携吐蕃公主出降。高仙芝千里奔袭小勃律大获全胜。平定小勃律国之后,唐军声威大震,拂菻、大食诸胡七十二国相率归附。

从强攻连云堡到不战而取阿弩越城,从智取孽多城到砍断藤桥,高仙芝先后出其不意、乘胜追击、假途伐虢、断桥阻援,拔其要点，速战速决，将伤亡降至最低。在谋略的运用上环环相扣，一气呵成，从始至终牢牢掌握着战场的主动权，高仙芝也凭此一战，成为世界军事史上著名的山地战之王。

天宝六年（747）八月，高仙芝押着小勃律王与吐蕃公主得胜归来。

九月，高仙芝回军至播密川，即派人进京报告。高仙芝迫不及待向皇帝报捷，却犯了越级上报的官场大忌。这是明显的抢功。

得知高仙芝不在第一时间通报自己，却越过自己直接向皇帝报功，夫蒙灵察不由得勃然大怒。高仙芝一行人回到安西，迎接他的是上级夫蒙灵察的一顿臭骂。这下高仙芝将老上级夫蒙灵察算是彻底得罪了。好在这个时候皇帝还不糊涂，直接下令将夫蒙灵察调回京城，顺势将高仙芝扶正，后者正式接替夫蒙灵察成为新任安西都护兼四镇节度使。

高仙芝就任安西都护，并未忘记在他背后辛勤工作默默支持他的好兄弟封常清，奏请升封常清为节度判官。

天宝八年（749），高仙芝首次入朝，被授予左金吾卫大将军，并荫其一子赐五品官。著名的边塞诗人岑参大约就在这年接受高仙芝的聘请，远赴西域担任其幕僚。

不过，高仙芝很快又被征召入朝。岑参后来主要作为封常清的幕僚留在西域，直到安史之乱爆发才返回中原，其名作《白雪歌送武判官归京》就写于这个时期。"北风卷地白草折，胡天八月即飞雪"写尽边塞的苦寒。只有亲身经历的人才能写出。

尽管生活艰苦，诗人岑参仍然有着诗人的浪漫，"忽如一夜春风来，千树万树梨花开"写出了边塞特有的雪色美景。

岑参是众多边塞诗人中唯一一个真正在边塞待过并经历过战争的边塞诗人。

怛罗斯之战——高仙芝的滑铁卢。

天宝九年（750），这一年阿拉伯帝国发生了改朝换代的大事。白衣大食行将就木，黑衣大食迅速崛起，阿拔斯王朝即将取代倭马亚王朝。高仙芝可能是觉得有可乘之机，于是发动了对石国的讨伐以投石问路。

石国是昭武九姓所建小国之一，夹在唐朝与大食帝国之间，只能采取墙头草策略以求生存。这个时候的石国国王是由大食扶立的，唐朝支持的国王此时担任副王。史载高仙芝弹劾石国国王"无蕃臣礼"。高仙芝引兵问罪。石国国王表示服罪投降。高仙芝表面答应，却偷袭石国，掠其财宝，俘其国王，送献京城斩之。石国王子趁乱逃走，具告高仙芝欺诱贪暴之状。昭武诸国皆怒，与大食连兵，欲攻四镇。

高仙芝决定先发制人。天宝十年（751）四月，高仙芝组织安西都护军及驻地属国兵两万与拔汗那、葛逻禄两部族一万组成联军，总兵力约三万。

经过三个月的长途跋涉，高仙芝率领唐军再次翻越葱岭深入七百里，抵达怛罗斯城。

大食与中亚诸国联军共计十万，统帅为齐亚德。

战争的具体过程记载非常简单：

双方在怛罗斯城混战五天，胶着之际，唐军阵营的葛逻禄部突然叛变，与大食军队前后夹攻唐军。本就人少又腹背受敌，突然遭到来自背后的攻击，唐军阵营很快崩溃，上万将士战死沙场，另有万余人被俘。高仙芝率数千唐军撤回龟兹。

怛罗斯之战是东西两大帝国唯一一次正面战争。这场战争的起因、经过、结果充满各种分歧与未解之谜。

首先战争的起因，表面看是高仙芝贪财暴虐，言而无信，由于其对石国的处置不当，引起中亚诸国不满，从而联合大食对付唐朝。怛罗斯之战是一次偶然事件引发的偶然战争。因为战后的各种记载都表明，唐朝与大食并未因此战对立，而是继续保持友好，安史之乱后大食还出兵帮助唐朝平叛。

唐朝出兵的深层原因是认为大食处于内乱之际，应当乘机将势力扩展到葱岭以西。从这个角度说，怛罗斯之战是唐朝的既定国策引发的必然战争，是唐朝、大食东西两大帝国为争夺葱岭以西控制权的战争。

唐朝一直以来都非常重视对西域的经营，时刻盯着大食的动静，因此在其改朝换代之际发动攻击合情合理。这场战争不会是高仙芝一时冲动的结果。然而高仙芝在执行的过程中没有团结好昭武九姓等小国，统战工作做得太差。大食改朝换代虽削弱了整体统治，但变化主要在高层，中亚属于其边疆，驻军并未受到大的影响，与高仙芝交战的都是当地大食驻军，并非其中央政府所派。

其次是战争经过，高仙芝号称要先发制人，意图复制小勃律之战的辉煌。然而事有异同，小勃律之战中，沿途很多补给点，且有阿弩越胡人做内应。这次翻越葱岭长途行军，沿途都是敌人，葱岭以西早已成为大食帝国的势力范围。大食与诸国联军以逸待劳，以多敌少。葛逻禄部的叛变是高仙芝失败的关键因素，说明唐军在中亚的盟友很少，且不稳定。高仙芝兵力不足才征用葛逻禄部，结果适得其反。

最后是战争后果。这次战争只是一场遭遇战，对两大强国都未产生实质性影响。唐朝在葱岭以西的威望依然存在，直到安史之乱后才被迫退出。

怛罗斯之战，唐朝安西都护府并未受到很大损失，实力也迅速恢复。而且，大食也没有趁机进攻，反而在次年主动向唐朝求和，此时的阿拔斯帝国有东罗马帝国在西边骚扰，为避免腹背受敌，大食并不愿与唐朝开战。

天宝十二年（753），封常清进攻大勃律取胜。对大食、吐蕃都是有力的威慑，唐朝在葱岭以西的影响力并未因怛罗斯之战受到影响，唐朝在西域依然拥有强大的实力。

在高仙芝指挥的历次大战中，背后都有封常清的功劳。他先后为判官、四镇度支营田副使、行军司马。怛罗斯战后，高仙芝被征召入朝。封常清接替高仙芝担任安西副大都护兼四镇节度使。

此时，唐军在西部战线全线告捷。哥舒翰在青海夺回石堡城连续大败吐蕃收复黄河九曲。高仙芝、封常清先后征服依附于吐蕃的小勃律与大勃律。吐蕃在几乎所有的战线上都被唐朝压制，之前数十年夺占的土地被唐军悉数收复。

任人唯亲酿苦果——天宝战争

就在吐蕃节节败退之际，唐朝在西南却遭遇惨败。造成这个后果的就是那位"知名"的外戚杨贵妃的哥哥杨国忠，他是真对不起李隆基给他的这个名字。泼皮出身的杨国忠靠着妹妹杨贵妃的得宠，以裙带关系上位。然而他的能力，大家都心知肚明。

李林甫与杨国忠前后两任宰相都是安禄山的政敌，但安禄山对前者充满畏惧，对后者却只有鄙视。后来事情的发展也再次证明，德不配位，必有大祸。杨国忠没有宰相的水平却偏要坐在宰相的位置上。

杨国忠干过的坏事蠢事很多，在对南诏问题上，昏招迭出，将唐朝的虚弱完全暴露给他的政敌安禄山，直接引发安禄山的野心，才有接下来的安史之乱。

吐蕃的势力很早就已渗透到云南。这里原本不是吐蕃用兵的重点，但随着吐蕃在西域、河陇战场的全面挫败，不甘心失败的吐蕃贵族不得不寻找新的进攻方向。他们选定的就是云南。

随后唐蕃在云南、四川的争夺日趋激烈。

仪凤二年（677），唐朝修筑安戎城，不久被吐蕃攻占。吐蕃也在西洱河附近修建夷城，但被唐朝于神龙二年（706）攻破拆毁。除了互相拆墙，双方也都竭力拉拢当地土著。

云南的众多部落中实力最强的有六个,号称"六诏"(以王为诏)。其中的南诏,早在永徽四年(653),就派人出使唐朝,获得唐朝的支持,其他五诏与其他少数民族部落,大多依附吐蕃。而南诏则站队唐朝,成为唐朝在西南的重要盟友。由于受到唐朝在政治经济上的大力支持,南诏实力日渐壮大。

开元二十五年(737),南诏首领皮逻阁战胜河蛮诸部,攻占太和城(今云南省大理市下关镇太和村),唐玄宗赐皮逻阁名为归义,封其为云南王,是为"南诏国"立国之始。随后,南诏继续向北兼并洱海各部,一统六诏,将吐蕃势力驱逐。

唐朝也准备着手夺回安戎城,将吐蕃赶出西南。

安戎城本来是益州长史李孝逸为防御吐蕃而修筑,不料建成不久,就被吐蕃利用当地羌人势力夺走,反而成为吐蕃在当地的重要支撑点。安戎城地势险要,易守难攻,唐军屡次攻打都未能攻克,其后六十年间,安戎城都是四川边境的心腹之患。

开元二十六年(738),剑南节度使王昱在安戎城边另筑两城,准备通过长期围困,拿下安戎城,结果吐蕃援兵赶到,在蓬婆岭下大败唐军,王昱只身逃走。

吐蕃占据的安戎城对唐朝西南边境威胁甚大,唐朝必欲除之而后快。唐玄宗李隆基甚至亲自主持夺取安戎城的作战部署,可见对其有多重视。

开元二十八年(740),新任剑南节度使章仇兼琼秘密策划通过内应,于当年三月,里应外合收复安戎城。吐蕃得知安戎城丢失,就在当年两次派兵进攻安戎城,均被唐军击退。唐玄宗亲自下诏改安戎城为平戎城。

夺回安戎城后,唐朝在西南与吐蕃的对抗也占据上风。但随着南诏国向北的拓展、势力的壮大,西南局势开始发生微妙的变化。唐军原本是通过扶植南诏来对抗有吐蕃支持的河蛮部落,但随着南诏坐大,向北方的扩张倾向加剧,让唐军不得不有所防范。

天宝七年（748），南诏国王皮逻阁去世，其子阁罗凤继位。南诏在云南的扩张更加明目张胆。

天宝九年（750），阁罗凤派兵围攻姚州，破城后杀云南太守张虔陀，将城中百姓掠走。

第二年，剑南节度使鲜于仲通领兵讨伐南诏。

南诏遣使入唐营谢罪，并希望鲜于仲通宽恕南诏的罪过，放还被俘的南诏士兵，否则南诏将投靠吐蕃，云南从此非唐所有。鲜于仲通不听，扣留南诏使者，发兵西洱河。南诏见唐军势大，向吐蕃求援。吐蕃派论若赞领兵救援南诏。吐蕃和南诏联军在洱海东岸击败唐军，六万唐军全军覆没，鲜于仲通仅以身免。

击败唐军进攻的南诏彻底倒向吐蕃，阁罗凤派使者携带大量礼品入逻些朝见赤德祖赞。见南诏来投，赤德祖赞热情款待南诏使者，并与南诏约为兄弟之国，册封阁罗凤为南国大诏，授予金印。

第一次天宝战争失败后，宰相杨国忠为了掩饰他在云南的失利，讳败为胜，谎报军情，提升鲜于仲通为京兆尹。与此同时，杨国忠积极准备第二次征伐南诏。天宝十三年（754），云南都督李宓率兵再度大举进攻南诏。

由于鲜于仲通之败将剑南兵员消耗殆尽，再征云南的唐军，多是从中原征募，北方士兵惧怕南方烟瘴，多有逃亡。杨国忠命人强制征兵，不从者铐送入营，百姓哭声震野。

李宓率数万唐军对南诏发起第二次攻击，却再次遭到南诏与吐蕃联军的夹攻，兵败云南，主帅李宓也沉江而亡。

西南的惨败与西北的胜利形成鲜明对比，原因在于用人。

西北战场，从王忠嗣到哥舒翰，从高仙芝到封常清，都是从血火里搏杀出来的名将，他们的战绩都是实打实打出来的。

但在西南战场，在将帅的任命上，完全是杨国忠说了算，他的用人风格就是任人唯亲。

上台后杨国忠的所作所为充分暴露了他的智商堪忧，在朝廷任人唯亲也就算了，毕竟此时的他很得宠。有皇帝撑腰，杨国忠大搞一言堂，听不进别人的意见，悲剧的是他的水平又很低，更可悲的是偏偏他又是掌权的人。鲜于仲通不过是他过去的金主，地方豪强，不会打仗，就因为是他的亲信，就被他派去打南诏。

唐朝在西北与吐蕃全线开战，战线已经拉得很长，吐蕃已然处于下风，联合南诏是吐蕃为数不多的出路。此时，明智的选择是联合南诏封堵吐蕃，不给敌人喘息的机会。至少不应该让吐蕃跟南诏勾结在一起。即使征讨南诏，至少也要派沙场老将，准备充分再去。

可杨国忠看到西北捷报频传，就想当然地以为打仗很容易，他出兵南诏不是在为国家考虑，不过是想抢军功，这种好事当然要留给亲信。于是，鲜于仲通就上场了，结果却以惨败收场。更可气的是，杨国忠怕打败仗对他不利，竟然选择谎报，从中原调兵再去打，又败，这次调兵让本已虚弱的中央军力雪上加霜，也让安禄山更加看清中原的虚实。这才让对方有胆量发动叛乱。

渔阳鼙鼓动地来——安史之乱

唐朝初年，战争往往是短期的，持续的时间并不长。唐太宗李世民在位时，采用的是主动出击、外线作战的战略，以骑兵进行长途奔袭、击其不意为主要战术。这种奔袭千里、动若惊雷的战术成就了李靖、李世勣、苏定方等初唐名将，也符合此时唐军的兵制。这时的唐军主力是府兵。但府兵不是职业兵，打过仗，人家还要回家种田，长途奔袭速战速决，很适合府兵，唐军也因此很少打持久战。

但随着疆域的扩大，每逢战事就从中原调兵，不仅费时而且容易贻误战机。为顺应边疆战事的需要，唐朝开始在边境屯驻常备军。

此时边境驻军兵力不多，而且将领都是朝廷直接任命。遇有战事，主要还是由朝廷出兵，边军只起到配合作用。

唐军与北方游牧部落的作战，几乎都是快进快打、速战速决的运动战。漠南草原相对较近，这种模式下，唐军不依赖边境驻军也可以从容应对。

这种模式对付漠南的东突厥尚可，但对远在西域的西突厥，弊端开始显现。程知节、苏定方远征西突厥的作战，从出征到与敌交战都要超过六个月，这个时间正是军队从长安出发到作战地域的时间，这还不算前期的部队集结以及后期的作战时间，好在西突厥也是组织松散的游牧部落。只要抓住战机，也能保证一战击溃敌人，战事也可以很快结束。此时的唐军还能勉强维持府兵制下的动员作战模式。

但随着唐朝与吐蕃全面开战，形势开始发生变化，变化首先发生在西北与吐蕃作战的前线。这一点也不奇怪，因为吐蕃是伪装成游牧部落的农耕部族，也可以说是半农半牧，农耕社会的特点是组织能力强。也因此吐蕃的动员组织能力虽不如唐朝但远强过东西突厥，表现在战场上的特点就是善于打持久战。

唐军开国以来已经习惯与北方游牧部落打闪击战、运动战。但遇上稳扎稳打、步步为营、喜欢打阵地战的吐蕃，唐军也必须做出调整来适应对手的打法。

这时候，再由朝廷派将从中原调兵出征，常常不能抢占先机，更多的时候是陷于被动，典型的就是薛仁贵的大非川之战。在总结经验教训后，朝廷开始给予戍边将领更多的相机处置的权力。边将开始逐渐掌握军镇的军事指挥权。

因为战争规模扩大且呈长期化的趋势，驻军兵力也逐渐增加，这给后勤补给带来巨大的压力。庞大的军队全靠内地运输，不仅成本高、损耗大，而且也难以保证及时运到。

于是，各处边军都不得不在驻地屯田，自给自足。屯田，开始还是由朝廷派人来管，隶属户部。为方便及时处理边疆的各种状况，加强效率，朝廷只能逐步放权给边将，军田的管理权逐渐向边将倾斜。渐渐地，士兵的赏赐、军备物资的采购等，都为边将所掌控，财政权也开始集中到边将手中，后来，朝廷又把盐税的管理权交给边镇的节度使。

开元十五年（727），朔方节度使开始兼任关内盐池使。据《新唐书·食货志》记载，朔方节度使管内的盐州、灵州、会州、安北都护府共有十三处盐池。这些盐池所产之盐，除部分上贡朝廷外，大部分用来满足当地驻军。

古代中国，盐税是政府的主要税源。盐，几乎等于钱，盐池相当于铸币厂。

天宝元年（742），裴宽为范阳节度使，同时兼任河北度支、营田、河北海运使。节度使拥有了更多的财政权。三年后，裴宽升任户部尚书，接任范阳节度使的就是安禄山。

天宝元年，唐朝已设有安西、北庭、河西、朔方、河东、范阳、平卢、陇右和剑南九个节度使和一个岭南五府经略使，边镇驻军达五十余万，与此对应的中原驻军仅有十余万。

唐军的军事布局已呈现严重的外重内轻。

唐朝在进入开元盛世之前，土地兼并就已十分严重。府兵制存在的基础均田制已经崩溃，相应地，府兵制也维持不下去了。

唐朝逐渐开始推行边兵募兵制改革。但诸边防重镇到底各需要多少兵力，朝廷往往并不清楚。当朝廷分配的兵额不足时，各节度使自行就地募兵就成为必然。

募兵制对提升军队战斗力的效果是明显的，但募兵制的成本也是很高的。

以前，府兵的装备都是自己准备，现在从衣食住行到兵器铠甲都靠国家发放。

军费由是直线飞升，但朝廷的收入却没有跟着一起提升，低效、缓慢的运作体系已经难以适应战时需要。

于是，朝廷为提高效率干脆直接将地方财权赋予节度使。边镇节度使多兼领内度支使、营田使等职权。当权力放下去却形不成有效的监督，势必会形成尾大不掉的局面。财权与募兵权相结合，有钱就可以招兵，有兵就可以要更多的权。节度使的实力迅速壮大，已经具备割据一方的实力。

自开元二十五年（737）以后，各镇节度使下的军队都相继变成募兵。而募兵都是职业兵，常常是拖家带口的，他们常年驻防一地。节度使也是长年不换。安禄山在发动叛乱前已经当了十年的范阳节度使。

因为节度使掌握着士兵的生杀、赏罚、升降,士兵们对节度使形成强烈的依附关系。他们"唯知其将之恩威,而不知有天子"。正是因为这些原因,安禄山才有条件培植私军。

此时的节度使手握军镇的兵权和财权,可谓权倾一方,但是他们手中还没有辖区的行政权。唐朝在全国各道设置巡防使、采访处置使,负责检查本道刑狱和监察地方州县官吏,处置使则有便宜从事的大权。这种一道之中,节度使治军、采访使治政的方式,在一定程度上,限制了节度使的权力。

天宝后期,唐玄宗已经彻底晕头了。他的发昏指数,开始直线飙升。他亲手为节度使这堆已经开始冒烟的干柴上,加了最后一把火。

他下令,将一道置"节度使与采访使"各"一人"的体制,改为由藩镇节度使"一人兼领之","州刺使尽为"节度使"所属",也就是说,节度使在其辖区内拥有行政、财政、军事等全部权力,道内大小官员均受节度使节制。

至此,节度使终于集军、民、财大权于一身,赐双旌双节,得以军事专杀,行则建节,府树六纛(大旗),威仪盛极。边镇节度使又常一人兼统两至三镇,多者达四镇,威权之重,远超魏晋时的持节都督。朝廷军力强大时,节度使尚不敢生二心。可惜,中原承平日久,禁军久不闻金鼓之声,早已沦为宫廷仪仗队。唐朝的盛世之下潜藏着巨大的危机。

这里要说说安史之乱的头子安禄山了。此人幼年丧父,他的突厥母亲带着他改嫁,他才改姓安,改名安禄山。不久,安禄山所在部落内讧。安禄山与堂兄安思顺逃到幽州。因为通晓六种语言,安禄山做起了互市牙郎(贸易中间人)。这期间,他结识了阿史那·崒干(史思明),两人臭味相投,很快就混在一起。互市牙郎这个职业很适合安禄山。他后来在官场上混得风生水起,与他的这个职业经历有很大的关系。

安禄山本性就是个喜欢投机讨好、献媚取宠的人,善于察言观色,左右逢源。牙郎这个职业特别适合他。边境互市这种鱼龙混杂的地方,也让他得以充分施展。很快,他就脱颖而出,成为这个行业的老大。他这辈子干的都是投机倒把的勾当。只不过,他的本钱越来越大,他玩得也就越来越大。

虽然混得不错,但安禄山、史思明这类人是不会消停的。这俩人用他们的亲身经历告诉大家,瞎折腾没有好结果。

他们本就不是安分守己的主。他们放弃做牙郎,只是因为他们找到了更有前途的工作。

虽说他们是牙郎,但谁说牙郎不能有理想呢?他们听说幽州节度使张守珪正在招人,就一起跑过去投奔。他们的新职业是捉生将,相当于今天的侦察兵,需要深入敌后去抓俘虏。去敌人的地盘逮人还要带活的回来,逮的级别越高,价值就越大,但很显然,这份工作的难度也相当大,而且,相当危险。这种集化装、潜伏、生擒、暗杀、突击于一体的职业,随时可能脑袋搬家。

但这哥儿俩就喜欢这种刺激的工作,高风险也意味着高回报。

不得不说,相比牙郎,捉生将这份工作更适合他俩。捉生将,最大的难度不在于搏斗拼杀,当然格斗擒拿是基本要求,不会这些,就不是去捉生,而是去送死。捉生将最考验的其实是智商,在敌后搞侦察捕俘,更多的是用计谋,光凭勇敢,十条命也不够用。这俩人都是阴险诡诈之徒,也都好勇斗狠,捉生将简直就是为他俩设置的。

安禄山凭借他的语言功底,加上一副胡人面孔,以及在互市上练得的那套自来熟的忽悠人的本事,常常能深入敌后钓到

"大鱼",很快就受到张守珪的注意,官职也升到平卢讨击使。

偷奸使诈是安禄山的强项,但真打起来,战场上,他就原形毕露了。

开元二十四年(736),东北的奚跟契丹又反了。张守珪派安禄山带兵讨伐。结果安禄山轻敌冒进中了契丹人的埋伏,全军覆没,只有他一个人跑回来。

安禄山大败逃回,按律当斩,但张守珪爱惜安禄山的骁勇,于是下令将安禄山押送长安,听凭朝廷定夺。

依律,幽州节度使完全有权处置安禄山,但张守珪自己不杀,而将其解送长安,就是希望朝廷能网开一面。

被押解入京的安禄山,遇上了老熟人张九龄。原来三年前,安禄山曾奉命入朝奏事,宰相张九龄见到安禄山后,不知为何,颇为不爽,认为安禄山相貌凶恶,生有反骨,日后必生祸端,就对侍中裴光庭说:"日后乱幽州者,必是此胡。"

三年后,安禄山终于落到了张九龄的手里,而且这次罪证确凿,处死安禄山名正言顺。

张九龄在张守珪的呈文上批道:"昔穰苴诛庄贾,孙武斩宫嫔。守珪军令若行,禄山不宜免死。"事情到这里,安禄山似乎是死定了。

可是,救他的人出现了,皇帝。李隆基明白张守珪的用意,于是对安禄山网开一面,将其降职留用。

安禄山回到河北,比之前更受重用了。他充分发挥善于揣度人心、精于巴结逢迎的特长,重金贿赂各级官员。每有官员经过他的防区,必有厚礼相赠,渐渐地在朝中积累了口碑人脉。至于他的钱是怎么来的,那就不需多问了。他的投入很快也收到了回报,被提拔为营州都督。

此时,朝中的风向已然大变,忠正刚直的宰相张九龄因为总是直言进谏,屡屡触怒皇帝,已被贬斥。新上台的是那个

"口蜜腹剑"的奸相李林甫。

为了长期掌控朝政,李林甫打破初唐以来形成的官员调任的惯例。

自唐朝开国,边关大将每隔几年就要例行轮换,功勋卓著者则可入朝为官,出将入相。很少有人在边镇长期任职。这种制度有效地避免了边镇将领的拥兵自重,而将军们也可以进京做官,得到荣升。朝廷与边将都能从中获益,实现双赢。

但李林甫为一己私利破坏规则。如果没有他,安禄山也不会有机会坐大。安史之乱的最大祸首是李隆基,其次则是李林甫。因为他们都是从制度上加以破坏,才出现巨大的政治漏洞。给予节度使军政财大权的是李隆基,破坏边将入相制度的是李林甫,而安禄山不过是利用了这些漏洞。即使没有安禄山,也会有别人来利用。

李林甫专权长达十九年,待他死去,安禄山羽翼已丰。倒霉的杨国忠实际上是背了李林甫的锅。杨国忠与安禄山互相看对方不顺眼,上来就掐。

虽然安禄山很会送礼,很会来事儿,但他毕竟离得远。杨国忠就在皇帝身边,黑他很方便。三人成虎的道理,安禄山是懂的。杨国忠整天在皇帝耳边说他要反,说他不担心那是假的。但事实已经证明,杨国忠确实没有冤枉他。他确实想造反,只不过,还在准备。

天宝十三年(754)正月,安禄山来到华清宫见唐玄宗。

这时关于安禄山要造反的传言早已传遍朝野,闹得满城风雨,属于全国皆知的秘密。不用问,说得最凶的就是杨国忠,而安禄山也狂飙演技,上演哭戏。刚刚见面,还未开口,这位"演员"眼泪就已经哗哗地流,抱着皇帝的大腿就哇哇地哭,不得不说,安禄山是一个好演员。

唐玄宗直到这时还认为,杨国忠和安禄山只是大臣争宠,好言安慰安禄山，并任命他为左仆射以示信任，但左仆射不是安禄山想要的。当月，他上书呈奏请求任命自己为闲厩使、陇右群牧等都使，李隆基都照例准奏。

三月，安禄山请求回范阳，得到许可后，只带少量亲随，日行三百里，狂奔至潼关。到城下时，日已西斜，潼关城门将闭。安禄山命人传召潼关守将，假称军情紧急，必须连夜出城，骗得守将违制将其放出。出了潼关，安禄山也不敢停歇，一路飞奔，跑回范阳。

回到范阳后，安禄山利用兼领闲厩使、陇右群牧使的便利，将所控牧场的良马源源不断地送往范阳、平卢两地。他还用重金收买契丹人、奚人部落，为他所用。

天宝十四年（755）二月，安禄山又奏请朝廷，一次就提升三十二名奚族、契丹首领为将，大量的汉人将领被替换，范阳、平卢两镇几乎成为胡人军镇。

朝廷这么多年又给钱又给兵还给权，为啥？就是为了让他守卫东北边防。

对东北有威胁的常来闹事的就是契丹人、奚人部落。朝廷派安禄山来就是防契丹人、奚人的，现在他将应该防备的敌人请进来。他到底想干什么，还用多问吗？

安禄山如此明目张胆，其野心昭然若揭，他就差在脑门上写上"我要造反"这四个字了。

可是，唐玄宗还是照例批准了。

安禄山此时实际控制两镇，同时兼任河北诸道的采访使，掌握数道军、财、政大权，坐拥十余万重兵。

天宝十四年（755）十一月九日，安禄山在范阳正式起兵叛唐。当然，开始他打出的旗号是"清君侧"，讨伐杨国忠。但不管口号怎么喊，安禄山叛唐已是事实。

起兵之初，安禄山集合所部同罗、奚、契丹、室韦等部落，共计十五万人,对外号称二十万,迅速南下,兵锋直指东都洛阳。

杨国忠得到安禄山反叛的消息,第一反应居然是大喜。我说什么来着,我说这厮要反,皇帝您还不信,现在如何,知道我是对的了吧。此时,他的心思都用在了清算前任李林甫的身上,安禄山是李林甫推荐的边将,现在安禄山反了,这给了杨国忠口实,他可以用李林甫私通叛将的理由,彻底根除李林甫的党羽。

而唐玄宗得知安禄山反叛的消息,第一反应是不信。此时他还认为自己对安禄山有知遇之恩,安禄山应该对他忠心耿耿,直到前方消息不断传来,造反坐实,唐玄宗才知道,安禄山是真的反了。

唐玄宗对安禄山有多好,唐朝百姓都知道。之前,那么多人都说安禄山要反,但皇帝就是不信,现在被结结实实打脸。

恼羞成怒的唐玄宗让人抄了李林甫的家,家产充入国库。李林甫的家人流放岭南,已经死了三年的李林甫也被杨国忠挖了出来。

发泄一下是可以理解的,但接下来怎么办?安禄山已经带着十几万叛军在来长安的路上了。在家里骂街是可以的,找人出气也是可以的,但现在最要紧的是,派谁去平乱。

之前外重内轻的布局,现在后果显现出来了。从范阳到洛阳,中原腹地几乎没有野战部队。

安禄山几乎遇不到有组织的抵抗,更糟的是,这些叛军的主力还是骑兵,推进速度极快。

事实也是如此,叛军从范阳起兵叛乱到杀进东都洛阳,只用了一个多月。这个时间是行军打仗都算在内的。也就是说,叛军几乎未遇阻挡,是以急行军的速度在向前开进。

之所以这么急,是因为安禄山也在赌,他在赌时间差。朝廷不是没有战斗力强的野战军，但这些野战军大多集中在西北对抗吐蕃的前线。调集军队是需要时间的。安禄山赌的就是这个时间差，他要在西北唐军主力回援之前攻下长安。因此，对他来说，时间是极其重要的。

边军之所以比中原腹地的军队有战斗力，原因在于他们经常战斗。一支部队的战斗力与他们经历的战争的强度成正向关系。打过硬仗的部队往往都很强，那是在血与火中历练出来的。

天宝年间，契丹屡遭打击，其实力已经很弱，弱到可以忽略不计。平卢、范阳的十余万大军实际上长期处于闲置状态，缺乏强大的对手。

当时，九边重镇里，安西、北庭、河西、陇右与吐蕃的战争仍很激烈；剑南在征南诏时损失惨重；岭南兵少且偏远；朔方军当面又兴起回鹘。

北方各镇都有强敌，只有平卢、范阳甚是清闲。安禄山的基本盘范阳到长安的距离只有如今的半个河北、一个河南及半个陕西。这条路线大部为平原，适合骑兵冲击，而且没有重兵驻守，事实上，叛军所过简直势如破竹，一路横扫河北、河南。

手握重兵的安禄山之所以敢叛乱，就是吃准了禁军不堪战，西北边镇难以及时回援。

安禄山能够坐大，手握重兵并不是因为他很重要，恰恰是因为他不重要。

在"天宝十节度"的兵力上可以得到印证。西北的安西、北庭、陇右、朔方、河西节度使，再加上西南方向防御南诏、吐蕃的剑南节度使，西北军队数量占比超过六成。

而安禄山控制的范阳、平卢两镇，占比不过四分之一。这也与他起兵十五万，诈称二十万的人数相符。

唐朝的强敌是西北的吐蕃，而不是东北方向的契丹。与此相吻合的是开元天宝年间，唐朝对吐蕃用兵二十六次，对突厥十二次，对南诏六次，而对契丹和奚则分别只有九次跟两次。这还只是就用兵频度而言，在战争规模上，东西战场更是相差甚远。哥舒翰、高仙芝、封常清都有成名战，可你听说过安禄山打过什么大仗吗？他大部分时间都闲着，为避免两线作战，唐朝对东北的契丹等部落采取的是羁縻怀柔政策。

有唐一代，共有十八位公主下嫁外族首领，唐玄宗一人便占了一半（开元六位、天宝三位），其中下嫁奚跟契丹的公主就有七位。

安禄山在朝廷的地位并没有那么重要，至少没有很多人认为的那么重要。

唐玄宗对安禄山的信赖，可以看作对东北战略方向羁縻政策的延续，而他的军队更多的是用以平衡西北诸镇的一颗棋子。

对于这种做法的危险性，唐玄宗并不是不知道，只不过他认为控制得住。不承想，严密控制的西北诸镇忠心耿耿，作为牵制的安禄山却反了。这才是李隆基在安史之乱爆发后，几近抓狂的原因，自以为英明的他，被一个胡人胖子给耍了。

安史之乱从某种意义上说是闲出来的叛乱。

而当时十大边镇中真正反叛的只有范阳、平卢两镇，其余边镇都是忠于朝廷的。只要朝廷部署得当，叛乱其实是容易平定的。

此时的长安要兵没兵，要将没将，唐玄宗当然比谁都急，就在这时，有人来报北庭都护、伊西节度使封常清回京述职，玄宗闻报大喜。

听说封常清在长安，唐玄宗犹如抓住救命稻草，至少现在有将了。至于兵，可以就地招募。

唐玄宗紧急召见封常清。得知要他领兵平叛，封常清很是激动："禄山领凶徒十万，径犯中原，中原太平已久，人不知战。然事有逆顺，势有奇变，臣请走马赴东京，开府库，募骁勇，挑马箠渡河，计日取逆胡之首悬于阙下。"

此时的封常清对战局尚未有清晰的认识，他的话自然有安慰皇帝的成分，但也从侧面说明，久经战阵的西北名将们是看不上长期吃闲饭的安禄山的，也印证了，安禄山在唐军中的地位并不高。封常清觉得虽然事发突然，有些被动，但只要充分动员，是可以打赢的。

玄宗听了封常清的回答，自然很高兴，当即任命封常清为范阳、平卢节度使，令他领兵去守洛阳。接着，玄宗又任命他的第六子荣王李琬为元帅、右金吾大将军高仙芝为副元帅率军东征。

封常清领命之后，东出潼关，直奔洛阳。就在封常清奔赴洛阳募兵之际，安禄山的部队已于十二月初二在灵昌郡（今河南省滑县）渡过黄河。沿路郡县望风瓦解，叛军连克陈留、荥阳，兵锋直指虎牢关。

虎牢关，又称汜水关，是洛阳的东边门户。虎牢关南连嵩岳，北濒黄河，山岭交错，自成天险。唐初李世民曾在此大战窦建德。可就是这么一座险峻雄关，却被主动放弃，守军弃关出逃，将东都门户拱手相让。叛军自然也不客气，直接开进虎牢关，朝洛阳杀来。

封常清赶到洛阳，很快招募到六万士兵。直到这时，他才发现情况比他想象的要严重得多。当他打开兵备库府时，惊讶地发现，库府之中的兵器早已腐坏，而部队则普遍缺额。即使在的也大多是老弱，而募得的六万人又都是未经训练的新兵。

这支匆忙组建的新军在封常清的率领下，与叛军先战于葵园，再战于上东门，三战于都亭驿，三战三败，不得已再退宣仁门、提象门，拼到最后不得已被迫退出洛阳。

屡战屡败，而又屡败屡战。以仓促组织的新兵去对抗蓄谋已久、准备充分的游牧骑兵，打败仗，一点儿也不奇怪。这不是水平问题，这时候换谁上去，也挡不住。但很多人都忽略了一个重要的情况。这支新军虽然连战连败，却败而不散，在很短的时间里，与叛军持续激战，却仍能组织起来进行战斗，简直就是奇迹。这就是名将的水平，即使带着一群从未上过战场的新兵，也能打得有声有色。

尽管这支新军挡不住叛军，却没有放弃而是节节抵抗，他们从洛阳远郊打到近郊，又从近郊打到城下，两军甚至在洛阳的多个城门展开激战，反复冲杀。

怎奈双方的实力过于悬殊。十二月十二日，洛阳还是陷落了。但封常清跟他的新军已经尽力了。

封常清只能带着部队往潼关撤。在去潼关的路上，封常清在陕郡遇到了高仙芝。此时对战局认识最清醒的人是封常清，战场重逢，两人却来不及叙旧。

军情紧急，封常清告诉高仙芝千万不要轻敌："累日血战，贼锋甚锐。现在潼关无兵，如潼关失手，京师危急，应急回潼关严守。"高仙芝最了解封常清，知道这位自尊心极强的搭档，不到万不得已是不会这么说的，眼前的局势已经不容他多想。洛阳地处平原，正适合敌人骑兵奔驰，此时带着未经战阵的新兵去洛阳无异于自投罗网。封常清洛阳血战的经历已经可以说明一切，这时候不能跟敌人硬碰硬，得先稳住战线，让部队尽快适应战场，待各路援兵赶到，再大举反攻。

当务之急是尽快找到一个可以依托、有险可守的阵地将敌人的攻势挡住。而放眼望去，这周围只有一个地方最合适，就是封常清说的潼关，而此时关乎存亡的潼关又恰恰没有大部队驻守。敌人已占洛阳，正在来潼关的路上，敌军又多是骑兵。潼关重地要是让叛军抢先占去，后果不堪设想。想到这里，高仙芝当机立断，下令，撤，赶紧撤！全军调头，后队改前队，去潼关！

这个决策做得相当及时又相当正确，如果不是后来李隆基犯下的一系列昏聩到极点的错误，高仙芝此时的这个决定几乎挽救了唐朝。

高仙芝、封常清率军急忙往潼关赶，而此时叛军大队骑兵也正在来潼关的路上。

高仙芝与封常清前脚刚到，后脚叛军就杀到关下，就差一步，潼关险些落入敌手，好险，好险！幸亏两人带主力及时进驻，才保潼关不失，至少暂时保住了。

尽管唐军撤得非常及时，也非常快，但后队还是被敌人赶上，一场混战，后队唐军被冲散，但好在主力撤退及时，损失不大。

如果不是高、封二人撤退及时，叛军杀进潼关，眨眼之间就能杀到长安。到时，恐怕李隆基连逃跑的时间都没有。甚至可以这么说，高、封二人退保潼关，救了李隆基一命。可是，长安的李隆基却想要他们的命。

当初，那么多人说安禄山要反，李隆基就是不信。谁说也不信，结果如何，被现实狠狠打脸。

李隆基在全国臣民面前丢人现眼，别人不说，他也能感受到群臣对他的微妙变化。

开战以来，叛军连战连胜，造反才一个多月，就已经杀到潼关。

羞愧、愤怒，让李隆基彻底失去理智。

当收到洛阳失守，高仙芝、封常清兵退潼关的消息后，他就已经对二人起了杀心。

骄傲一辈子一向英明神武的李隆基不能接受失败，特别到了晚年，本来可以圆满收尾，可是安禄山的叛乱将他的美梦彻底摧毁。

封常清到潼关后，请求面见李隆基当面汇报战况，并提出固守潼关寻机破敌的建议。但得到的答复是不准，不许他进京，也不听他的建议，反而直接下诏将封常清免职，命其以白身在高仙芝军中效命。这是一个危险的政治信号，说明皇帝对封常清已经不再信任。

封常清很快就收到了皇帝要处死他的诏书。对此，封常清并不感到意外，从皇帝拒绝见他，封常清就已经预料到了这个结局。

封常清说："我之所以至今未死，实在是因为不忍心让国家受辱，死在叛军手中。我奉诏讨贼无效，死而无怨。"说罢，从容赴死。

接下来被杀的是高仙芝，他的罪名是贪污军饷。高仙芝看着封常清的尸体，仰天长叹："你从寒微之时开始跟随我，我提拔你做判官，后来又替代我做节度使，如今你我一起死于此地，难道这就是命吗！"高仙芝也被斩首。

高仙芝、封常清都是立有战功的国家名将，在军中素有威望，他们被冤杀令本已消沉的唐军的士气一落千丈。潼关的唐军大多并不是他们的旧部，而是临时招募的新军。两人统领这支新军的时间并不长，但就在这很短的时间里，他们就赢得了士兵的敬重拥戴。

如果能给二人充分的时间操练这支新军，以他们的能力，是很有可能将其练成一支精兵的。届时，不仅能守住潼关，还可以配合郭子仪率领的已经东出河东的朔方军，前后夹攻叛军。由高仙芝、封常清从正面阻击叛军主力，郭子仪则率军直捣其老巢范阳，令叛军首尾不能相顾。只要攻下范阳叛军的大本营，叛军将不战自溃，叛乱也可很快平息，也不会有之后持续八年的安史之乱。

李隆基冤杀高仙芝、封常清，自毁长城。

接替他们的是哥舒翰。

哥舒翰临危受命。这个命，他不敢不受。不受的下场，只能比高仙芝、封常清死得更惨，然而当时的哥舒翰重病在身，已经处于病退状态，不论是身体还是精神，已经不适合指挥作战，但朝中再也找不出能战的名将，哥舒翰只能强撑着病体赶往潼关。

此时潼关的唐军号称二十万，都归哥舒翰指挥。

哥舒翰从长安出发之时，就向唐玄宗说出了他的退敌之策，那就是他在正面严守潼关，以郭子仪的朔方军兵出河北直捣范阳叛军巢穴的策略。

他是这么说的，也是这么做的。这是当时最可行、最实际，也是最正确的策略。这也是高仙芝、封常清最初的选择。任何一个头脑清醒的稍有战争经验的将军都会这么做。朝廷如能始终坚定执行这一战略，胜利指日可待。

凡兵者，以正合，以奇胜。潼关守军就是正兵，而朔方军就是奇兵。正兵从正面与敌人对峙，拖住敌人。奇兵从侧后出击，动摇敌人的巢穴。

叛军最希望速战速决，而安禄山最怕的，就是在潼关前被堵住。如果不能打下潼关，给朝廷留出充分的动员集结时间，他必败无疑，他的后方并不稳固，而他的军队主力距老巢范阳已经很远。如果范阳被攻击，他来不及救援。唐军如据潼关坚守不出，再派奇兵奔袭范阳，前堵后杀，等待叛军的只能是土崩瓦解。

哥舒翰守在潼关、郭子仪奔袭河东，唐军此时正在执行这个策略。

这就要说到另一位名将郭子仪。这位"再造王室，勋高一代"的大将在安史之乱爆发时已经五十九岁了，换在今天，这也是要退休的年纪了。而且，这时郭子仪也不在军中，他正在家守孝，他的母亲去世了。但朝廷强令他"夺情"，并直接任命其为朔方节度使率军平乱。忠孝不能两全。国家危急，郭子仪也只能强忍悲痛，接过重任。

为何要起复郭子仪呢？因为郭子仪的老上级安思顺也被皇帝处死了。李隆基在确认安禄山谋反后，下令将留在长安做人质的安禄山的儿子安庆宗处死，并赐安庆宗之妻荣义郡主自尽。同时，李隆基又召回时任朔方节度使的安思顺，将其调回长安。

安思顺在朔方节度使任上战功赫赫，而且此前多次向李隆基奏报，说安禄山有谋反之意，但当时，李隆基自己不信，对安思顺的提醒全然不放在心上。如今安禄山果然反了，李隆基不检讨自己，反倒嫉恨怀疑安思顺。这里面安思顺是很冤的，他早就提醒过皇帝，尽到了自己的本分，皇帝不听，他又有什么办法，最终他也没能逃过这一劫，也被杀了。朔方军的将士，包括郭子仪在内，都知道安思顺是冤枉的，但这时还是要以大局为重。安思顺的部将郭子仪被任命为朔方节度使，安史之乱平定后，郭子仪也向当时的皇帝唐代宗上书，为老上级鸣冤，安思顺的冤案才得以昭雪。

在这前后，被冤杀的大将还少吗？高仙芝、封常清，哪一个不是被冤杀的？

新任朔方节度使郭子仪，此时顾不上为安思顺鸣冤，此时的朔方军也面临着严峻的考验。

北方沿边军镇，若论重要性，朔方镇当居其首。因为朔方镇就在长安的正北，直接护卫着京师长安。也因此，朔方军的地位甚至要高于河西、陇右诸军。朔方镇初设时兵额只有六万，低于河西、陇右，这两镇的兵力都超过七万，但到安史之乱时，朔方军兵力已有十万。

安禄山用兵多年，他深知朔方镇的重要性，朔方位于河东、范阳两镇侧后。朔方军出兵东进，翻太行山，出井陉口，可直接切断叛军的归路。哥舒翰、郭子仪能看出来，安禄山不会看不出来。能当上节度使的，都不是等闲之辈。对唐军东出的可能，安禄山是做了防备的。

早在进攻洛阳之前，安禄山就派手下大将高秀岩为大同军使率兵连夜赶赴大同军，以阻止朔方军东出。说起来，这个高秀岩还曾参加过哥舒翰指挥的攻击石堡城的战斗。安禄山又命其部将安忠志率精兵屯于土门（今河北省石家庄市获鹿镇），以防朔方军进入河北。

但还未等郭子仪出击，高秀岩先动手了，他带兵围攻朔方镇的振武军。郭子仪准确预判到叛军的进军线路，率军绕到高秀岩背后，与振武军前后夹击，大败叛军。随后，郭子仪又趁敌人败退，乘胜追击，突破长城天险杀虎口。这里地势险要，两山对峙，关下狭道是连通漠南草原与并州的要道。

攻下杀虎口后，郭子仪随即进兵包围杀虎口南二十余里的静边军（今山西省右玉县）。静边军是前河东节度王忠嗣所筑，是朔方至云中（今山西省大同市）防御体系中的重要节点。夺取静边军，东可攻云中，南可胁并州（今山西省太原市）。郭子仪兵围静边军，此时一位颇具传奇色彩的英雄出场，他叫苏日荣，陕西武功人，时任大夏（今甘肃省临夏回族自治州）县丞。当时他在静边军游历，当他得知郭子仪大军兵围静边军，果断行动，发动袭击，将静边军叛将周万顷刺杀。郭子仪正在探究如何破城，突然发现城中四处火起，知道城中有变，随即命令攻城，一举而下。

安禄山得知静边军失守，急令大同兵马使薛忠义率军来救，想夺回静边军。郭子仪命左兵马使李光弼、右兵马使高睿、左武锋使仆固怀恩、右武锋使浑释之，四面合围叛军，大败薛忠义。

郭子仪携大胜之威，分兵四出，向北兵围云中，向南攻占马邑。接着，郭子仪又在河曲大败高秀岩，接连攻克军事要地马邑、雁门，打开了翻越太行山进入河北的通道。

天宝十五年（756），从正月到六月，不论是正兵哥舒翰，还是奇兵郭子仪，都在坚定执行既定的奇正相合的战略部署。

半年来，哥舒翰率军坚守潼关，不给叛军任何机会。

郭子仪的朔方军在并州更是捷报频传。

叛军已露颓势，向西难以突破潼关天险。朔方军又在河北诸道截断叛军退路，将叛军分割成以安禄山为首的洛阳集团和以史思明为首的范阳集团，两集团之间首尾不能相顾。

安禄山无计可施，除了在洛阳的宫殿里痛骂当年怂恿他造反的心腹，就是痛打身边的侍卫。

就在安禄山即将败亡之际，李隆基及时送来"助攻"。

安禄山很急，但李隆基比他更急。

安禄山急的是，再这么相持下去打不开局面，他的失败就只是时间问题。

李隆基也很急，都半年多了，还未搞定叛乱，他等不及了。

六月，李隆基做出了这一生中最大也是最后一个愚蠢的决定，一日之内连发六道金牌，逼哥舒翰出潼关与叛军决战。

李隆基做出这个决策是据前方的眼线报告，说潼关的叛军不多，只有数千老弱，很容易对付，此时出击，必能大获全胜。

急于打败叛军挽回面子的李隆基，这才严令哥舒翰出击。

其实，只要稍有军事常识就能看明白，这是叛军的诱敌之计，在军事谋略里属于最初级的那种。

强示之以弱，弱示之以强。

本来很强却故意装得很弱，只是想引你出来。

本来很弱却故意虚张声势，只是想让你"知难而退"，不敢去找他的麻烦。

安禄山的计策明显属于前者。这点儿雕虫小技自然瞒不过哥舒翰，但骗此时头脑发热的李隆基是够了。

哥舒翰接旨后暗叫大事不妙，急忙上书，说："安禄山久习用兵，暗藏精锐，以老弱兵卒引诱，肯有诡计。贼兵远来，利在速战。如我师轻出，正中其计！"但李隆基不听，加上杨国忠在一旁撺掇，李隆基打定了主意，必须出击。

成事需要千万人的努力，但坏事，一个蠢人就够了。

可偏偏这个蠢人是有决定权的人。

李隆基年轻时何其果敢睿智，他的皇位可不是别人给的，那是他靠着自己的努力硬夺过来的。

李隆基年轻时有多英明，现在就有多糊涂。

在平叛战争中崭露头角的郭子仪、李光弼也上书劝谏："请引兵北取范阳，覆其巢穴，质贼党妻子以招之，贼必内溃。潼关大军，唯应固守以弊之，不可轻出。"二人主动提出去袭击敌人后方，而建议唐军在潼关的主力坚守要塞。同时，郭子仪、李光弼还认为，如果师出潼关，一旦"变生京师"，则"天下怠矣"。后来的事情，果然被他们说中了。

六月初四，关闭已久的潼关城门突然大开。潼关的二十万唐军倾巢而出。但主帅哥舒翰的心境却是悲凉的甚至是悲壮的，明知前面是个坑，却不得不往下跳。

李隆基之前其实是认可坚守潼关东出河东奇正相合的方针的，不然，他也不会允许哥舒翰在潼关待上六个月。但他最终还是未能沉住气。

哥舒翰带出来的这二十万唐军大部分是从未上过战场的新兵，再加上此时的哥舒翰，军旅生涯的巅峰期已过。

虽然哥舒翰与郭子仪同龄，但疾病摧垮了他的身体，似乎也打击了他的意志。

虽然此时距他大败吐蕃立功青海仅仅过去三年，但哥舒翰早已不是当年那个神勇无敌用半截枪就敢跟吐蕃肉搏拼命的哥舒翰了。

六月初八，唐军出关后与叛军遭遇，叛军果然不堪一击，一触即溃。哥舒翰率领唐军沿着叛军败逃的方向追了下去。结果也不出预料，唐军被早已埋伏在四周的叛军主力伏击，钻进口袋的唐军很快崩溃，十余万大军乱作一团，又乱哄哄地顺着来时的路往回跑，被叛军一路追杀，死伤惨重。原来准备用来对付叛军的壕沟，却被唐军士兵的尸体填满。

二十万唐军出关，回来的只有八千，连主帅哥舒翰都被叛变的部下绑着送给了安禄山。被俘的哥舒翰未能坚持到底，投降了敌人，不久又被杀害。如果哥舒翰战死在潼关，他在历史上的评价会好很多。

尽管在人生的最后时刻留下了污点，但不可否认，哥舒翰在西北前线立下了战功。随着他的死，河陇名将凋零殆尽。

六月初九，叛军顺利进入潼关，通往长安的大门打开了。

六月十二日，李隆基召集朝臣开会，商讨对策，但朝堂上鸦雀无声，没有人搭理他。于是，他又表示要御驾亲征，亲自去扫平叛军，大臣们不作一声，还是没有人搭理他。

李隆基很尴尬，但这一切都是他咎由自取。不是没有人给他出过主意，从封常清、高仙芝到哥舒翰，都劝过他守在潼关，不要出去，他不听呀。他又是怎么对待这些人的，封常清、高仙芝被杀，哥舒翰被逼出战，兵败被俘。

名将死的死，亡的亡，关中的唐军主力都在潼关，一战即败亡殆尽。如今长安缺兵少将，这仗还怎么打？御驾亲征不过是李隆基为挽回面子做秀，他想要大臣们出来劝他，给自己找个台阶下。

但是大臣们不配合，全都保持沉默。谁都不傻，这时候出来说话，是要背锅的，这个大锅可不好背，是会死人的。

既然演戏你们不配合，那我干脆也不演了。

次日清晨，李隆基在三千禁军护卫下，带着太子还有他心爱的杨贵妃连夜出逃。

李隆基跑的时候,除了杨国忠等少数亲信大臣,大多数人都不知情。

直到第二天上朝,大臣们才发现,皇帝不见了。很快,他们就得到了令他们崩溃的消息,皇帝跑了。这下整个长安全乱了,从大臣到百姓纷纷携家带口争相出逃。

其实,李隆基本可不必如此狼狈,从安禄山造反到他被迫出京避乱,李隆基至少有两次挽救危局、反败为胜的机会。

两次都是二选一的选择题,只要选对一次,就能化解危机,平定叛乱。

可惜,两次李隆基都"完美"地避过正确答案。

第一次是不该冤杀高仙芝、封常清。他们中的任何一人,只要能指挥随后赶来的西域、河陇的精锐唐军,都能挡住叛军,甚至在正面击败敌人。

第二次是不该逼哥舒翰出战。当时,哥舒翰率领的唐军已经跟叛军在潼关相持半年,这半年,郭子仪、李光弼已经在河北敌后战场打开局面。要不了多久,河北大部就会被收复,到时,安禄山将腹背受敌,唐军则可前后夹攻,胜利指日可期。可李隆基偏要逼哥舒翰出关,结果,就是李隆基不得不仓皇出奔,前往蜀地。

但李隆基带着他的撤退小队只跑了一天就出事了。

六月十四日,李隆基等行至马嵬驿,因为走得太过匆忙,啥都顾不上带,这会儿跑了一天,又渴又饿。禁军的不满情绪迅速蔓延,这些士兵在长安舒服日子过惯了,哪受过这份罪,士兵们牢骚满腹,情绪极其不稳定。这点对接下来发生的事情很重要,群情激奋之下,再加上有人刻意引导,平时不敢干的事情,现在也敢干了。

就在这时,杨国忠来到马嵬驿,他刚一出现就被一群吐蕃使者围住，要求返回吐蕃。就在双方交涉时，禁军中有人高喊："杨国忠与胡人密谋，意欲谋反！"禁军顿时群情激奋，一拥而上将杨国忠乱刀砍死。接着，乱兵又将杨国忠的儿子和韩国夫人（杨玉环的姐姐）杀死，并包围皇帝的营帐，逼迫皇帝杀杨玉环以谢天下。

面对情绪激动的士兵，李隆基只能选择妥协，将杨玉环缢杀，并将杨玉环的尸体置于天井之中，供乱兵校验。这次逃亡途中的兵变就是历史上有名的"马嵬驿之变"。

这次看似偶然的兵变，背后却是一场经过策划的夺权政变。虽是政变却不是蓄谋已久的，而是因势利导，顺势而为。

从李隆基抛弃他的臣民出逃的那一刻起，他就已经不配再做皇帝。经过这场变乱，李隆基已然威信扫地。沉默多年的太子李亨敏锐地意识到，他的机会来了。

说起太子，很多人都很羡慕。太子，国之储君，帝国的接班人。太子是真正的一人之下，万人之上。那日子不知有多滋润。然而，很多人不知道，太子其实是很苦的。特别是有些朝廷，皇帝能力特强又特别长寿的，太子的处境用"苦"字已经不足以形容，更准确地说是惨，放在李亨身上就是特别惨。

李隆基能力很强又很长寿，但同时他又极其自负极为多疑。他是通过政变上台的，搞阴谋的人对别人对他使阴谋特别敏感。自从李亨被立为太子，他的苦难生活就开始了。

平时，李亨时常受到唐玄宗的刻意打压。群臣很快也领会了精神，特别是李林甫跟杨国忠，两人都有意找太子的麻烦来讨好李隆基。李林甫当权，李林甫踩他；杨国忠得势，杨国忠也欺负他。

长年受欺压的李亨对这二人是恨之入骨，而这两人敢于明目张胆地欺负太子，也是因为有李隆基在背后给他们撑腰。李隆基与李亨这对父子的关系是颇为微妙的。

从谁受益谁发动的逻辑分析，太子李亨是马嵬驿之变的真正幕后主谋。但如前所说，这场兵变不是他周密策划的，他只不过是顺应形势，利用人们的不满情绪，因势利导，最终促成这场改变唐朝政治走向的兵变。

马嵬驿之变，是一道政治分水岭，太子李亨在禁军的簇拥下，与李隆基分道扬镳北上灵武，那里是朔方军的大本营，是新的政治中心，也是唐军的总指挥部，更是李亨的龙兴之地。

而李隆基在少量禁军护卫下，逃往蜀地。他将从那里开始他的退休生活。

天宝十五年（756）七月九日，太子李亨在禁军的护卫下，抵达朔方军大本营灵武。

七月十二日，李亨在灵武登基称帝，即唐肃宗，与此同时，又于当年改元，改年号为至德，遥尊蜀地的李隆基为太上皇。

李隆基千防万防还是未防住，到底还是走了他父亲李旦的老路。

当年，他将父亲李旦逼成太上皇。如今，他的儿子也以几乎相同的方式，通过政变，将他变成太上皇。不知在成都闲居下来的李隆基在追忆往事时会作何感想。

马嵬驿之变宣告李隆基时代结束了。

随之开启的是一个新的时代，虽然不如从前，却是新的。

李亨登基后，传檄天下。郭子仪在前线突然得到潼关失守、长安陷落、太子于灵武称帝的消息后，被迫放弃河北诸郡，回兵朔方勤王。只留李光弼守太原，原已形势大好的河北诸郡再次逆转。

河北很重要，但灵武更重要。

唐肃宗是靠政变上位的。北上灵武时，他带去的军队很少。虽然从长安出发的大部分禁军都选择追随他，但从长安带出的禁军也只有三千人。此时的灵武看上去一点儿也不像军政中心，唐肃宗身边就那么几个大臣，部队人少不说，还军容不整，士气低迷。

此时的唐肃宗急需来自军队的支持。朔方军主力及时赶到，在最紧要的关头给了唐肃宗最关键的支持。

得到军队特别是朔方军的支持，唐肃宗这个皇位才算是坐稳了。朔方军也从普通边军一跃成为天子的"禁军"，就当时朔方军的地位而言，确实如此。

大唐最能打的部队都在北方，东北已经乱了。西北现在能指望的只有朔方军。因为西域、河陇的军队，都有各自的任务，主要防御吐蕃，而且他们的驻地很远，一时半会儿也调不回来，远水难救近火。

朔方军就在身边，还很能打，唐肃宗眼下也只能指望这支部队了。

然而，接下来唐肃宗的操作却令人大跌眼镜，当前最紧要的任务自然是收复两京。唐肃宗好不容易有了几万人，他迫不及待就把这些兵派出去了。但领兵的主帅却不是郭子仪，而是一个叫房琯的人，这个房琯是个纯文官，之前也从未有过带兵的经历，更别提带着几万人去打仗。

果然，初上战场的房琯，不知道如何排兵布阵，如何打仗。于是，他就去翻书了。在书上，他看到战国时期军队作战都流行使用战车，想象数千辆战车冲向敌人的壮观场景，他就兴奋。

但是战车要用马拉，可是唐军马匹紧缺，仅有的马还要留给骑兵。但这难不倒房琯，马不好找就用牛代替。

于是，当两军开战之际，叛军首先看到的是数千辆牛车向他们冲来。

初看到这一幕，叛军估计也是一头雾水。不过，他们很快就反应过来，意识到对面这个指挥官是来送死的。叛军随即四面包抄。唐军队伍被牛车阻隔，被叛军各个击破，唐军惨败。

之前东拼西凑的军队，这次几乎赔光。

顺便说一句，房琯损兵折将受到唐肃宗的严厉处罚。当时也在朝中做官的杜甫，与房琯很有交情，尽管官职很小，却很有胆量，上书为房琯求情，结果激怒皇帝被贬黜，远走蜀地。

唐肃宗知道想打败叛军收复两京，只能用郭子仪了。

那为啥开始不用，现在才想起来用。还有啥原因？不信任呗，至少是不完全信任。

安史之乱，一个很糟糕的影响就是，从此以后，历代皇帝对手握重兵的大将都不再完全相信，毕竟，教训过于深刻。

皇帝开始从一个极端走向另一个极端。

李隆基对安禄山一味地宠信放任，到了李亨这里就是不讲道理地猜忌防范。即使郭子仪是为数不多的可用大将，即使郭子仪在灵武曾力挺他，但他依然猜忌郭子仪，依然防范郭子仪。

甚至战争还在进行，李亨就开始将大部分心思用来对付支持他上位的朔方军。仗还在打，李亨就开始拆分朔方军，不停地缩小朔方军的防区。

接下来，唐肃宗又下了一道影响深远的命令，将河西、陇右乃至西域的唐军主力东调平叛。这些唐军都是精锐中的精锐，战斗力极强的野战军。他们的责任也最重，与吐蕃对抗，守卫西北。

可是，现在，唐肃宗要将他们中的大部分人调回中原。这意味着西北兵力将大大减少，将给觊觎西域、河陇百年之久的吐蕃以可乘之机。

这是挖肉补疮，拆西墙补东墙。

谁都知道这么做的危害，但又不得不这么做。之前，房琯将唐军在朔方的主力损失殆尽。此时，唐肃宗急于收复长安、洛阳，来证明他的合法性，证明他的能力。他也希望以此收揽人心，树立他的威望。

但要进攻长安与叛军决战,必须要集中主力,精兵强将都派出去,这是下血本的时候,不能有任何的犹豫。

强将自然是郭子仪,精兵就是从西域、河陇调来的百战精锐西北唐军。

安西、北庭军抽调了一万五千人的精锐部队回师平叛。

唐肃宗见到陌刀将李嗣业统率的安西精兵,非常高兴,称"今日卿至,贤于数万众。事之济否,固在卿辈"。

杜甫当时也见到了从西域远道赶来的雄壮威武的安西军精锐。这让杜甫兴奋异常,情不自禁地写下"奇兵不在众,万马救中原"。

然而,对皇帝的布置,有人提出不同意见。敢这么做的必定不是一般人。是的,此人是唐代历史上的奇人,他就是人称帝王师友、山中宰相的李泌。

张爱玲说过,出名要趁早。李泌绝对符合这个标准,他七岁便受到李隆基的召见,因应对得体,被誉为神童。于是《三字经》便留下"泌七岁,能赋棋"的典故。然而,不管他表现得如何出色,毕竟,当时他还只是个孩子。

长大后的李泌奉诏入宫给李隆基讲道家经典《老子》,得以待诏翰林,供奉东宫,与太子李亨相识。

年轻气盛的李泌写诗讥讽杨国忠、安禄山,被逐出长安。但李泌在东宫期间,与太子李亨结下了深厚的交情,这为他之后的复起,打下了坚实的基础。

李亨在灵武即位后,三十五岁的李泌以"山人"身份回到朝廷。虽然李泌不愿出仕,但唐肃宗对他极为赏识,十分尊重,言必称"先生",不呼其名。

李泌虽然不是宰相,但说话的分量比宰相都重。

李泌在他给皇帝的《平叛策》中指出,此前唐军一直在与叛军反复争夺各处城池,却未从全局去审视形势。此时,不应计较一城一地的得失,而应利用广阔的空间,从东西两个方向调动叛军主力,使其首尾难顾,从而各个击破。

为实现这一战略方针,他制定了一套稳扎稳打、步步为营的策略。

首先,充分调动叛军。

利用叛军占据中原战线过长、兵力分散的特点,令唐军尽可能将叛军往西吸引,将其战线拉得更长。

同时,令郭子仪的朔方军进入河东,接替李光弼堵住叛军的归路。而李光弼的河东唐军,则从太原取道井陉穿越太行山入河北。

这样,"头在关中,蛇在洛阳,尾在范阳"的叛军长蛇阵,将首尾难顾。

其次,直捣覆巢,釜底抽薪。

以建宁王李倓所部唐军,经塞外直插安史叛军的老巢范阳。

先期已从太原出井陉入河北的李光弼部,自南向北突进,攻击范阳之南。

两支唐军互为犄角,夹击叛军而覆其巢穴。

最后,四面合围彻底解决叛军。

摧毁叛军老巢的震慑效果,再以大军四面攻击,其他各处叛军,必然土崩瓦解。

李泌认为,如按此计,不出二年,定可扫平安史叛军。

但一向对李泌言听计从的唐肃宗却直接否定了李泌的方案。

对"得位不正"的唐肃宗而言,现在没有比夺回两京更重要的事情,他的对手可不只安史叛军。他在后方的老爹跟他的兄弟们也是潜在的对手,夺权的对手。

李隆基入蜀后,虽然表面上挺配合李亨,但暗地里也未闲着,他打着帮李亨平叛的旗号,赋予李亨的兄弟们兵权。不久果然引出永王之乱。这时常年不得志的李白正以幕僚身份待在永王军中，后受牵连也被捕入狱，好在得到友人相助，很快被释放。

虽然调来西域、河陇驻军，但唐肃宗仍感兵力不足，于是便派人向回纥借兵。

唐军虽然经过血战收复长安，但本可迅速平定的安史之乱又拖延数年之久。后来虽然平定叛乱，但也平得不彻底，留下河朔三镇这个危害，藩镇也成为大唐的腹心之忧。

汉兵处处格斗死——河陇失守

奉皇帝诏令,安西、北庭的一万五千精兵东调平叛。两镇在西域的总兵力有四万左右,这意味着近一半的兵力被抽走。面对虎视眈眈的吐蕃,靠两万人如何守住广袤辽阔的西域?

其实,安西、北庭的四万士兵仅仅是唐朝在西域的正规军,尚未包括属国军队,唐朝在西域的军事动员能力,远不止这四万人。

唐朝在安西、北庭的驻军都是唐朝的正规军,大部是从内地征募,都有编制。

北庭的两万人分为三军:

瀚海军驻庭州,一万两千人。

天山军驻西州,五千人。

伊吾军驻伊州,三千人。

北庭都护直接兼任瀚海军经略使,西、伊两州刺史兼任另两个军的经略使。

此外,北庭都护府下设有十五个守捉和十六个军镇,长官分别为守捉使和镇守使。这些守捉、军镇兵力从数百到数千不等。

但驻防守捉的唐军多数不是正规军,有的是招募的当地人,有的是随军家属或退役军人。

汉兵处处格斗死——河陇失守

唐朝在西域的布局是很合理的，以主力部队的三个军驻守庭州、西州、伊州这三个战略要点，而以地方部队呈线状分布守外围，内重外轻，点线结合。如果李隆基也能照此模式在中原布局，安史之乱大概率也就不会发生了。

正规军具备野战远征的能力，守捉的士兵只能守城。

唐朝在西域除两大都护府直辖的正规军与分布在各处交通线上的守捉兵力，在西域能动员兵力还有很多，这就要说到唐朝的羁縻政策了。

从贞观到天宝，唐朝在西域设置了十几个都督府和近百个羁縻州，以自治方式统领城郭诸国、河中诸国、吐火罗、突厥十姓、葛逻禄、沙陀等小国。例如，三姓葛逻禄为阴山都督府、大漠都督府、玄池都督府，著名的沙陀部为金满州、沙陀州。

这些都督府和羁縻州，虽然不被列入编户，但都有提供军队的义务。唐朝骑兵主要靠的是羁縻部族，历史上灭高句丽、灭薛延陀、灭西突厥、灭突骑施，都动员了几万甚至十几万的部族骑兵，打的都是唐军旗号。这些部落也涌现出很多名将，如阿史那社尔、哥舒翰、契苾何力，以及接下来要出场的仆固怀恩、浑瑊等。

通常，安西、北庭出兵时，会以正规军为基础，征调属国以及羁縻部落兵力。以怛罗斯之战为例，安西节度使高仙芝麾下正规唐军大概只有一万人，另有龟兹、疏勒、拔汉那属国的一万人，再加上羁縻部落葛逻禄骑兵一万人。这些军队都是法律意义上的唐军。安西、北庭两镇实际能动员的兵力，至少在十万以上。这也是后来西域唐军在与朝廷失去联系的情况下能孤军坚守四十年的主要原因。

安西四镇——龟兹、于阗、疏勒、焉耆，每镇都是一个属国，都有数千乃至上万的兵力。其中，于阗国王尉迟胜就亲自率领本国五千兵马随安西军入中原勤王。对于阗这种全国人口只有几万人的小国,这规模已经是倾国之兵了。于阗在用实际行动表明对唐朝的忠诚。

曾在怛罗斯之战中与唐军兵戎相见的大食这时也派兵助战。

怛罗斯之战不过是唐朝、大食东西两大强国在双方势力范围重叠区的一次偶遇,其影响并非有些人渲染的,高仙芝在怛罗斯的战败使唐朝退出葱岭以西。实际上,这次战役对中亚格局未产生重大影响。唐朝兵力投送的极限就是葱岭。设在葱岭上的葱岭守捉,是唐朝事实上的西部边界,超出这个范围的地区,唐朝并不关心也不在意。

大食也是如此,也没有东进的意思。战后,大家依然各过各的,即使是怛罗斯之战的导火索石国,也仍旧依附唐朝。

唐朝与大食的关系也未受影响,生意照做,交流照常。

大食能在唐朝最困难的时候出手相助,本身就已经说明此时两国的关系很铁。

患难见真情,唐朝在西域的影响力不容小觑。

令唐肃宗做梦也想不到的是,与唐朝在河陇血战一百多年的吐蕃居然主动跑来表示愿意出兵帮助唐朝平叛。

回纥出兵是唐朝派人求援,还是先谈好条件,回纥才肯来的。

但吐蕃明显更"热心",不仅不请自来,而且来得还特别早,唐肃宗在灵武刚即位,吐蕃使者就跑过去了。

不同于回纥的狮子大开口,吐蕃啥条件都没提,不提条件,只出兵。

凡事反常必为妖。

这就好比经常去你家偷鸡的贼,突然有一天说想痛改前非,愿意帮你看鸡。换是谁,都不由得不多想,你是来看鸡的还是来吃鸡的。

面对过度"热心"的吐蕃,唐肃宗的脑袋还算清醒。他还不想引狼入室。

唐朝表示虽然家里最近有点儿乱，但还是能搞定的，就不麻烦"好邻居"了。

唐朝委婉地表达了拒绝吐蕃的意思，将使者打发走。

谁知，第二年，吐蕃使者又来了，还是想为平叛出点儿力。面对执着的使者，唐朝不得不把去年说过的话又重复一遍。

第三年，吐蕃的使者没有来。可是，军队来了。

因为唐肃宗将河陇的唐军主力都调去中原，吐蕃终于等来了梦寐以求的机会。这次，不用再假惺惺演戏了。既然巧取不成，那就豪夺。

吐蕃军队撕开伪善的面具，露出狰狞的面孔，在河西、陇右攻城略地，连陷威戎、神威、定戎、宣威、制胜、金天、天成等军镇，之前牺牲数万将士，好不容易打下的石堡城也丢了。

唐肃宗至德二年（757）十月，连陇右的治所鄯州（今青海省乐都县）也被吐蕃占领，陇右被迫搬到廓州（今青海省贵德县）。

宝应元年（762），面对吐蕃的步步紧逼，唐肃宗只能以绢帛利诱吐蕃，换取吐蕃的暂时退兵，甚至不惜割让土地，饮鸩止渴。这年四月，唐肃宗驾崩。吐蕃乘机连陷秦、渭、成、洮四州。第二年，河、兰、岷、廓、临、原六州沦陷。

安史之乱终于平定了。

可是，河西、陇右也差不多丢光了。

从至德元年（756）到宝应元年（762），唐朝在同时进行两场战争。但是人们，至少多数人只知道和记得一场战争。

东线是古今中外人所共知的平叛战争。

西线是鲜为人知的艰苦卓绝的守城战。

东线吸引了大部分人的目光，朝廷在这里投入了几乎所有能打的主力部队，倾尽国力，但也仅仅诛杀首恶，留下河朔三镇，成为藩镇割据的先声。

西线早已被朝廷遗忘，可是那里的军民，仍在为保卫家园与敌人做着殊死的搏斗。他们知道不会有援兵，因为主力部队都被调去中原了。但他们依然选择抵抗，抵抗到底！

吐蕃集中优势兵力，一座城一座城地围攻，河西的城池也一座接一座地陷落。

很多城池的守卫者做到了人在城在，他们在射出最后一支箭，流尽最后一滴血后，抵抗才会停止。

从始至终，他们都在孤军奋战。更悲壮的是，他们一开始就知道这一点，但他们依然选择抵抗。

诗人张籍的《横吹曲辞·陇头》描写的场景是此时河西的真实写照：

> 陇头路断人不行，胡骑夜入凉州城。
> 汉兵处处格斗死，一朝尽没陇西地。

安史之乱虽然被平定，但朝廷依然抽不出兵力来支援河陇。河西的形势并未因安史之乱的结束而有所好转。

贪得无厌得陇望蜀的吐蕃，胃口越来越大，他们已经不满足于占领河陇。他们贪婪的目光瞄向了长安所在的关中，一场大战势不可免。

临危受命——郭子仪收复长安

当唐军在东线与叛军连番血战之际,吐蕃也未闲着,当确知唐军主力被调走平叛,吐蕃意识到,他们的机会来了。

现在他们只需干一件事,趁火打劫。不得不说,他们干得相当"出色"。数年之间,河西陇右十之七八已归吐蕃所有。

曾经犹如铜墙铁壁的河陇防线,现在却千疮百孔,虚弱不堪。

唐肃宗对西线的状况心中有数,他知道今时不同往日,现在国力虚弱,军队又多在中原。这种情形下,万不可与吐蕃硬拼。为稳住吐蕃,他不惜卑辞厚礼,只求拖住吐蕃,至少也要维持现状。不是他愿意妥协,而是严峻的现实让他不得不接受。盛唐已经远去。如今的唐朝满目疮痍,重整河山需要时间,此时要打落牙齿和血吞。逞一时之勇,只会带来更大的损失。

这个道理,唐肃宗懂,但接班的唐代宗年轻气盛,他不愿再对吐蕃妥协。

两国关系迅速破裂。很快,陇山防线上便狼烟四起。吐蕃打过来了。

广德元年(763)十月,吐蕃军队攻破大震关,兵锋直指长安。泾州刺史高晖投降,直接当了带路党。吐蕃军连克邠州、奉天、武功,一路攻入长安。

代宗出奔陕州，号召各地将领出兵勤王，然而仆固怀恩与李光弼都选择作壁上观。

三大功臣只有郭子仪四处奔走募兵勤王。之所以会出现这一幕，完全是唐肃宗父子咎由自取。

叛乱尚未平定，唐肃宗就开始防范这些为他的江山社稷浴血拼杀的有功之臣了。

既然将帅权重难制，那就不让他们权重；既然功臣功高难赏，那就不让他们有机会立下大功。

安史之乱打了八年，与唐肃宗一味热衷搞他的纵横捭阖、搞帝王术有很大关系。对他而言，最紧要的是，防范那些领兵大将拥兵自重，所以他一面利用这些人打仗，一面又随时限制他们的权力。

来瑱也是安史之乱中涌现出的名将，骁勇善战，人称"来嚼铁"，谁遇上谁倒霉。唐肃宗却认为来瑱屡战屡胜，手掌重兵，必须压制，于是将其调任，外示尊崇，阴夺其权。不久，又将其贬黜，赐死。

兔死狐悲。

李光弼、仆固怀恩仿佛从来瑱的身上看到了未来的自己。他们不想步来瑱的后尘。

李光弼与仆固怀恩也遭到来自朝廷的猜忌，他俩不约而同地选择观望。只有郭子仪仍旧卖力奔走，但其实，三人中，最委屈的应该是郭子仪。

相州之战，朝廷九个节度使联合攻打史思明叛军，兵力占有压倒性优势，结果竟遭惨败。唐肃宗害怕大将掌握重兵，故意不设主帅，这明显是在防郭子仪。因为不论是战功还是威望，郭子仪都是统帅最合适的人选。但唐肃宗就是不用他为帅。

各自为战，缺乏统一指挥的唐军不出意料遭遇大败。虽然郭子仪也只是九位节度使之一，但因为名气最大，依然被唐肃宗选出来背锅。

接班的唐代宗在防范功臣方面比他父亲走得更远。唐肃宗防范将帅权重,将他们调来调去,但还得给他们留后路,以备战事需要之时,好让他们再为朝廷卖命。到唐代宗这里,安史叛军被收拾了,俨然"天下太平"。于是,"飞鸟尽,良弓藏,狡兔死,走狗烹"。

唐肃宗要的只是他们的权,唐代宗却想要他们的命。

三人面对京师陷落皇帝出奔的表现,已经决定了他们的结局。身为战将,他们主要只有两种工作,一是干活,二是背锅。

普天之下,莫非王土,率土之滨,莫非王臣。

既为人臣,那就只能尽到臣子的本分。让你干活就干活,让你背锅就背锅。不要意气用事,更不可闹情绪,不服从命令。皇帝对将帅抗令最为敏感。这也是皇帝的底线。

一旦领兵大将不服从命令,不听调遣,就会失去皇帝的信任。通常,下场会很惨的。

郭子仪很早就明白了这些事情,但李光弼、仆固怀恩却不明白。

于是,不久之后,李光弼忧郁而死,仆固怀恩则被逼反,很快也死去了。

只有郭子仪得以寿终正寝。他的结局是所有名将中最好的。

此时,郭子仪面对的是几乎不可能完成的任务,吐蕃军队已经占领长安。而郭子仪因为闲散多年,部下早已遣散,此刻他的身边只有二十名骑兵。

郭子仪带着皇帝的诏命,一路招募逃散的官兵,到达蓝田时,身边已经有了四千多人。

代宗担心吐蕃军队东出潼关,召郭子仪带兵到陕州护驾。郭子仪对使者说:"臣不收京城无以见陛下,若出兵蓝田,虏必不敢东向。"

此时，郭子仪手下只有临时召集来的四千溃兵，而他的任务是收复长安。

处心积虑剥夺他兵权的皇帝，如今却要他带兵去救驾。要不是郭子仪有号召力，一路上收编了四千多人，此时他就只能带着二十名骑兵去救皇帝了。

现在需要这四千人出力。如何整合这支临时拼凑起来的部队，让他们迅速形成战斗力并服从他的指挥，这就很考验水平了。而郭子仪也用行动告诉大家，他能成为一代名将、帝国柱石，绝非浪得虚名。

这四千士兵，不是郭子仪的部下。他已经多年不带兵。他们彼此都是陌生的，是真正的兵不识将、将不识兵。而老郭还要带着这群人去干拼命的工作——打仗。

但这些问题难不倒郭子仪。他这些年干的活儿就是在极为困难的条件下，将不可能变成可能，办法就是坦诚。

郭子仪登上阅兵台，面对台下四千多道期待的目光，他将要执行的任务以及可能遇到的困难都告诉了大家，然后他流着泪宣誓，誓取长安，与众将士同生共死，不胜不归。士兵们深受感动，军心士气也为之一振。

但郭子仪也很清楚，仅凭这四千余人，想收复长安，即使全拼了，也做不到。

必须智取。

郭子仪的办法是虚张声势。他命部将长孙全绪率二百骑兵，在蓝田城北，白天擂鼓呐喊，纵马狂奔，掀起滚滚烟尘，制造声势，晚上在城外遍燃篝火，造成大军从蓝田城东进军的假象，自己则亲率主力从蓝田城西出兵，直插长安城。

与此同时，郭子仪派出禁军将领王甫潜入长安城中，利用他熟悉地形的优势，在城中联络京城豪侠，作为内应。一时间，长安城中谣言四起，都说郭子仪率领朔方大军即将开到，很快就要进攻。声势造得很大，初来乍到的吐蕃人也不明虚实，信以为真。

吐蕃军出长安城来到蓝田城北，但见遍地灶坑、火堆，远处山后，唐军旌旗招展，人喊马嘶，不由得心生寒意。

说起来，吐蕃人也没想到，他们居然能这么容易就打到长安。放在十年前，这事儿，他们做梦都不敢想。十年前，他们还在青海被彪悍勇猛的哥舒翰率领的河西陇右唐军按在地上猛打。谁承想，十年后，他们竟轻而易举就攻下了长安。

但第一次杀入关中的吐蕃军队，人地两生，也搞不清状况，被郭子仪的疑兵之计迷惑，真以为唐朝大军将至，准备撤退。

但来都来了，也不能空手回去。于是，临走前，吐蕃士兵在长安城中大掠三天，带着抢来的东西匆匆撤出长安。

但不管怎么说，长安城被收复了。郭子仪再立新功，就靠着疑兵计还有四千溃兵，夺回了长安。

从满门忠烈到起兵反唐——被逼反的功臣仆固怀恩

说到平定安史之乱的功臣，人们首先想到的就是郭子仪跟李光弼。他们两个稳居功臣榜的前两位。接下来再往下排，第三就是仆固怀恩了。这个排名就如同前面的两位，也是没有争议的。

但就是这么个大功臣，却硬生生被逼反。安禄山的叛乱造成的恶劣影响之一，就是皇帝对武将特别是领兵大将深深的不信任。

即使是平叛三大功臣的郭子仪、李光弼、仆固怀恩也不例外，唐肃宗以及他的接班人唐代宗对他们依然不放心。

仗还在打，就开始各种算计。两代皇帝对待功臣们的方法其实都是差不多的。但功臣们的反应是不同的，因此，结局也是不同的。

性格决定命运。用在功臣们的身上很合适。

平定安史之乱，李光弼的战功是最多的，倒不是说郭子仪水平不如他，而是郭子仪早早就被收走了兵权。最艰苦的时期都是李光弼顶在第一线，最难打的仗也是李光弼打的。但李光弼受了委屈，心里憋屈，可他既不敢公开反抗，也不愿降低姿态委屈自己去逢迎。于是，李光弼抑郁而终。他是三大功臣里最早去世的。

从满门忠烈到起兵反唐——被逼反的功臣仆固怀恩

郭子仪心理素质极好,不管受多大委屈,从不抱怨,从不说过头的话。收复两京之后,唐肃宗就找理由变相夺去了郭子仪的兵权。长达八年的平叛战争,郭子仪其实只打了开头的一年多,剩下大部分的仗都是李光弼跟仆固怀恩打的。

战争进行的八年中,郭子仪大部分时间都待在长安的家里数星星。不是他不想为国家效力,而是皇帝担心他功高震主。

郭子仪也很明白皇帝的心思,让交兵权就交兵权,一点儿都不犹豫。皇帝需要郭子仪去前线收拾局面,就给郭子仪一堆头衔官职,事情结束就马上又把他打发回家。郭子仪一句怨言都没有,让来就来,让走就走,极其听话。那些想找他毛病的人都抓不到他的把柄。也正是郭子仪的这些举动,让他成为三大功臣里唯一得到善终的人。

但仆固怀恩不同于以上两人,受了委屈,他既不像李光弼那么憋屈自己,也不像郭子仪那么善于周旋。

他是铁勒人,草原上长大的。他的反应很直接——反了。

当然,他也是忍不下去才反的。

从满门忠烈到兴兵反叛,仆固怀恩这些年都经历了什么?

仆固怀恩是铁勒仆固部人,铁勒在西域曾是众多部落共有的名字,也称"九姓铁勒",主要包括回纥、仆固、同罗、拔野、思结、契苾(契苾何力便是此族)、浑、拔悉蜜和葛逻禄。

贞观二十年(646),铁勒九姓首领率部降唐,世袭金微都督,至仆固怀恩已是第四代。

仆固怀恩曾追随王忠嗣、安思顺等名将,因其"善格斗,达诸蕃情,有统御材",很快就在朔方军中崭露头角。

安史之乱爆发后,仆固怀恩追随郭子仪四处征战。在与同罗部的战斗中,唐军初战受挫,其子兵败投降,后又寻机逃回。但仆固怀恩大义灭亲,当着全军将士的面,将仆固玢斩首,以肃军纪。

整军再战，他与另一个儿子仆固玚身先士卒冲锋在前跃马挺枪冲入敌阵，全军都被仆固怀恩父子的勇悍气概震撼，大受鼓舞，也跟着冲。此战，唐军先败后胜大败同罗。

之后，克复两京，大破史思明、史朝义的战斗中，仆固怀恩每次都身先士卒，冲在前面，史称其"坚敌大阵，必经其战，勇冠三军"。

在八年的平叛战争中，仆固怀恩家族共有四十六人为国捐躯，满门忠烈。

仆固怀恩还利用自己铁勒的身份对回纥施加影响。当时，回纥是左右战争胜负的一支举足轻重的力量，双方都在极力拉拢回纥加入己方。仆固怀恩连嫁二女入回纥和亲（崇徽公主与光亲可敦），将回纥争取过来。

安史之乱平定后，仆固怀恩官至尚书左仆射兼中书令、河北副元帅、朔方节度使，加太子少师衔，大宁郡王。此时的仆固怀恩已经走上人生巅峰。

宝应二年（763）正月，安史之乱结束，度尽劫波的唐朝如释重负，但安禄山拥兵作乱的阴霾，始终笼罩在唐朝皇帝的心头，久久挥之不去。

平叛中立下不世之功的郭子仪、李光弼先后被明升暗降剥夺兵权。另一个被叛军呼作"来嚼铁"的勇将来瑱被贬赐死。而与回纥登里可汗有翁婿关系的仆固怀恩，自然也躲不过去。

宝应元年（762），史朝义曾意图联合回纥犯边。回纥登里可汗亲率十万铁骑进逼关中，朝野震动。

此时，唐朝的皇帝已是唐代宗。代宗直接下诏给仆固怀恩，让他去见登里可汗。回纥的态度相当微妙，如果回纥倒向叛军，不仅首都长安所在的关中受到直接威胁，安史之乱可能还要延续数年。

此行关系重大。仆固怀恩见到登里可汗后，力劝其与唐朝结好,成功劝说登里可汗的十万铁骑转进河北,给予史朝义最后一击。

但立下大功的仆固怀恩,在送回纥返回漠北时,沿途州县均闭门不纳,这让仆固怀恩在登里可汗面前很是尴尬。

矛盾都是一点点积累的。

广德初年,宦官骆奉先受命监军仆固怀恩。他途经太原时,太原尹辛云京暗中告诫他,仆固怀恩与回纥可汗勾结,有谋反的企图,让他多加小心。满腹疑窦的骆奉先来到仆固怀恩大营,仆固怀恩大摆酒宴热情招待。此时,仆固怀恩对朝廷对他的猜忌早有感受。为此,他特意请老母亲出席作陪。

酒酣耳热之际,仆固怀恩亲自下场歌舞以示亲热,骆奉先也拿出金帛彩礼相赠,一时宾主尽欢。

但席上,骆奉先提出准备明天告辞,仆固怀恩说再过一天就是端午,便想多留他欢宴一日。但骆奉先不肯,仆固怀恩便想了一个蠢主意,让人悄悄将骆奉先等人的马匹藏起来。

当天晚上,随从发现马匹不见了。本就心里含糊的骆奉先,惊慌失措,以为仆固怀恩要杀他,连夜带人翻墙逃走。仆固怀恩得知后,心知大事不妙,连忙派人追上去,连马匹金银等物一起奉还,并反复解释只是想留他过节,请他不要多心。但骆奉先回京后,还是上奏仆固怀恩欲反。仆固怀恩听说后,上书皇帝,说自己有六大罪:

"第一,昔日同罗叛乱,臣为先帝扫清之;

第二,臣子仆固玢为同罗所虏,得以逃归,我斩之以令士卒;

第三,臣二女都远嫁外族,为国和亲,荡平叛乱;

第四,臣与子仆固玚不顾生死,为朝廷效力;

第五,河北新附,节度皆握强兵,臣抚绥以安反侧;

第六,说谕回纥,使入援讨叛,天下既平,送之归国。

臣既负此六罪，真该万死。且平贼克难以来，英勇力战，全家为朝廷而死者四十六人，今郭子仪先被猜忌，臣现在又遭诋毁，弓藏鸟尽，信非虚言。"

看得出来，仆固怀恩是借上书发泄情绪，他委屈呀。

这时，唐代宗命人将太子李适、郭子仪、李光弼、仆固怀恩等平定安史之乱的功臣的画像挂到凌烟阁。

皇帝这么做也是想挽回这位受尽委屈的功臣，可惜，晚了。

就在仆固怀恩跟皇帝闹情绪的节骨眼，吐蕃大军杀入长安。

唐代宗仓皇出奔陕州，诏谕天下兵马勤王。

这是表达忠心的好机会，但仆固怀恩却错过了。此时驻在汾州的仆固怀恩帐下有数万朔方军，却拒不奉诏勤王。

仆固怀恩在赌气，但身为大将这么干就显得不合时宜了。意气用事的结果导致他与皇帝的矛盾越来越深。如果换成郭子仪肯定立马带兵去救驾了。吐蕃退兵后，唐代宗深恨仆固怀恩拥兵自重，坐视朝廷危难不救，打算解除仆固怀恩的兵权。

双方已经撕破脸皮。

于是，仆固怀恩干脆反了，命其子仆固玚率兵进攻太原。

吐蕃刚退，仆固怀恩又反了。

皇帝没辙，危急时刻，又想起郭子仪了。这些年，郭子仪就是个救火队长。

唐代宗拉着郭子仪的手说："怀恩父子负我实深，朔方将士皆思公如枯旱之望雨，公为我镇抚河东，则诸将士定不与怀恩同反。"

广德二年（764）正月，代宗以郭子仪为关内、河东副元帅，朔方节度大使，河中节度使。

唐代宗知道郭子仪在朔方军中的威望，只要有郭子仪在，朔方军就不会跟着仆固怀恩造反。但皇帝之所以防着郭子仪，就是怕他利用自己的威望，做第二个安禄山。但是眼下，必须利用郭子仪的这个优势去化解眼前的危机。

果然，朔方军听说郭子仪来了，无心应战。

二月，仆固玚围攻榆次，围攻数十日却还是打不下来，赶紧让仆固怀恩给他派援兵。结果来援的朔方军，听说郭子仪已到河中，到了榆次城下，直接兵变杀了仆固玚。

仆固怀恩深知军心已变，只得带着亲信，渡河北逃灵州。

灵州守将浑释之本想将仆固怀恩拒之门外，但他的外甥张韶劝他："仆固怀恩毕竟是名将，将来朝廷还可能重用他，现在他来灵州归镇，没有理由拒不让其入城。"

浑释之听了张韶的劝说，开门迎接仆固怀恩入城。谁承想，张韶暗地里跑到仆固怀恩那里邀功，将浑释之想拒绝他进城的事原原本本全说了。仆固怀恩马上派人杀了浑释之。过后，仆固怀恩一琢磨张韶连舅舅都能出卖，不能留，便找了个理由，将张韶也杀了。

仆固怀恩知道单靠他现在的实力，别说造反，自保都成问题。那就只剩下一条路——引外兵。

八月，仆固怀恩联合吐蕃、回纥，组成联军，南下进攻关中。

吐蕃进逼长安时，唐代宗找不到合适的将领，只好让郭子仪出来收拾局面。长期被闲置的郭子仪一句怨言都没有，二话不说，立即披挂上阵。

九月，仆固怀恩前锋抵达邠州。邠宁节度使白孝德向郭子仪求援。郭子仪派其子郭曦领兵万人前去增援。

十月，仆固怀恩与回纥大军抵达邠州。

白孝德守在邠州，与城外的郭曦互相支援，据城力战。

仆固怀恩血战数日不能得手，便弃邠州不攻，绕过邠州直插奉天与吐蕃军队会合。

听说仆固怀恩兵至奉天，部将纷纷请战。郭子仪却认为，敌军远来,急于速战速决,这时反应坚壁清野,等敌军锐气受挫,再寻机各个击破。

他一面严令坚守城防,不许出击,一面又命士兵趁夜色,在乾陵以南的险要处构筑营堡,与奉天成掎角之势。

仆固怀恩率联军到达奉天城外,看到唐军的布置,都觉得短期难以攻克,士气不免低落。

联军本就互不统属,都想让友军冲在前面,自己保存实力。于是,联军在奉天城下安营扎寨,但没过多久,营中开始缺粮,这时又听说河西唐军在围攻灵州。

仆固怀恩不得不渡河北返,毕竟,灵州要是丢了,他可就无家可归了。再次路过邠州时,仆固怀恩没忍住,又去围攻邠州,结果磕得头破血流,也没打下来。

仆固怀恩第一次联合回纥、吐蕃进攻关中的行动就这么草草收场。

这次围魏救赵的唐军是河西节度使杨志烈的部队。

吐蕃已尽占陇右诸州,河西形势危如累卵。就在这种情况下,杨志烈听说仆固怀恩南下威胁长安,依然尽起凉州锐卒出击灵州,他派出去的五千精兵是河西唐军为数不多的家底了。

出发前,杨志烈对带兵出战的柏文达说:"河西锐卒,尽于此矣,君将之以攻灵武,则怀恩有反顾之虑,此亦救京师之一奇也!"

他对朝廷确实忠心,他的围魏救赵也起到了解围的效果,但就因为他说错话,不但他兵败身死,凉州也丢了。

事情是这样的,柏文达带兵连下摧沙堡、灵武县城,趁胜进攻灵州。仆固怀恩亲自带两千骑兵夜袭唐军,柏文达没有防备,大败而归,士卒死伤过半。

柏文达带着败兵退回凉州。因为部队伤亡惨重,柏文达是哭着来汇报的,结果,杨志烈安慰他:"此行有安京室之功,卒死何伤。"这次行动保住了京城,你是有功的,士兵死了有什么值得伤心的。杨志烈这话说得就过分了。士兵们为国家出生入死,你却拿人家的命不当命,就冲这句话,他也不配当将军。他的话彻底寒了将士们的心。

不久,吐蕃围攻凉州,士卒不肯用命,不听他的指挥。杨志烈不得已出奔甘州,路上被依附吐蕃的沙陀人所杀。

河西节度使杨志烈出兵攻打灵州。虽然迫使仆固怀恩退兵,却将仅剩的主力也拼光了。凉州兵力锐减,吐蕃乘虚而入攻克凉州。

永泰元年(765)九月,仆固怀恩再次联络吐蕃、回纥等,率兵南下,对外号称三十万,进攻关中。

这次,仆固怀恩吸取了上次的教训,分兵三路。吐蕃与回纥攻奉天、党项攻同州、吐谷浑攻周至。仆固怀恩则率军为后援。

朝廷命郭子仪率军一万驻守泾阳,令凤翔、滑、濮、邠、宁、镇西、河南、淮西各路节度使出兵增援。

唐代宗亲自率禁军驻守苑中,但朝廷的威望已不比当年,各路节度使,只有淮西节度使李忠臣率兵按时赶到。

援兵迟迟不到,郭子仪只有一万人,就算他能力再强,巧妇难为无米之炊,一万人也挡不住对方几十万人。

但就在这时,作为这次行动的发起者的仆固怀恩却突然暴病身亡,九月八日,死于鸣沙。

当仆固怀恩的死讯传来,唐代宗的表现颇为耐人寻味。他沉默许久,最后说道:"怀恩不反,为左右所误。"意思是仆固怀恩不是反贼,只是被左右人蛊惑一时糊涂罢了。这相当于给仆固怀恩定性。凌烟阁里仆固怀恩的画像也一直保留着,这也许是唐代宗最后的温情,他的态度已经说明一切。从古至今,起兵造反,还能被列入功臣榜保留画像的可能仅此一例吧。

功成身退——传奇名将郭子仪

仆固怀恩死了。对他而言，这未尝不是一种解脱。但战争并未因他的死而停止。吐蕃、回纥联军还在继续深入。他们再一次来到了老地方邠州，遇上了老熟人守将白孝德。这次，白孝德又一次让他们吃了闭门羹，经过血战，唐军守住了邠州城。

吐蕃见邠州一时难以攻下，也不多做纠缠，绕城而过，直奔奉天而来。

九月十五日，吐蕃军到达奉天。守在奉天的是朔方兵马使浑瑊，还有讨击使白元光。

浑瑊就是被仆固怀恩杀死的灵州守将浑释之的儿子，在以敢战闻名的朔方军中以骁勇知名，可见其人的风格。

面对蜂拥而至的吐蕃大军，浑瑊并没有一味死守。为挫吐蕃锐气，浑瑊趁对方在城外安营混乱之际，亲自率二百骑兵突入吐蕃大营，斩将夺旗，单臂生擒一员吐蕃将领大胜而回，所部二百骑，不曾折损一人一骑。看到这里，熟悉《三国演义》的人会感到似曾相识。不错，曹操、孙权合肥大战之时，东吴勇将甘宁也曾率一百骑兵夜袭曹营，也是未损一人。二者何其相似，不过，有一点是不同的，甘宁的故事是杜撰的，但浑瑊的事迹是真的。浑瑊的表现是如此的生猛，以至于吐蕃军队也被唐军的骁勇所震慑，连夜拔营后撤。

虽然浑瑊很勇猛，但吐蕃大军是来打仗的，该怎么打还得怎么打。

九月十七日，吐蕃军开始攻城。浑瑊、白元光登城督战，两人带领部下与吐蕃军血战数日。吐蕃军死伤惨重，奉天却岿然不动。

白天攻城受挫，吐蕃士兵都很疲惫，本想晚上早点儿睡，第二天好有体力攻城。但浑瑊却不想让他们睡。晚上，浑瑊率军夜袭吐蕃军营，一通乱砍乱杀，还放了一把火，才心满意足地离去。浑瑊率唐军与吐蕃前后交战二百余次，斩首五千余级，让吐蕃结结实实领教了唐军的厉害。

浑瑊的出色表现给吐蕃领兵大将尚结赞留下深刻的印象。在之后唐蕃交战的岁月里，浑瑊多次率军杀退吐蕃，杀得吐蕃人人胆寒，都知道唐朝有一位能打硬仗的浑瑊，以至于尚结赞曾对人说："去三人（浑瑊、李晟、马燧），则唐可图也。"只要想办法除去这三人，唐军就容易对付了。

虽然，浑瑊勇猛敢战，但毕竟对方人多势众，这么打下去，浑瑊再能打，也架不住对方人多。

就在这时，唐军的好运气又来了。两军激战正酣，却突然下起大雨，数日不停，这给了守军难得的喘息之机，朝廷也充分利用这个机会调兵遣将增援浑瑊。

九月二十六日，吐蕃移师礼泉，大掠男女数万人而退。

虽然浑瑊、白元光血战吐蕃，守住了奉天，但他们却不能阻挡敌人的推进，吐蕃大军已经离长安越来越近。

危急时刻，又是郭子仪挺身而出，力挽狂澜。

十月八日，吐蕃、回纥两军在泾阳会合。

此时，郭子仪只有一万人，但对面却是兵力数倍于他的吐蕃、回纥联军。

说起来也是令人感叹，当年唐军动辄兴师数十万东征西讨，转战万里,所向披靡,何等辉煌。如今敌人竟深入关中迫近京畿。而此时的唐军仅能拼凑一支万余人的小部队来迎敌。

郭子仪命手下军将分营而立,准备迎战,自己亲率两千铁甲军立于阵前,对阵回纥。

回纥将领见一员老将立于阵前,便问唐军统帅为谁,士卒们高声回道:"郭令公。"回纥将领们大惊:"郭公尚在?请出阵一见。"

郭子仪单骑而出,回纥军远远望见,见来的真是郭子仪本人都很激动。因为郭子仪曾率军与回纥联合作战,回纥军中的很多将领都认识郭子仪。

这个效果正是郭子仪想要的。敌军大军压境,仅凭现在这点儿兵力,换谁也挡不住。但又必须挡住,那就只能出奇。这个奇,就是他自己。郭子仪想要的就是与回纥联络感情,毕竟双方有过一起战斗的烽火岁月。人都是念旧的,更何况是曾一起出生入死的战友。

郭子仪之所以选择对阵回纥而不是吐蕃,原因即在于此。回纥,曾有过并肩战斗的情谊,是可以感化的,也是能争取的,说不定还能将对方再拉过来。但吐蕃是与唐朝血战百年的老对手,那是没有交情可讲的。

回纥将领见到郭子仪本人都很震惊,因为仆固怀恩对他们说,郭子仪早就死了。现在见郭子仪就在对面,将士们都很激动,郭子仪巨大的威望开始发挥效用。原本剑拔弩张的形势,现在却变成了老友重逢,战场叙旧。这仗也打不起来了。

回纥将领们都不愿与郭子仪开兵见仗,主动邀请他入营与可汗详谈。

郭子仪欣然接受,这就准备入营谈判。部将们都认为现在两军对垒,单枪匹马进敌营实在太冒险,都不同意郭子仪去。毕竟,这里是两军阵前,自家主将去谈判,要是发生意外,这仗还怎么打。但郭子仪明白,这个险,他必须冒。

郭子仪说:"吐蕃与回纥分营而立,可见二军貌合神离。我与回纥军有旧,今去其帐中说服其来降,可谓不战而胜。"

儿子郭曦也反对父亲去敌营谈判,见父亲执意不听,情急之下用手拉住郭子仪的马头,不让郭子仪出营。郭子仪以鞭击其手,策马而去。

及至回纥营前,回纥军卒纷纷高喊:"郭令公来了。"

郭子仪下马解甲投枪,只身而入。

回纥大帅药葛罗是可汗之弟,见郭子仪前来,俯身便拜。郭子仪上前握住他的手说道:"回纥有大功于唐,不知何故负约而来,威逼京师。弃前功而结怨仇,背恩德而助叛臣,且怀恩叛君弃母,不忠不孝,而今回纥却助纣为虐。我今只身而来,生死皆在你手。我的手下从今以后,却要和回纥拼死而战。"

回纥将帅都说:"是仆固怀恩欺骗我们,说令公已卒,唐朝皇帝驾崩,我们才来袭扰唐境,现在令公尚在,何敢再攻唐军?"

郭子仪说:"吐蕃无道,乘我国内乱,竟不顾舅甥之亲,吞噬我边境,焚烧房掠我畿县,其所掠之财不可胜载,马牛杂畜,长数百里,弥漫在野,此天以赐汝也。全师而继好,破敌以取富,为汝计,孰便于此?不可失也。"

在郭子仪晓之以理,又诱之以利的说服下,回纥再次倒向唐朝。随后,郭子仪又与药葛罗歃血盟誓,约定两国联手,共同对付吐蕃。

郭子仪单骑入营,说服回纥归唐,再次以他的能力威望拯救了唐朝。

吐蕃大帅尚结息赞磨很快得知消息,心知不妙,立刻率军带着劫掠所得,向西撤退。

郭子仪见吐蕃撤军,邀请回纥首领入长安朝见代宗。唐代宗再次许以恩义,赠回纥三千匹丝绸。

回纥将帅得此赏赐,再加上贪恋吐蕃劫掠的财物,回营后召集全军,配合唐军追击吐蕃。

吐蕃军队虽然撤得很及时,但走得却不够快,因为抢的东西过多,导致行军缓慢,终于在灵台西原(今甘肃省灵台县),被唐军与回纥追上。两军联合进攻,大败吐蕃,夺回被掳百姓四千余人。

大胜之后的郭子仪班师回朝,他还要面对来自朝廷的诘难。

安史之乱不过才结束两年,功臣战将,已经被收拾得差不多了。郭子仪是硕果仅存的功勋元老。

外人只看到郭家的风光,却看不到郭子仪内心的焦虑。有时,在自己人面前保存自己比在敌人面前保存自己更难。对百战名将们而言,真正的威胁从来不是正面的敌人,而是来自背后的中伤。因为明枪易躲,暗箭难防。

唐代宗在打压诛杀其他功臣的同时,唯独对郭子仪委以重任,还有一个重要原因。那就是,皇帝虽然无法真正信任郭子仪,但郭子仪的做事方式至少看起来让人觉得可信。

不管何时何地,只要皇帝有调令,他马上就会放下所有的事,立刻进京。当他遭到皇帝身边的宠臣构陷时,不管自己在干什么,哪怕对敌作战进入关键时刻,他都会连夜赶到皇帝身边,当面表忠心。而且,郭子仪表忠心从不搞形式主义,他知道皇帝最担心的是他拥兵自重,尾大不掉,所以他一上来就主动要求解除兵权。

从至德二年(757)声满天下之后,郭子仪就开始各种专业辞让,请求解除他的部分职权。

广德二年(764),吐蕃、回纥联军南下,唐代宗又给郭子仪封了一堆头衔。

郭子仪说:"寇仇在近,家国未安,臣子之心,不敢宁处。"

招抚使是抵御叛军的需要，我不敢辞让；但太尉一职，我不能接受。于是，他上表请辞太尉，向皇帝表明心迹。唐代宗很感动，但没有批准。郭子仪不放弃，再次上表。唐代宗这才同意。

郭子仪成功瓦解吐蕃、回纥联军，解除长安威胁后，唐代宗为了表彰他的战功，下诏任命他为尚书令。

这可把郭子仪吓坏了。尚书令这个头衔在唐朝有其特殊的意义。唐太宗李世民称帝之前曾担任此职。之后，这个职位就再不授予他人。

郭子仪上表辞让，甚至苦苦哀求，说什么也不肯就任。唐代宗则一再催促他尽快就职，并说明，朝廷已为他准备了盛大的就职仪式。

郭子仪打死都不肯上任。唐代宗没办法只得收回成命，又赏赐郭子仪六名美人，以及一批车服、帷帐、珍玩。这次，郭子仪愉快地接受了。

表面上看，郭子仪有点儿不识抬举。皇帝封你这么大的官，居然不要。然而，郭子仪很清楚，这是皇帝对他的一次试探，更是事关生死的考验。

郭子仪之前两次收复长安，一次从叛军手里，一次从吐蕃手里，算上这次联合回纥大败吐蕃，保住长安，郭子仪已经是第三次建立大功，"再造王室，勋高一代"的郭子仪，声望已达顶点。

皇帝之所以长期将郭子仪雪藏就是担心这一点，要不是实在没有办法，也不会起用郭子仪。但现在的问题是，郭子仪又立功了。

尚书令的政治含义，唐代宗与郭子仪都很清楚。

郭子仪已经功高震主。

唐代宗想知道郭子仪现在的态度，说要封郭子仪做尚书令，就是一种政治试探。

如果郭子仪欣然接受，那他就死定了。因为这表明，郭子仪的野心已经膨胀，此人不可再留，必须除掉。

如果郭子仪拒绝，说明他还有分寸，知进退，还可以用。

郭子仪的表现，唐代宗很满意。

哪些可以要，哪些不能要，郭子仪心知肚明，拿捏得很清楚。他的头脑始终是清醒的，即使立下如此大功，依然保持一颗平常心，这是很不容易的。

尽管郭子仪口不言功，但他的功劳摆在那里。谁都知道，唐朝能挺过安史之乱，挺过吐蕃的轮番进攻，那全是因为郭子仪。

永泰元年（765），唐代宗将他最宠爱的女儿升平公主下嫁给郭子仪之子郭暧。

很明显，郭暧与升平公主的婚姻是典型的政治联姻。唐代宗对郭子仪不得不倚重，但又要加以防范，婚姻绑定是最有深度的绑定，也几乎是安抚重臣的最好方式。

但郭子仪怎么也想不到他这辈子谨小慎微，却生了一个让他不省心的儿子。郭暧是郭子仪的第六个儿子，与升平公主结婚时只有十四岁，还是个孩子，当然公主也只比他大两岁。这对少年夫妻，正值青春年少，他们与寻常夫妻并没有什么不同，也会吵架拌嘴。

可郭子仪想不到就是他儿子吵架时的一句气话，给郭家惹来大祸。

京剧有一出戏叫《打金枝》，说的就是郭暧与升平公主的故事。

大历二年（767），郭子仪七十大寿。小夫妻商量好早起去拜寿。然而，到了当天早上，升平公主的公主病犯了，赖床不肯起身。郭暧见状气不打一处来，平时娇惯也就罢了，今天是父亲七十寿辰，这么重要的日子你还要公主脾气，气得直接飙出一句:"你不就是仗着你的父亲是天子吗?我父亲还不愿做那皇帝呢!"这下可闯祸了。公主当即进宫找父亲告状。

这边,郭子仪很快也知道了,特别是得知郭暧说的那句大逆不道的话,当即大惊失色,郭子仪也不多说,赶紧将儿子捆了,进宫向皇帝亲家请罪。

唐代宗亲自起身,为女婿松绑,并对郭子仪说了一句居家名言:"不痴不聋,不作家翁。"小儿女们在闺房中的几句戏言气话,做长辈的,何必当真!

话虽这么说,但当不当真,还不是皇帝说了算。这事儿可大可小,全看皇帝如何处置。皇帝可以一笑置之,但郭子仪必须按剧本走,捆儿子,请罪,表明心迹,一个都不能少。

虽然唐代宗笑着对郭子仪说"不痴不聋,不作家翁",事情似乎是过去了。

然而,如果你真的这么想,那你就过于天真了。

唐代宗很清楚,郭暧说的是一时气话,却也是心里话,有时不经意说出口的才是真话。郭暧的态度其实代表了当时大多数人特别是军队中郭子仪部下的看法。

就在"打金枝"发生的当年,郭子仪父亲的坟被人挖了。

此事震动朝野,郭子仪已经是一人之下、万人之上,谁这么大的胆子,敢挖他家的祖坟?

祖坟被掘,不管在任何时代都是对人最大的侮辱。

满朝文武得到消息,都很紧张,担心郭子仪知道此事,情绪激动,怕他愤而发动兵变。因为此时的郭子仪恰恰握有兵权,这时,他正率军在灵州与吐蕃大军对战,得知消息的郭子仪迅速从前线赶回。此时此刻,从上到下都在看郭子仪的反应。

但郭子仪的表现却出乎所有人的预料。郭子仪入朝觐见唐代宗,金殿之上,七十岁的郭子仪老泪纵横,跪拜在地,说:"臣常年统兵在外,不能约束士兵,军中挖掘别人祖坟的事情屡有发生，上天才如此谴罚于我！"

不管遭受多大的羞辱，他第一时间想到的，还是让皇帝放心。

明明是他受羞辱，他却主动转移矛盾，用战乱时期乱兵盗墓来做检讨，转移视线，将此事化解。

此事细思极恐，因为当事人都知道事情的真相，却又都装作不知道。以郭子仪当时的地位，谁敢如此欺辱郭子仪？要知道，此时的郭子仪不是安史之乱时被剥夺兵权闲居长安的将军，此时的他正值个人事业的巅峰，吐蕃已经打进关中，郭子仪正带兵在前线与吐蕃激战，国家安危系于郭子仪一身，河西陇右大部已陷于吐蕃之手，如果灵州再有失，长安就危险了。

此时此刻，又有谁敢去招惹激怒这么一位手握重兵的将军？何况，大家还指望他带兵抗敌、保卫长安呢！

普通臣民谁有这个胆量？这件事的幕后主使，其实已经很清楚了。

皇帝。

虽然他当初说过"不痴不聋，不作家翁"，但那不是他的心里话，郭暧的一时狂言，深深刺痛了唐代宗那颗敏感而又脆弱的心。

于是，他甚至不惜冒着逼反郭子仪的风险，也要敲打郭子仪。

其实，郭子仪很清楚，这事只能是皇帝指使的，但他也只能将愤懑委屈深埋在心底，甚至不敢表现出哪怕一丝一毫的怨恨。

郭子仪的谨慎小心体现在方方面面。对皇帝给他加官晋爵，郭子仪都要先推让一番，要是实职或敏感职位，必定让出去；要是虚职，推不掉就接受。而对皇帝给他的美女钱财，他全都笑纳。

他家的宅子是皇帝赏赐的,面积很大,占了亲仁里的四分之一。但郭子仪没有圈起来建私宅,而是打通开放,贩夫走卒都能自由出入。连郭家女眷对镜梳妆,外人都能透过窗子看得一清二楚。郭子仪用这种方式告诉所有人,他们家没有秘密,尽可随意参观。

到唐德宗即位时,郭子仪已经是七朝元老,荣宠已极。此时的他早已交出兵权,功成身退,安度晚年。

虽然郭子仪已经退居二线,但唐德宗对他的赏赐却越来越多。郭子仪的私生活,变得越来越奢靡。他的家里经常会举办各种奢华宴会。即使平日会见客人,也必定要左拥右抱,美姬环侍。

郭子仪很清楚,他只有表现出对金银财帛的喜爱,沉迷酒色,才能让皇帝放心。只有皇帝安心,他的家族才能保全。

郭子仪八十五岁去世。唐德宗为他罢朝五日,身后更是备极哀荣。

郭子仪作为功高而不震主的典范,广受后世推崇。而这也正是皇帝们希望看到的。

如果功臣都是如仆固怀恩、李光弼那般悲惨的结局,谁还愿意为朝廷效力!

皇帝们需要塑造功臣善终的典型,以引领风气,垂范后世。

但只有郭子仪自己知道,为了塑造这个典型,他付出了多少。

浴血苦战——大历灵州保卫战

大历元年（766）九月，吐蕃大举进攻河西，接连攻陷河西走廊上的重镇甘州、肃州。今日之甘肃省得名即源于此二州，由此可知，这两州在河西的地位举足轻重。但此时的唐军在西线完全处于守势，面对吐蕃咄咄逼人的攻势，只能步步后撤。河西节度使杨休明被迫将河西治所迁到沙州（今甘肃省敦煌市），率部继续抵抗。

十月，吐蕃攻陷原州，不过他们真正的目标是朔方治所灵州。

从大历二年（767）起，吐蕃改变了主攻方向。

此时唐朝在河西、陇右的防线已经形同虚设，只剩下少数几座孤城还在苦苦支撑。

吐蕃军队可以随意穿越陇山防线，进攻关中，威胁长安。

但之前几次进攻关中都遭到唐军的顽强抵抗，吐蕃在攻城战中连遭重挫，损失惨重。一连串的挫败，让吐蕃意识到唐朝在安史之乱后，虽然国力已大不如前，但仍具有相当的实力，关中是唐军防守的重点。吐蕃在唐军的关中防线上撞得头破血流，接连几次碰壁，发现打不动，于是调整方向，他们将新的目标锁定在了灵州。

吐蕃主力越过陇山后转向东北沿长城一线，开始进攻位于陕北的朔方、夏绥。

朔方扼据关内道,"北控河套,南制庆凉",是唐朝捍卫关中的藩屏。正如郭子仪所言:"朔方,北国之门,西御犬戎,北虞猃狁。"

秦统一六国后,便以蒙恬为将,据朔方北击匈奴,"却匈奴七百里,胡人不敢南下牧马"。蒙恬"筑城以拒胡",灵州城就是在这时建成。而后历代皆在此"备兵以防寇"。河朔作为"关中之项背,一日无备,则胸腹四肢俱不可保"。而对于吐蕃来说,占据朔方,可以巩固河陇已占州郡,还可以从南北两个方向出击,夹击关中,威胁长安。

水草丰美的朔方是必须控制的前进基地。作为"关中屏蔽,河陇噤喉",朔方节度使的驻节地灵州自然首当其冲,成为双方争夺的焦点。唐蕃两军围绕灵州城展开了长达十余年的血战。

因为这十余年的战斗大都发生在唐代宗大历年间,故而也可称之为大历灵州保卫战。

大历元年(766)十月,吐蕃第一次攻击灵州,拉开了这场旷日持久守城战的序幕。

驻守灵州的朔方节度使路嗣恭调度有方,在灵州城下大破吐蕃军队。

大历二年(767)四月,唐蕃会盟于兴唐寺。九月,会盟誓词墨迹未干,吐蕃便撕毁盟约,背盟出兵,再围灵州。十月,朔方节度使路嗣恭于灵州城下再败吐蕃,斩首两千余级。

大历三年(768),吐蕃东部大将尚悉结告老还乡,其职位吐蕃东面节度使由尚赞摩接替,专门经营河西、陇右。

是的,吐蕃也设有节度使,这也是跟唐朝学的。当然,节度使的各种利弊也全都学去了。

吐蕃一面与唐朝开战,一面又从各个层面,全面仿效唐朝。众所周知,日本是学习唐朝的典型,遣唐使、留学生一批一批地派，其实，吐蕃也是。唐朝对吐蕃的影响是全方位的。

这年八月，吐蕃十万大军第三次进攻灵州。不过，这次吐蕃是兵分两路。尚赞摩亲率两万轻骑奔袭邠州，袭扰邠州的目的是为了分散唐军的注意力。

尚赞摩很清楚，邠州靠近长安，唐朝在这里有重兵布防，而邠州地势险要，泾水绕城而过，易守难攻，唐蕃之间在邠州城下已经血战多次，吐蕃都没讨到过便宜。

尚赞摩围攻邠州的目的只是吸引唐军的注意，给唐军防线制造压力。

唐军确实感受到了压力，于是，派出了郭子仪的接班人中唐名将李晟。未来的李晟也是哪里有险情就往哪里奔的救火队长、国之干城。

其实，李晟这年已经四十岁了，从军也已有二十多年。

十八岁时，李晟就曾在青海大战吐蕃于万军之中射杀敌酋，大将王忠嗣曾亲抚其背，称其为"万人敌"。

自古英雄出少年，江山代有才人出。

是的，李晟也曾追随王忠嗣，同为王忠嗣的部下，虽然他的名气不如哥舒翰、李光弼，但其建立的功勋却并不在二人之下，属于他的时代才刚刚开始。

尽管十八岁就已从军崭露头角，但这些年他的机会并不多，现在，建功立业的时机终于到了。

尚赞摩知道给灵州的主攻部队减压。凤翔节度使李抱玉也有相同的想法。他打算派出一支精兵长途奔袭，绕到吐蕃后方进行袭扰，制造混乱，减轻灵州与长安的压力，打乱敌人的进攻部署。

李抱玉准备给李晟五千人马让他去执行这项艰巨的任务。吐蕃大军有十万之众，但李抱玉却只给李晟五千人，因为兵力本就不多，再多派，防守的兵力就不够了。

谁料，李晟却嫌多。李晟说，正面对阵，五千兵马过少，但此番是深入敌后，偷袭敌营，人多反而容易暴露。我带一千人足矣。就这样，李晟带着一千人的小部队出大震关奔袭临洮，深入敌后，出其不意，攻占了吐蕃囤积辎重的定秦堡（吐蕃志在吞并秦陇，故筑堡于洮州，以定秦为名），焚其积聚，俘虏堡帅慕容谷种，大胜而还。

得知定秦堡被烧，尚赞摩只得退兵。毕竟，十万大军要吃饭，现在粮草都被烧了，不走还等啥，只能灰溜溜地撤兵。

然而，唐军低估了吐蕃的执着。

大历四年（769）的秋天，吐蕃骑兵又来了。九月，吐蕃第四次攻打灵州，围攻灵州数十日，攻城不下，才又不情愿地退去。

细心的人会发现，吐蕃的进攻总是选在秋天，九、十月，秋肥马壮，吐蕃骑兵的战斗力会更强，而唐军因为陇右失陷马场丢失，骑兵的规模质量都呈直线下降的趋势，大多数时候只能固守城池，任由吐蕃骑兵在城外践踏庄稼，抢劫掳掠。

唐蕃在大历初年形成的习惯，持续了很久很久。

每到秋天，吐蕃骑兵就会成群结队地赶来，而每到这时，都是唐军一年之中最忙碌的时候，在吐蕃一轮紧似一轮的进攻下，紧靠关中的唐军已经有点儿招架不住。朝廷不得不从全国各地抽调精兵强将轮番迭代前往增援，久而久之，形成惯例，因为吐蕃都是秋天来，所以这种军事调动就叫"防秋"。

大历八年（773）的秋天，吐蕃依照以往的惯例，准时发起秋季攻势。八月，吐蕃六万骑兵袭扰灵武，但他们没有攻城，只是将城外的庄稼都给践踏了，便撤兵而去。因为这次，他们的攻击重点是泾州。

十月，吐蕃进攻泾州、邠州。浑瑊率五千步骑迎战。十月十八日，两军战于宜禄。浑瑊据险布置拒马，以防吐蕃骑兵的冲锋,但部将未听其将令,导致吐蕃骑兵冲入唐阵,唐军大败,副将史籍等三人战死,士卒大部阵亡。而后,马璘又同吐蕃大战于泾州城西的盐仓。吐蕃再胜,马璘被困于吐蕃阵中,天黑未还。

主将被困,生死不明,有人劝留守的行军司马段秀实入城据守,所幸段秀实在此紧要关头,临危不乱。他收罗散兵的同时将城中所有还能战斗的士兵全部动员起来,在城外列阵,做出决战的阵势。吐蕃见唐军此时还能组织起队形,认为唐军实力尚存,强攻怕会吃亏,慢慢退去。半夜,马璘才脱险回到军中。这时唐军布置的三条防线,已经被突破两条。

形势危急,之前已经先败一阵的浑瑊主动请缨,带兵出击。吐蕃既败唐军大掠沂阳、陇州。浑瑊率兵绕至秦原,鸣鼓而西。吐蕃见唐军复来,疑心唐军有后援,开始后撤。浑瑊率军于吐蕃退兵的必经之路设下埋伏,杀败吐蕃,尽夺其所掠。马璘也率精兵袭击吐蕃辎重于潘原,杀数千人,将吐蕃击退。

大历十年(775)九月,吐蕃攻临泾,又攻陇州,大掠而去。

大历十一年(776)九月,吐蕃军攻石门,入长泽川。

大历十二年(777)九月,吐蕃军八万再入原州长泽川。十月,吐蕃攻盐州、夏州。

大历十三年(778),吐蕃大将马重英率四万人攻灵州,所过之处将唐军灌溉用的水渠加以破坏,目的是阻挠唐军的屯田。吐蕃的这次举动不同寻常,他们已经认识到,单纯靠进攻,攻打唐军据守的坚城,很难有突破。

他们开始改变战术,从以攻城为主,转以劫掠人口、践踏庄稼、破坏水渠为主,意在以此拖垮唐军。

事实证明,马重英的这招确实有效,粮食匮乏导致饥荒,唐军开始出现大量非战斗减员。

虽然吐蕃屡次进攻都未得手，但长期的战乱，反复的掠夺，陇右边民或被掳走或逃亡他乡，边境民生凋敝。唐军获得的补给越来越少。

马璘等边将多次上书，急言泾州、邠州日益荒凉，请求朝廷迁徙人口，屯田戍军。

关中的唐军在苦苦支撑，但在不远的河西，那里的军民更为艰苦。关中的唐军起码还能从朝廷那里得到补给，兵源粮饷都能得到补充。可是，河西军民早已孤悬敌后，他们得不到朝廷的支援，只能困守孤城，日夜东望，翘首以盼那似乎永远也不会出现的救兵。

困守孤城——沙州之围

对河西军民而言，困难的不是长期的坚守，而是看不到希望的漫长等待。

广德二年（764）至大历十一年（776），河西陇右的兰州、廓州、河州、鄯州、洮州、岷州、秦州、成州、渭州等数十州相继失守。凤翔以西，邠州以北，皆为吐蕃所有。

广德二年（764），吐蕃攻陷凉州。河西节度使杨志烈逃往甘州，路上被沙陀人所杀。

杨志烈被杀后，由于朝廷与甘州早已音信不通，杨志烈的族弟杨休明继任成为河西节度使。

杨休明刚上任，吐蕃便大举进攻河西。

大历元年（766），甘州沦陷，杨休明被迫西撤沙州。

此时，河西节度使所能管辖的地方，仅剩沙州、瓜州、肃州、西州、庭州，其他州县都已被吐蕃占领。

杨休明在河西的三年，河西、北庭之间也渐渐失去联系。

大历二年（767）前后，杨休明试图前往北庭征调兵马，保卫沙州，不料被伊西厅留后周逸勾结突厥杀害于长泉。

杨休明死后，河西观察使周鼎担负起守卫河西的重任。他是以观察使的身份代领节度使，因为直到周鼎死后，吐蕃将其遗体送还唐朝，朝廷才追认其为河西节度使。

周鼎主政河西十年。河西的局势一天比一天严重,肃州、瓜州、伊州相继沦陷,沙州与北庭也失去联系。

到大历十一年(776),沙州成为唐朝在河西的最后一座州城。

当时吐蕃的主要精力都在东面,持续不停地围攻灵州,袭扰关中,对河西最西面的沙州采取了围而不攻、迫其投降、长期围困的策略。

这年,吐蕃赞普赤松德赞移帐南山(今祁连山),令大将尚绮心儿攻打沙州。心神俱疲的周鼎曾试图向回鹘求救,可惜回鹘兵逾年不至。

坚守近一年的周鼎眼见救兵不至,便想放弃沙州,将沙州焚毁,带着城中居民举城东归。但周鼎的计划遭到沙州大族与全城军民的激烈反对。

之所以遭到军民的一致反对,是因为周鼎的这个计划,如果真的执行,等同于自杀。河西大部早已沦于敌手长达十年之久。河西走廊已被吐蕃占领。

沙州处于河西走廊的最西端,从沙州到长安,有数千里远,沿途都是吐蕃军的堡垒城池。即使是全副武装的军队也很难穿越千里封锁,而带着全城老弱妇孺,行动只能更缓慢,更凶险,可能连河西走廊都出不去,遑论更远的长安。

当时的情形,据城坚守,还能坚持,若出城东徙,很快就会在野外被吐蕃骑兵合围,出城是死路一条。周鼎也因这个愚蠢的计划,人心尽失。部将阎朝反对弃城,他要守下去,但周鼎不会同意,所以,他决定杀了周鼎,带领全城军民留在沙州。

大历十二年(777),秋末冬初,周鼎趁吐蕃围而不攻,瞅准时机,派兵马使阎朝出城巡视。

阎朝接到命令后,到周鼎处辞行,恰好周鼎的亲信周沙奴也在帐中,阎朝谎称要与周沙奴比箭。

周沙奴将弓让给阎朝先射,阎朝抓过弓箭,举弓将周沙奴射死,然后将惊魂未定的周鼎捉住,用弓弦将周鼎勒死。勒死周鼎后,阎朝对城中大族、百姓宣布,废除举城迁徙的计划,继续固守沙州,百姓听后欢声雷动。从全城军民的反应也可看出,周鼎的计划不得人心。

阎朝自领州事带领城中军民顽强地困守孤城,又守了八年。

兴元元年(784),已经坚守十八年的孤城沙州,官仓的军粮终于耗尽,城中人心不稳。

军粮虽然吃光,但官仓还有丝绸布帛。阎朝向全城宣布,官府愿意用一匹丝绸换一斗麦,向百姓买粮。城中豪门大户此时还有不少存粮,听到消息踊跃交易,仅仅数日,官府便筹得大批粮草。欣喜不已的阎朝登高而呼:"又有粮食啦,可以守下去啦!"

就这样,沙州城又坚持了两年,到贞元二年(786),粮食终于耗尽。

眼见沙州固守无望,阎朝和城中大族商议后,决定与吐蕃谈判投降的条件。他登上城墙,对着城外的大军高喊:"如果保证不把城中百姓迁移走,我们就开城投降!"

吐蕃方面权衡利弊之后,主将尚绮心儿承诺满足阎朝的条件。唐朝在河西的最后一座城池就此陷落。

吐蕃之所以对沙州围而不攻,并答应不劫掠人口,也是有原因的。

首先,沙州是河西的经济、文化中心,尤其是佛教中心,这对信仰佛教的吐蕃军队来说,必然心存忌惮。当时,汉传佛教的禅宗,也曾在吐蕃广泛流传。

沙州陷落后,汉传佛教依旧昌盛。吐蕃赞普赤松德赞专门来迎请摩诃衍(大乘和尚)入藏传法。

其次,沙州是河西最后陷落的城池,城中豪门大族众多。

这些树大根深的豪门在河西经营数百年。吐蕃觉得有必要加以拉拢。所以，阎朝提出以不迁户口为投降条件时，吐蕃才满口答应。

阎朝本身就是城内大族之一，投降吐蕃后，被吐蕃授予"部落使"，管理沙州民政。

但很快，吐蕃高层就发现，阎朝声望过高，完全具备振臂一呼应者云集的能力。这对吐蕃在当地的统治构成潜在的威胁，但当时吐蕃并没有对阎朝直接动手，而是让他去逻些觐见赞普，通过一来一回近一年的时间冷处理。等他回来后，吐蕃人暗中买通阎朝的侍从，在阎朝的靴子里洒下慢性毒药，毒药通过皮肤吸收，阎朝的身体慢慢虚弱下来，最终毒发身亡。

吐蕃进入沙州后，并未一开始就强制推行将沙州吐蕃化的政策。他们采取的是循序渐进的方式，逐步推进，尽量避免与当地大族发生直接冲突，而是利用河西大族，稳固对河西的占领。

一错再错——从清水会盟到平凉劫盟

河西、陇右的丢失，对唐朝而言损失是巨大的，巨大到难以估量。

河西、陇右是关中的屏障，在之前唐蕃百年战争中，双方互有胜负。即使唐军在大非川、青海承凤岭惨败，但因为河西、陇右的存在，吐蕃只能在边界骚扰。连吐蕃人都不敢想象他们能打到关中腹地，更别提进攻长安。

但随着河西、陇右的丢失，大历年间的灵州、邠州保卫战已经生动地说明了这一问题，失去屏障，吐蕃骑兵进关中就如同进自家的后花园，想来就来，想走就走。唐军只能疲于奔命到处围堵。

而损失远不止于此，河西、陇右是唐朝主要的战马产地，唐军从贞观到开元的辉煌胜利都是在拥有强大骑兵的条件下取得的。

但河陇丢失，唐军的战马得不到补充，在很长的时期都不敢跟吐蕃骑兵野战，只能守在城上，看着吐蕃骑兵纵横驰奔。经历过辉煌的人最难忍受这种羞辱。

说到骑兵，又不得不说西北的游牧部落，早期唐朝强盛时，东西突厥、铁勒、沙陀都曾是唐军骑兵的主力。但随着吐蕃在安史之乱后在西北占据上风，他们中的很多做了墙头草，倒向吐蕃。于是，就出现了西北各地的唐军主官在败退的路上频频被杀，但杀他们的往往不是吐蕃人，而是曾依附唐朝的突厥、回纥、沙陀。

大历十四年（779）五月，唐代宗驾崩，太子李适继位，即唐德宗，次年改元建中，大历成为过去。然而新的未必比旧的好。

唐德宗，中唐的很多大事件都发生在他在位时期，对于他的智商，只能说真让人上火。

唐玄宗早期确实英明神武，犯糊涂是在晚年，而相继接班的唐肃宗、唐代宗在错误的道路上越走越远，主要表现在起用宦官带兵，猜忌武将，迫害功臣。虽然这对父子过大于功，但他们至少还分得清主要矛盾。这个时期困扰朝廷的藩镇开始坐大，但帝国的主要威胁仍然来自西面的吐蕃。

唐肃宗时，吐蕃的主要精力都用来攻略河陇，到唐代宗则直接冲到长安外围的邠州、奉天、泾州、灵州一线，围着这些城打。只要看看地图就知道，邠州、奉天与长安有多近，长安时常受到威胁，以至于大白天也紧闭城门。

可是，唐德宗全然不顾吐蕃对都城长安的威胁，竟然要同吐蕃会盟，因为他想将主要精力用来对付日益跋扈的藩镇。

中唐以后，大唐内外交困，外有吐蕃步步紧逼，内有藩镇割据独立，但以当时的国力，同时对付两头着实有点儿吃力。

唐德宗不想两线作战，当然，主要是国力也不允许。但他选择与吐蕃和谈，而与藩镇开战，则是不折不扣的昏招。

远交近攻，是被历史证明过的正确路线。当年七雄并立，秦国虎踞关中，东出函谷，远交而近攻，横扫六国，一统天下。

如今吐蕃近在京畿，而藩镇远在河北。吐蕃强而近，藩镇弱且远。吐蕃意欲夺长安取关中。河北藩镇不过是割据一方的军阀。他们更在意自己那一亩三分地。

唐德宗舍本逐末，结局已经可以预料。为谋求与吐蕃罢兵，唐德宗不惜割地求和，然而，六国也曾割地事秦，结果如何！割地事秦，犹如抱薪救火，薪不尽，火不熄。吐蕃也是如此。

他从一开始就错了。

一步错，步步错。

从唐肃宗到唐代宗再到唐德宗，祖孙三代，昏招迭出，经过这三代的折腾，唐朝再也不会出现复兴的希望。

从建中元年（780）开始，双方使节频繁接触，唐朝方面首先释放善意，放还被扣押的吐蕃使者、战俘。吐蕃方面也释放被扣押的唐朝使者及将士。

双方都有意谈和，但目的却各有不同，唐朝是打不动，吐蕃是抢不着。唐军在关中的兵力能守住现有战线就不错了，经过长期战乱，河陇一片萧条，吐蕃也抢不到多少东西了。

双方都有停战的意思。

建中四年（783）正月，唐蕃在清水会盟。

按照事前达成的协议：唐朝正式放弃河西、陇右，承认其被吐蕃占领的事实。双方重新划定边界，当然，这个新定的边界更有利于吐蕃。唐朝的让步，满足了吐蕃对土地的野心，双方暂时罢兵。

随着吐蕃在河陇的占领日渐稳固，吐蕃开始在河陇推行"吐蕃化"，当地的汉人必须披发左衽，说吐蕃话，穿吐蕃服。汉人只准在过年祭祖时才能说汉话穿汉服。

就在清水会盟的当年十月，因唐德宗不体恤边防士卒激起泾原兵变。唐德宗也学他的父祖，仓皇出奔奉天。

为平兵变，唐德宗居然向吐蕃借兵。经过讨价还价，直到第二年四月，吐蕃大相尚结赞才同意出兵，但条件是将安西、北庭送给吐蕃作为酬劳，每年还要一万匹彩绢。如此苛刻的条件，唐德宗居然满口答应。尚结赞这才派兵两万助战。五月，唐蕃两军在武亭川大败叛军。取胜的吐蕃趁机纵兵抢掠，并未追击。因为叛军也给吐蕃送去贿赂，吐蕃军队得到好处，收钱就办事，直接撤走。

收复长安，还得靠唐军自己。兴元元年（784）六月，李晟与浑瑊、韩游瑰、骆元光等合兵一处一举收复长安。叛军首领朱泚西逃投奔吐蕃，逃至彭原被部下杀死，传首长安。

德宗闻报李晟收复长安，激动得泪流满面："天生李晟，以为社稷，非为朕也。"

七月，唐德宗回到长安，然而经过这次变乱，他愈发不安。值此多事之秋，他发现自己身边缺少能为他出谋划策拿主意的人，现在的他比任何时候都需要贤才辅佐。他想到了一个人——李泌。

这位奇才虽然备受肃宗、代宗器重，但他为人正直，为朝中奸佞所不容，数次被贬外放。德宗很小的时候就知道李泌的大名，也知道李泌曾深受爷爷跟父亲的信任。当此国难之际，正需要李泌这样的贤才为他出谋划策。于是，唐德宗立即下诏召李泌入朝。

三朝帝师、四朝元老李泌，再度入朝。德宗对李泌也十分信任，大事小情都要征求李泌的意见。

德宗还朝不久，尚结赞就派人来长安，要求兑现承诺，将安西、北庭划给吐蕃。

起初，德宗是想这么办的，准备按照之前的承诺将安西、北庭割让给吐蕃，将那里的官民迁回中原。

此时西域与关中音信阻隔，消息数年一通，远在西域的将士并不知情。

但朝堂上的众臣听说要割让西域，顿时炸了锅，纷纷上书反对，其中反对最坚决的就是李泌。他对德宗说："安西、北庭控制西域五十七国及十姓突厥，又分吐蕃之势，使不能并兵东侵，奈何拱手与之！且两镇之人，势孤地远，尽忠竭力，为国家固守近二十年，诚可哀怜。一旦弃之以与戎狄，彼其心必深怨中国，他日从吐蕃入寇，如报私仇矣。况吐蕃观望不进，阴持两端，大掠武功，受赂而去，何功之有！"

这位大事糊涂的皇帝被李泌这么一提醒，脑袋也清醒了。李泌说得对，吐蕃虽然出兵，但也未尽力，还趁火打劫，到处抢掠，这笔账还未跟他们算呢！吐蕃四月出兵，五月便回，长安还是我们自己收复的，他们居然有脸来要地。

唐德宗告诉吐蕃使者，你们未按承诺帮助我们收复长安，还接受叛军的贿赂，私自撤军，是你们毁约在先，彩绢可以给，但割地不行，大唐的土地岂能轻易予人。

双方为此彻底闹翻。

贞元二年（786）八月，尚结赞大举入寇，在泾州、邠州一带，掳掠人畜，割取禾稼。

吐蕃游骑一度逼近凤翔。而凤翔距长安仅二百多里，吐蕃骑兵两三日即可兵临城下，京城随之戒严，百姓人心惶惶。

危急关头，又是李晟拯救危局。吐蕃兵马强悍又人多势众，不要紧，至少唐军熟悉地形，以弱击强，最好的办法还是打埋伏。

尚结赞大军在汧阳城（今陕西省陇县）遭到凤翔节度使李晟部下骁将王佖的伏击，尚结赞本人也差点儿死在乱军之中，因他跑得快才保住一条命。

出发前，深谙吐蕃行军布阵之法的李晟叮嘱王佖："汧阳是吐蕃进犯凤翔的必经之地。你率军前往埋伏，见到吐蕃前军，不要攻击，放他们过去，等看见打着五方旗，穿虎豹衣的队伍，就集中兵力猛攻，那是敌人的中军，击之，必胜。"王佖依计而行，果然将吐蕃军拦腰截断，吐蕃军瞬间大乱，首尾不能相顾，被唐军杀得大败。之所以会出现这种效果，还是那句老话，射人先射马,擒贼先擒王。为啥中军被攻击,吐蕃军很快就崩溃了?因为中军是敌人的指挥部。为啥尚结赞差点儿死在那?因为他就在中军。

十月,李晟又派部将野诗良辅与王佖率五千精兵奔袭吐蕃的摧砂堡。路上,唐军遭遇两万吐蕃军,五千对两万,但打出信心的唐军没有丝毫胆怯,迎着敌人冲了上去,狭路相逢勇者胜,经过一场血战,吐蕃又被杀败,唐军乘胜追击,一路追杀,一直追到摧砂堡,杀进堡城,阵斩守将扈屈律悉蒙,然后放起一把大火,将堡中积粮全部烧光。

连遭大败,尚结赞充分领教了李晟的厉害,对部将说:"唐之良将,李晟、马燧、浑瑊而已,当以计去之。"为何要用计?因为在战场上打不赢呗。

在长安附近连遭唐军痛击,被李晟打得灰头土脸的尚结赞转而移师北上,攻略陕北。相比精兵强将云集的长安外围防线,唐军在陕北的兵力空虚,这给了吐蕃可乘之机。

十一月,吐蕃大军围困盐州(今陕西省定边县),对刺史杜彦光说:"这座城不错,我想在这长住,你们搬走吧。放心去,我不追杀。"杜彦光只能率众弃城而走。

十二月,吐蕃军又用相同的办法轻取夏州(今陕西省靖边县)。刺史拓跋乾晖也带领百姓弃城出走。接着,吐蕃又如法炮制,连取银州(今陕西省榆林市横山区)、麟州(今陕西省神木市北),一口气连占四州。

尚结赞分兵驻守四州,自率主力安营于鸣沙。

自以为占到便宜的尚结赞很快发现,他掉进自己挖的坑里了。

陕北的冬天,滴水成冰。自冬及春,远离后方的吐蕃军缩在陕北的土城里冻得瑟瑟发抖,饥寒交迫,真正体验到了吃了上顿愁下顿。明明打的是胜仗,怎么会越混越惨呢?

严冬的黄土高原上，他们想出去抢都找不到人，对，找不到人。因为来的时候当地居民都被他们赶走了。

而根据情报，唐朝正调兵遣将，很快就会杀过来。

尚结赞这时进也不是退也不是，表面风光，实则进退两难。

对吐蕃来说，遇到困难就和谈是百试不爽的妙招。于是，尚结赞主动向唐朝派出使臣要求议和会盟。

对吐蕃的议和请求，唐德宗颇为心动，因为唐朝也在苦撑。

西北连年灾荒，关中仓库存粮耗尽，连禁军的军粮都供应不上了，眼看禁军要哗变。幸好宰相韩滉督运的三万斛米及时运到，解了燃眉之急。听说粮食到了，德宗大喜，对太子说："米已至陕，吾父子得生矣！"

因为缺粮，宫中已经禁止酿酒，德宗特意命人去市场买酒以示庆祝。神策军士兵更是高呼万岁。从皇帝到士兵，高兴的理由仅仅是能吃饱饭了。

当时，长安城中长期缺粮，兵民都饿得黑瘦，粮食运到后，久饿乍饱，胀死者竟有五分之一。

刚刚接班时，唐德宗也曾是个有志青年，踌躇满志，谋求复兴，重现昔日荣光。然而，理想很丰满，现实特骨感。

被生活反复捶打数年后，唐德宗终于认识到人生的严酷。

他刚即位时，树立的几个小目标，一个也未实现。藩镇越打越强，越打越多。反倒是他被乱兵赶出京城，弄得灰头土脸。

为全力削藩，唐德宗不惜割地想与吐蕃和解，结果，吐蕃打他打得最狠。原来还只是在河西、陇右晃悠的吐蕃，现在已经跑到陕北建定居点，看来是打算长住。

唐德宗希望能喘口气，对与吐蕃和谈寄予厚望，但与他的积极乐观相比，将领们普遍对会盟十分冷淡。打了这么多年的交道，他们太了解对手了。吐蕃要么是打不动，要么是被打哭，才会谈判。现在吐蕃虽然在陕北过得很狼狈，整日为吃喝犯愁，但明显还占上风,明明还能打,却嚷嚷着要谈判,恐怕其中有诈。

将军们猜对了。

尚结赞和谈是幌子。他是以谈判为名,想用连环计除去他的三个对手——李晟、浑瑊还有马燧。这些年,吐蕃占尽优势,却屡屡碰壁,正是因为唐军有李晟、浑瑊、马燧三位中唐名将。在他们的率领下,唐军以主力固守,出奇兵于外围寻机歼敌的机动防御取得成效,多次以少胜多,击退吐蕃。

与三位名将交手多年,尚结赞自然是最清楚对手的厉害的。但他也很明白,以他的水平想在战场上击败三人是痴人说梦。那就只有用阴招了。

尚结赞的计谋骗不过将军们,但皇帝要谈,他们又能如何。

不过,勇敢的人始终是存在的。又是李晟在关键时刻上书直言提醒脑袋发热的皇帝:"戎狄无信,不如击之。"泾军之变中,作为禁军的神策军的表现,令德宗大失所望,对将领们更加不信任,而李晟在神策军多年,素有威望,这反倒让德宗生出猜忌之心。

德宗的心思被宰相张延赏察觉到,这人与李晟素有积怨,于是不停地说李晟的坏话。德宗本就对李晟不放心,加上张延赏在一旁点火,偏偏这时候李晟又公然反对议和,终于促使德宗下定决心,解除李晟的兵权。

贞元三年(787)三月,德宗在宣政殿召见李晟,封他为太尉、中书令,明升暗降,外示尊宠,实夺其权。

李晟被罢后,宰相张延赏秉承德宗的意思,跑前跑后,开始紧锣密鼓地张罗会盟。但即便到了现在,仍有人反对,在奉天之围中立有大功的韩游瑰一针见血地指出:"吐蕃弱则求盟,强则入寇,今深入塞内而求盟,此必诈也!"德宗听了韩游瑰的话又犹豫了。他也感觉到,吐蕃这次确实有点儿不同寻常,有点儿过于热情主动了。事出反常必有妖。

尚结赞可能也估计到唐朝君臣会犹豫。他需要找一个有分量的说客帮他运作,他选中的是他的敌人马燧。之所以选中马燧,是因为这人有个缺点——贪财。

尚结赞派大将论颊热带着重礼去见马燧请他在朝中斡旋。河东节度使马燧本来是德宗调来攻打尚结赞的。但马燧收了厚礼后,态度转变,开始支持会盟。

论颊热在朝觐德宗时,还一再表示,只要会盟达成,吐蕃就归还盐、夏二州。

利诱之下,德宗的心思又活动了。

四月,尚结赞对来访的唐使再次重申,只要会盟成功,自己定会遵守盟约,将盐、夏二州归还唐朝。

尚结赞还表示,希望河中节度使浑瑊、灵州节度使杜希全、泾原节度使李观三人能作为唐朝的代表出席会盟仪式。

尚结赞真正的用意是要趁机劫持三位边将。李晟已经因为反对议和被罢黜。可以预料劫盟之后,马燧势必也会因为支持会盟受到牵连。如果能在会上劫持浑瑊,那么,他处心积虑谋划已久的除掉唐军三大名将的连环计就算成了。

但唐朝也不是那么好骗的,派人转告尚结赞,杜希全跟李观另有任务,脱不开身,现在能出席的只有浑瑊。

五月,浑瑊自咸阳入朝,担任清水会盟使,兵部尚书崔汉衡为副使。

预定的会盟地点依旧在清水,但尚结赞不同意,请求更换地点,改在原州土梨树堡。吐蕃方面给出的理由是清水非吉地,真正的原因是那里的地形不便埋伏。但此时唐德宗一心想促成和谈,也未多想就答应了。

虽然德宗糊涂,但朝廷里还是有明白人的。神策将马有麟就对会盟地点提出异议,他说:"土梨树地多阻险,恐吐蕃设有伏兵，不如平凉川平坦开阔。"

最后唐朝建议，会盟地点定在平凉川。尚结赞未再坚持，估计是怕唐朝方面起疑，于是也同意了。

出发前，李晟提醒浑瑊，此次吐蕃提出会盟的请求颇为诡异，到了平凉千万要小心戒备。李晟好意提醒，却成了政敌张延赏攻击李晟的理由。张延赏对德宗说："李晟不想唐蕃盟好，所以让浑瑊戒备，我们这边戒备，吐蕃必然察觉，到时双方都戒备，彼此猜疑，会盟如何能成功？"

德宗一听，认为有理，特意把浑瑊找来，面授机宜，告诉他，要对吐蕃推诚以待。人家那边已经准备好要使诈，在会上袭击唐朝使团。唐朝这边还在讲，要对人家真诚。

浑瑊这个时候是左右为难。他知道李晟说得有理，但皇帝的话又不能不听。

不久，浑瑊称已同尚结赞商定好日期。张延赏得报后，认为这是他的政绩便召集群臣，将浑瑊的奏疏给大家传阅，很是得意。

朝廷上下对会盟的盲目乐观，令李晟忧心忡忡，他私下流着泪说："我长在西域，深谙吐蕃实情，所以才上奏朝廷，只是担心朝廷被吐蕃欺骗罢了！"

浑瑊率会盟使团前往平凉。原本安排骆元光驻兵潘原为使团后援，但骆元光提出亲自带兵保护浑瑊去平凉。浑瑊将德宗诏命拿出给骆元光看，骆元光说："潘原距会盟地有七十多里，一旦发生意外，如何相救！请让我与您一同去吧。"浑瑊只好同意，不久之后，他就会庆幸自己的这个安排，正是这个决定救了他的命。

骆元光与浑瑊分别立营，但两座大营紧挨着。唐军大营距会盟地还有三十里。骆元光的大营深沟高垒守备森严，如临大敌，完全是战时状态，而浑瑊的大营则明显敷衍。骆元光伏兵于营西,韩游瑰也派五百骑兵埋伏在附近。

会盟当天,尚结赞与浑瑊约定各以甲士三千人列于盟坛东西两侧,着常服的四百随从在坛下列队。

会盟开始前,吐蕃提出,各派数十名游骑,在对方后方巡视。此刻,吐蕃的数万精锐正埋伏在盟坛西面。吐蕃游骑进入唐军队列,自由出入,而唐军游骑刚一进入吐蕃阵营就悉数被擒。

浑瑊对此一无所知。尚结赞请浑瑊等人脱去铁甲,换上礼服,准备会盟仪式。当唐朝使节在大帐内更换礼服时,只听三通鼓响,吐蕃大队骑兵呼啸而至,冲入唐军营帐,副使崔汉衡等众多唐朝官员被俘。浑瑊不愧是久经沙场的老将,反应迅速,见势不妙,立即逃出大帐,抓过一匹没有马鞍的战马,跳上马背,向唐军大营逃去。吐蕃骑兵穷追不舍,但浑瑊还是幸运地逃回营地。

浑瑊先回到自己的大营,但营帐中早已空无一人,又来到骆元光的营中,所幸骆元光早有准备,吐蕃骑兵见讨不到便宜,悻悻而去。

可是随行的唐军士兵就没有浑瑊的好运气了,被吐蕃军四处追杀,死伤数百人,一千多人被俘。尚结赞发动的平凉劫盟,令唐朝方面措手不及,仅被俘的高级官员就有六十余人。

唐朝君臣这边还在朝堂上等消息,德宗对群臣说:"今日与吐蕃和好,真是社稷之福。"旁边的马燧也随声附和,整个朝堂的气氛都很高涨,但大臣柳浑对德宗说:"戎狄,豺狼也,非盟誓可结。今日之事,臣窃忧之!"李晟也说:"诚如浑言。"

德宗竟不顾君臣礼节,当面训斥李晟:"柳浑书生,不知边计,你怎么也不懂事!"

可是,唐德宗想不到,打脸会来得这么快。他刚训斥过反对议和的李晟、柳浑,就在这天傍晚,韩游瑰的奏报送到长安,意思言简意赅,吐蕃劫持会盟大臣,敌人的大军就要打过来了。

刚才还充满期待,转瞬之间,德宗的脸上写满尴尬。羞愧、愤怒,一起涌上来。

之前反对议和的受打压,现在支持议和的也遭到清算。赶上德宗朝,大臣们发现,不论站哪边都可能受牵连。

六月,马燧被任命为司徒兼侍中。这与李晟的待遇如出一辙。尚结赞说:"去三人,则唐可图也。"如今李晟、马燧先后被罢兵权,入朝做闲职,边关只剩下浑瑊。

平凉劫盟后,唐蕃关系跌到谷底,此后三十年,唐德宗不见蕃使,不接国书,不谈会盟。平凉劫盟对德宗的打击相当大。德宗这辈子很少真正信任哪个人,即使是为他立下汗马功劳的李晟、马燧,他说罢黜就罢黜。难得信一次吐蕃,却被骗得这么惨。

吐蕃劫盟之后,因浑瑊、骆元光及时补救,尚结赞并未能像他期望的趁乱攻入关中。而之前占据的盐州、夏州,因为补给困难,尚结赞决定主动放弃,当然,他是不会将完整的州城留给唐朝的。走之前,他下令将两城拆毁,民众也全部掳走。

在劫盟事件中力主会盟的宰相张延赏很快也靠边站。

唐德宗任命李泌为相。李泌入相后做的第一件事就是向德宗力保李晟、马燧。李泌带着李晟、马燧还有柳浑来见德宗。李泌对德宗说:"李晟、马燧有大功于国,望陛下坦然待之。愿陛下勿以二臣功大而忌之,二臣勿以位高而自疑,天下可安。"先后经历泾原兵变、平凉劫盟的德宗这时也清醒了许多,在李泌的劝导下,念及李晟、马燧昔日的功劳,与两位功臣冰释前嫌。

尚结赞的连环计到此算是彻底凉了。但他是不会沉寂的。

八月,尚结赞又打过来了。这次吐蕃分兵三路分别攻击陇州、汧阳、钓竿原。吐蕃军连营数十里。汧阳大营距凤翔只有

257

四十里。长安为之震动。

九月,吐蕃又用诈术,穿着唐军军服偷袭华亭,得手后又是一番抢掠。这次他们不光抢东西,更主要的是抢人,然后将这些汉人卖给羌人做奴隶。

仅此一次,吐蕃就掳走了上万唐朝百姓。走到安化峡谷(今甘肃省清水县),吐蕃士兵对被掳的百姓说:"过了这里就出了大唐的地界,你们可以与故乡作别再上路。"唐民闻言哭声四起,数万人遥望故国伏地大哭,更有数千人选择跳崖自杀,宁死也不去他乡为奴。

李泌是名副其实的救时宰相。回到朝中,他就开始不停地纠正德宗的一个又一个大错,坚决反对并阻止德宗割让安西、北庭;坚决反对并保护被德宗迫害的功臣李晟等人。

但李泌最大的功绩是将德宗从错误的路线上拽回来。

唐德宗最大的错在于分不清谁是主要敌人,谁是次要敌人。

虽然尚结赞用不停地进攻时刻"提醒"着德宗,但以德宗的智商,他是真的分不清。

好在还有李泌。

对吐蕃的进攻,必须予以坚决的反击!

不要幻想通过割地赔款可以阻止吐蕃,那只会助长吐蕃的嚣张气焰。

清水会盟割地赔款的屈辱!

平凉劫盟遭人戏耍的耻辱!

换来的是吐蕃一轮紧似一轮的进攻。

妥协退让只会招来更大的羞辱。

只有抵抗才有生路!

内忧外患的唐朝早已不是开元盛世那个强盛的大唐。以现在的国力,拼尽全力是能挡住吐蕃的,但要战胜,还远远不够。

一个好汉三个帮。此时的唐朝比任何时候都需要盟友。

李泌让德宗认清了，唐朝最大的敌人是吐蕃，至于藩镇还在次要。吐蕃是腹心之患，藩镇不过是手足之疾。

　　李泌费尽心力终于让德宗明白了一个连普通人都懂的道理，时刻威胁着京畿长安的吐蕃才是唐朝真正的敌人。

　　李泌的才干在于，他不仅指出了问题所在，还找到了解决的办法。

　　李泌的策略是"西联大食、北和回纥、东结南诏"，对吐蕃形成立体的全方位的战略包围，此即李泌的困蕃之策，一手打造了历史上著名的贞元之盟。

构建对吐蕃的战略包围网——贞元之盟

国力不甚强,又要面对强大的敌人,团结一切可以团结的力量,联合尽可能多的盟友就是最明智的选择。

大食、回纥、南诏都是李泌计划之中的潜在盟友。只要能争取到这三个盟友助力,就能形成对吐蕃的战略包围,化被动为主动。

只要这个包围网形成,吐蕃的攻势就会被遏制。唐朝就会得到喘息之机,重整旗鼓,发动反攻,收复失地。

在李泌的计划里,三个盟友都很重要,但相比之下,最重要的还是回纥。

联络回纥是整个计划的关键,然而,这也是最难的。

但难的不是如何争取回纥。事实上,贞元年间,回纥的态度相比大历时期已经好多了。

问题出在德宗身上。

比之吐蕃,德宗甚至更恨回纥。这话从何说起呢?当年安史之乱,回纥可是在关键时刻派兵助战,力挺唐朝,帮助唐军收复两京的功臣,有着并肩战斗的情谊。

问题就出在这,现在的德宗当时还是太子。

宝应元年(762),唐代宗李豫即位,任命太子李适为天下兵马大元帅,封雍王,出镇陕州。

构建对吐蕃的战略包围网——贞元之盟

初掌大权的李适带着亲信药子昂、韦少华等幕僚,去回纥大营拜会回纥牟羽可汗。

这很好理解,回纥是唐朝的盟友,人家可汗亲自带兵前来助战。作为唐军前线新任主帅,自然要去拜访一下联络感情。

可就是这么一个看似寻常的官方访问,却引出一场外交风波。

牟羽可汗曾与唐代宗结为兄弟,认为李适见他应行晚辈之礼。但李适只以平辈之礼相见,可汗不高兴了,当场训斥李适,要他行子侄的"拜舞"大礼。

李适不便直接出面反驳,于是药子昂等幕僚出来与回纥方面交涉,据理力争,理由是李适是以储君的身份而来,代表的是唐朝,不应以私人辈分相论;李适是太子,是天下兵马大元帅,身份尊崇,不应行此大礼;而且此时又在国丧期间(玄宗、肃宗相继去世),不宜歌舞,这有违礼法。

但回纥方面也有说法,子侄向长辈行大礼是回纥传统。汗王与唐天子以兄弟相称,对雍王来说,汗王是叔父。不行大礼是违背回纥传统!

药子昂强调:"雍王是太子,国之储君。哪有中国的储君,向外国的汗王拜舞的道理?"

双方唇枪舌剑,你来我往,各说各的理,越闹越僵。

双方的情绪都有点儿激动。

最后,场面终于失控。

药子昂、魏琚、韦少华被回纥人拖出大帐,各打了一百杖。魏琚、韦少华被打成重伤,抬回去,当天夜里就死了。

药子昂被打时,惨叫声惊动了可汗的母亲。她赶到大帐中,痛斥打人的车鼻将军,向李适道歉并护送其回营。

但这件事让李适深感蒙羞,耿耿于怀。

建中元年(780),李适即位不久,回纥宰相顿莫贺合杀牟羽可汗，自立为"骨咄禄可汗"。

骨咄禄可汗为稳固地位，频频向唐朝示好，并多次请求和亲。

但"陕州之耻"对德宗来说是刻骨铭心的耻辱，想起来，心就隐隐作痛，德宗对回纥向来没有好感，对和亲的请求一直未予回应。

李泌当然清楚德宗的心思。但他也知道为促成对抗吐蕃的战略同盟，这道坎他必须帮德宗迈过去。

恰好，边将上奏军队缺少马匹。河西是主要的产马之地，但已被吐蕃占领。这时只能向回纥购买。但回纥也很清楚这点，他们也很会做生意，趁机提高售价。因为唐朝也没有更好的选择，总不能去找吐蕃买马吧。虽然回纥卖得贵，但打仗需要，再贵也得咬牙买。

李泌趁机对德宗说："陛下如能用臣之计，数年之后，马价必贱。"德宗一听，来了兴致。李泌继续说："为君者需以国家社稷为重。为国家计，有时也不得不受些委屈。如今国家外有吐蕃扰边，内有藩镇作乱。陛下应抛去个人情感，以国事为重。只要我们能西联大食、北和回纥、东结南诏，吐蕃受到牵制，国家才能与民休息，也才能积蓄国力，讨伐叛逆的藩镇。三方之中，以回纥为重，只要我们两家亲睦，和同一家，马匹也自然容易得到。"

德宗一听要联合回纥，脸色瞬间就沉下来。回纥是他不愿触及的伤疤，想起往事，屈辱、愤怒便涌上心头，当年受辱蒙羞的场景仍历历在目。德宗恨恨地说："别的都行，但回纥不行！"

李泌说："臣知陛下会作此反应，因此在心中权衡再三。困蕃之策关键就是回纥，他国倒是其次。"

德宗冷冷地说："回纥提都别提！"

李泌抗声回道:"臣身为宰相,向陛下建议是臣的本分。"

德宗见他态度坚决,反倒安慰:"爱卿的计策,朕言听计从,但是北和回纥之事,还是等到朕的子孙再去做吧!在朕当朝之时,决不可为!"

李泌上前一步,躬身施礼道:"陛下不许,莫非是因为当年陕州之耻吗?"

德宗咬着牙说:"韦少华他们因为朕的缘故受辱而死,朕岂能忘记?只可惜国家多难,没有机会报仇,但绝不能与回纥和解。此事到此为止,你别再说了!"

皇帝已经把话说到这个份儿上,一般的大臣就不敢再劝,再说下去,丢官罢职都是小事,严重点儿,就人头落地了。

但李泌不是一般的大臣,为了国家,李泌也豁出去了。

李泌接着说:"杀害韦少华的是牟羽可汗,已被合骨咄禄可汗所杀。怎能怨恨他呢?"

德宗冷冷地说:"爱卿坚持认为,北和回纥于国有利,那就是朕不对喽!"

李泌不卑不亢地说:"臣为社稷着想,如果臣一味迎合上意,不顾社稷安危,臣死之后,有何面目去见先帝?"

面对执着的老臣李泌,德宗也只能说:"那让我再想想吧!"

通常,领导说再想想,那就是不同意,只不过为给彼此留情面,不便直说罢了。

李泌当然明白,德宗不愿提这个话题,但他必须这么做。

此后,只要一有机会,李泌就提"北和回纥"的事,搞得德宗见到李泌就想绕着走。

如此反复十五六次,李泌也火了:"陛下既不肯联合回纥,那就放老臣回家吧!"

德宗只好和颜悦色地对李泌说:"朕不是不听进谏,不过是和爱卿讲道理嘛!你怎么能想要离我而去呢?"

李泌见德宗态度缓和，也放缓语气说："陛下允许臣讲理，这是社稷之福！"

德宗说："我不是在乎委屈自己，而是不能辜负韦少华他们这些忠臣呀！"

李泌却说："以臣看来，不是陛下辜负韦少华，而是韦少华辜负陛下。"

此言一出，德宗甚为惊愕。

李泌对德宗的反应倒并不吃惊，接着说："当年，回纥帮先皇（肃宗）讨伐安庆绪，命老臣在元帅府宴请回纥首领。而先皇却故意避而不见，回纥首领多次邀请先皇去大营，先皇都没答应。直到回纥大军即将出发，先皇才跟他们相见。这是因为夷狄之众，豺狼也。举兵入中国腹地，不可不防。

陛下在陕州，韦少华等人没有事先考虑到这点，让陛下万金之躯深入其营，而未事先讲好相见的礼仪，使得回纥恣意妄为。这不是韦少华辜负了陛下的信任吗？就算是死，也不足以抵偿过错。

再有，积香寺之战获胜后，回纥想提兵入长安。先皇亲自在回纥首领马前施礼，阻止回纥军。当时围观的百姓多达十万，纷纷叹息说：'广平王真是华夏和夷狄共同的首领。'

牟羽身为可汗，领着全国兵马为中原解难，他的心志必定是傲慢的，是敢于向陛下要求礼遇的，而陛下并没有向他屈服。

在那个时候，如果牟羽可汗将陛下留在营中，欢饮十日，天下百姓难道不会对陛下寒心吗？

更何况，可汗的母亲向陛下双手献上貂裘，喝退左右，并亲自送陛下乘马而归。

陛下以香积寺的事情来看，是委屈了陛下呢，还是没有委屈陛下呢？是陛下向牟羽屈服了呢，还是牟羽向陛下屈服了呢？"

李泌这么说是因为他清楚，多年来，德宗心中对韦少华等人的牺牲难以释怀。德宗知道他们是为自己牺牲的。如果与回纥和解，会对不起这些为他而死的忠臣。这些年，德宗自己也始终忘不掉陕州之耻。

李泌对当年为维护国家尊严牺牲的忠臣们当然是心怀敬意的。

那时，他们的牺牲是为国家。

现在，李泌为促成贞元之盟也是为国家。

他们都是为了江山社稷，他们都有一颗报国之心。

虽然在具体的做法上各有不同，究其实质是殊途同归。

德宗当然也明白李泌这么说的良苦用心。话说到这里，德宗的心结已经打开，他知道自己应该怎么做了。

德宗转头对旁边的李晟、马燧说："朕素来怨恨回纥，现在听李泌说了香积寺的事情，朕觉着自己少理，你们二人有何看法？"

李晟、马燧二人皆是深谙边事的名将，对前线的形势是心知肚明。他们当然知道与回纥联合对抗吐蕃是对的，但德宗深恨回纥，举朝皆知，两人也深知此事是德宗不可触碰的伤口。即使知道联合回纥是化解边境危机的良策，也不敢提及"联合"二字。

这时看到德宗似乎有顺坡下驴的迹象，两人当然乐得赞同，一致表态支持李泌。

李泌知道德宗已经在心里做出了正确的选择，只是还需要一个过渡。

李泌接着说："臣以为回纥并不可恨，之前的宰相才可恨！吐蕃趁我国难，出兵占据河西、陇右数千里之地，又悍然入寇京城，致先帝蒙尘，銮驾播迁，此乃百代必报之仇！而过去的宰相不为陛下雪耻，却一味要与吐蕃结盟，殊为可恨！"

皇帝的面子是必须维护的。

之前犯下的错都是那些不负责任的大臣的错，不是皇帝的错。过去的宰相当然指的就是鼓吹与吐蕃会盟的张延赏那些人。

这个时候，张延赏必须出来背锅。身为宰相，张延赏自然是有责任的，事实上，也不算背锅，他确实有责任。

德宗现在放下了，但回纥那边是怎么想的，他心里也没底，便问道："朕与回纥结怨已久，之前刚刚遭遇吐蕃劫盟，其后又屡屡拒绝回纥和亲之请，现在主动提出和解，他们会答应吗？"

李泌立即表示："臣这就写信给回纥可汗，告诉他们，若想和亲，必须向陛下称臣、称子。如果答应，就许其和亲。"

一向骄纵的回纥能答应这些条件吗？德宗心里还是存疑："至德以来，两国都以兄弟相称，一下子让他们做臣属，恐怕有难度吧？"

李泌胸有成竹地说："陛下尽管放心，回纥早就想与大唐和好，他们的可汗、国相素来信臣。臣只需写一封书信把道理讲清楚就行了。"

果不出李泌所料，回纥收到书信后，很快遣使上表，愿意向唐朝称臣、称子，所有条件全部答应。

德宗大喜过望，对李泌说："回纥为何如此敬畏你？"

李泌怎敢居功！

这种事儿只能是"陛下英明"。李泌说，此乃陛下威灵，非臣之力。

德宗说，与回纥和好了，接下来的南诏、大食如何招抚。李泌说，结好回纥，吐蕃便不敢再轻易犯边。南诏与吐蕃嫌隙已生，不难招抚。至于大食，仰慕中国，又世代与吐蕃为仇，只需遣一介之使前往联络，大食必欣然响应。

大食远在万里之外，对吐蕃只能起到牵制作用。

南诏偏居于西南的崇山峻岭之中，对吐蕃也只能是牵制而已。

但雄踞北方的回纥汗国，控弦数十万。在唐朝与吐蕃的战争中，回纥是一支举足轻重的力量，此时，回纥倒向哪边，哪边就占据优势。

与回纥联盟的好处是显而易见的。如果不是早年的心结，唐德宗也会积极推进。因为唐朝其实也没有更好的选择。

在吐蕃之前，中原的边患都来自北方的草原。随着东突厥、后突厥被唐朝征服，北方的压力减轻，可是，吐蕃又冒出来，攻击力比突厥更强。

此时，回纥已经成为北方草原的新主人。如果回纥也选择像东突厥时不时就南下抢一把，那唐朝的日子只会更惨。

到时，吐蕃、回纥一西一北，两面夹攻，局面会更被动，那时才是最真正危险的。这种情况在唐代宗时是发生过的，郭子仪单骑退敌就发生在这个时期。但唐朝的运气不会总那么好，像郭子仪那种极会做人又会带兵打仗到处救火的能人是可遇而不可求的。

唐朝在西北不能同时面对两个强敌，而唐朝与吐蕃是国家结构性矛盾，只有死磕，不可调和。吐蕃是披着游牧外衣的农耕部落，对土地的渴求丝毫不逊于汉人。

剩下可以联合的只有回纥。好在唐朝的命好，回纥虽然也骄横跋扈贪图金银财帛，但对土地不怎么感兴趣，唐朝只要肯出钱给好处，他们是愿意与唐朝合作的。

回纥倒向唐朝，既可以缓解唐军在北方的防守压力，又可以将守备在那里的朔方军主力抽调出来对付吐蕃。一减一增，唐朝就能彻底翻身。

反之，如果回纥被吐蕃拉过去，西北唐军将不得不面对西、北两个方向的攻击，调集重兵防守。唐朝与吐蕃已经打了一百多年，再打下去，崩溃是迟早的事情。

联合回纥是最现实也是最正确的选择。

政治联姻则是最好的绑定方式。贞元四年（788）十月，回纥的迎亲队伍来到长安迎娶德宗的第八女咸安公主。

合骨咄禄可汗随后在给德宗的上奏中十分谦恭地写道："昔为兄弟，今为子婿，半子也。若吐蕃为患，子当为父除之！"

迎娶咸安公主后，回纥上书唐朝，正式改回纥为回鹘。

以联姻深度绑定回鹘之后，贞元之盟在事实上已经取得成功。

对贞元之盟的作用，曾被李泌所救的韩滉，对此有过精辟的论述。韩滉就是之前往长安运米的那位。韩滉说："吐蕃盗有河湟，为日已久。大历以前，中国多难，所以肆其侵轶。臣闻其近岁以来，兵众寝弱，西迫大食之强，北病回鹘之众，东有南诏之防，计其分镇之外，战兵在河、陇五六万而已。"

自贞元四年（788），大唐与回纥和亲后，吐蕃"西迫大食、北病回鹘、东防南诏"，在河陇的兵力只剩五六万人。

自安史之乱以来，唐朝终于摆脱被动挨打的局面。

贞元五年（789），唐军复筑连云堡、新筑崇信城。

贞元七年（791），唐军筑平凉城、彰信堡。

贞元九年（793），唐军复筑盐州城。

城盐州——必守之地盐州城

盐州位于陕西西北,东接榆延,西通甘凉,自古便有"三秦要塞"之说。

安史之乱后,吐蕃走下高原攻占河陇,又威逼关中,盐州恰好处于关中与朔方军大本营灵州的交通线上。

广德元年(763),吐蕃占领原州(今宁夏回族自治区固原市),又以原州为跳板,不停地向盐州、灵州发动进攻。

吐蕃攻灵州是因为这里是唐军西北边军里仅存的尚有战斗力的朔方军的大本营。

吐蕃占领河陇后,原本是打算直接进攻长安的,他们一度也打进了长安,但关中唐军很快将他们驱逐。

长安是唐朝的都城,这里不容有失,帝国最精锐的部队先后汇聚关中。

整个大历时代是唐朝国力最虚弱的时候,也是吐蕃攻势最猛烈的时候,即便如此,即使是在最弱的时期,面对吐蕃的如潮攻势,唐军依然守住了长安的外围防线。

吐蕃在屡屡撞墙后,在不放松对关中威胁的情况下,开始寻找新的进攻路线,这就是陕北的黄土高原。

首当其冲的就是灵州。整个大历年间,长安之外,灵州是受吐蕃攻击最多的城池,从攻击的持续时间到攻击的次数都超过了长安。

吐蕃围着灵州打了十几年，却怎么也打不动，他们只能被迫放弃。

大历十三年（778），吐蕃军绕过灵州，以原州为前进基地挥师东进，攻击盐州，这是吐蕃第一次攻击盐州。

盐州军民拼死抵抗，挡住了吐蕃的这次进攻。但跟吐蕃打过多年交道的唐军知道，有第一次就会有第二次，果然，第二年二月，吐蕃名将马重英再次带兵围困盐州，却被郭子仪麾下大将李怀光打败。

贞元二年（786），吐蕃大相尚结赞趁唐朝内乱，接连攻陷盐州、夏州、银州，加上之前所占的原州，已经从西北两个方向对关中形成了合围之势，并切断了关中长安与灵州朔方军以及回纥的联系。

虽然因为补给困难，吐蕃很快不得不放弃对盐州的占领，但唐军也分不出多余的兵力去收复。此后六年，盐州城一直被闲置。

变化起于李泌，准确地说是李泌倾尽心力构建的贞元之盟开始发挥作用了。

贞元之盟中唐朝最大的盟友是来自北方草原的回鹘，与唐朝结盟后，回鹘在天山南北与吐蕃展开了旷日持久的对攻。处在上升期的回鹘也想对外拓展势力范围，南下是最有诱惑的选择，而唐朝成功地将这股力量引向吐蕃。

回鹘与吐蕃的战争，同时缓解了唐朝西域与关中两个方向的压力。

困守西域的唐军能孤军坚持四十多年，与回鹘的间接策应是分不开的。而关中地区也得以从吐蕃持续的进攻下解脱出来，为日后的反攻积蓄力量。

唐朝在葱岭以西的盟友大食也很给力。唐朝与大食的关系其实一直都不错。怛罗斯之战只不过是其中一个微不足道的插曲,此战对西域局势的影响更是小到可以忽略不计。

安史之乱时,大食还曾派兵助战。大食与吐蕃在西线也开始缠斗不休。吐蕃需要同时面对回纥与大食两个强敌,对唐朝的军事压力逐渐减轻,"吐蕃岁西师,故鲜盗边"。

在此前后,西南的南诏与吐蕃也因分赃不均而闹起矛盾。大历十四年(779),吐蕃与南诏联手进攻剑南,一度声势很猛,但唐朝及时派出名将李晟率中央禁军神策军紧急驰援。李晟在大渡河畔将吐蕃、南诏联军杀得尸横遍野、血流成河。

损兵折将的吐蕃与南诏开始互相埋怨,都觉得自己一方损失惨重,都认为对方出工不出力。双方都认为对方多吃多占,自己吃了亏。吐蕃与南诏也因这次战败产生裂痕。

长期的战争也让吐蕃不堪重负。于是,他们就去找南诏补血。南诏眼见吐蕃在走下坡路,又露出墙头草的本色,开始与唐朝方面眉来眼去,暗送秋波。

贞元八年(792),南诏与吐蕃的关系已经极为紧张,双方互不信任。与此同时,唐朝与南诏的关系却迅速改善。

贞元十年(794),唐朝与南诏重修旧好,双方在点苍山盟誓,约定共逐吐蕃。

吐蕃对南诏的背离极为恼火,怒斥南诏为"两头蛮""首鼠两端"。

剑南唐军在南诏的帮助下稳固了川西防线,唐朝得以从剑南抽调兵力协防陇右。

此时,吐蕃四面受敌,自顾不暇,战局开始变得对唐朝有利,朝野上下特别是前线将领纷纷主张趁机出兵夺回原州,重新构筑以原、灵、盐三州为重心的西北防御体系。三州是长安的西北门户。院门长期敞开,主人自然睡不踏实。为了睡好觉,必须关上院门。毕竟,谁家过日子都是奔着天长地久去的,谁也不想整天提心吊胆地过日子。

灵州大都督兼灵、夏等州节度使杜希全上奏要求重筑盐州城。

德宗对此也特别重视。他不能不重视，这关系到长安也就是他的安危。但德宗也很清楚，重筑盐州，吐蕃势必出兵阻止。

首先，必须要迷惑吐蕃，转移对方的注意力，趁其不备，迅速动手，速战速决。等对方反应过来，城已经筑好了。

这事儿必须得快，为此，唐朝进行了长达一年的准备。

德宗先是命令泾原、山南、剑南三个方向的唐军主动出击，进入吐蕃境内袭扰，将吐蕃军队调动起来，让吐蕃军疲于奔命。

在顺利调动对方后，杜彦光迅速派出三万五千人赶筑盐州城。杜彦光带兵昼夜兼程赶到盐州，同时令人将囤积于环、郦二州的物资，抢运至盐州城下。唐军昼夜不停地赶工，只用"二旬"便将城筑好。

为了确保盐州的筑城计划，德宗不但命杜彦光为盐州节度使就地组织防守，还命朔方军都虞候杨朝晟屯兵木波堡（今甘肃省环县东南）形成掎角之势。

贞元九年（793），被吐蕃拆毁六年之久的盐州城得以复建。

盐州城建好后，效果立竿见影。吐蕃来袭的次数大为减少。

为了庆祝复筑盐州城成功这一重大战略胜利，后来白居易为此专门写下《城盐州》以示纪念。

文章合为时而著，诗歌合为事而作。这是白居易的主张，他是这么说的，也是这么做的。

这首《城盐州》就是白居易在这方面的代表作。

盐州未城之前的状况是：

城盐州，城盐州，城在五原原上头。
城盐州，城盐州，盐州未城天子忧。

盐州复守之后的情形是：

> 自筑盐州十馀载，左衽毡裘不犯塞。
> 昼牧牛羊夜捉生，常去新城百里外。

盐州收复后，北方的驿路也重新畅通。

贞元九年（793），唐军复筑盐州城后，在朔方形成了以盐州为核心，北有灵州（今宁夏回族自治区灵武市），南有环州（今甘肃省环县）的完整防线，并与陇山的泾原（今甘肃省泾川县）防线遥相呼应。

之后八年，因为盐州的存在，唐军的压力大为减轻。

但吐蕃是不会轻易罢休的。

贞元十七年（801），吐蕃卷土重来，盐州再度易手。

唐朝吐蕃西域之战

剑南唐军的反击——维州之战

即使在四面开战的情势下,吐蕃依然没有放弃对关中的攻略。

贞元十七年(801)夏秋之际,又到了一年一度的防秋时节,敌人果然"守约",吐蕃骑兵又来了。

年年防秋,岁岁防秋。边塞烽烟四起,大诗人白居易在《西凉伎》中用充满悲伤而又心酸的笔调写道:

> 凉州陷来四十年,河陇侵将七千里。
> 平时安西万里疆,今日边防在凤翔。

吐蕃再次掀起进攻狂潮,猛攻灵州、盐州,然而还是攻不进去。虽然未攻陷二州,却打下了附近的麟州,然后按照老习惯,在城内大肆劫掠一番后,将居民尽数掠走。

北线吃紧,唐德宗急令剑南西川节度使韦皋从南线向吐蕃发起攻击,迫使吐蕃分兵,以减轻关中的压力。

唐朝与吐蕃经常是南北两线同时开战,但自从南诏与唐朝结盟,西南形势大好。

不仅仅是南诏,川西的众多羌人部落也纷纷归唐,因为他们也架不住吐蕃的抢劫式盘剥,没有对比就没有伤害。想想昔日唐朝的恩情，他们不由自主地怀念起在唐朝庇护下的幸福日子。

南诏及为数众多的羌人部落是西南举足轻重的力量。他们倒向唐朝之后，剑南唐军得到他们的助力，实力飙升。

之前剑南唐军只能取守势，如今也有能力进攻了。相比苦苦支撑的西北唐军，西南唐军率先满血复活。

接令后，韦皋闻令即动，于八月出动步骑两万，兵分九路，齐头并进，向吐蕃占据的维州、松州等地发起全面进攻。

之所以分这么多路，也是因为川西都是崇山峻岭，行军只能在山间小路进行。这种地形，兵马再多也不好展开。

九路唐军向各自的预定目标挺进：

镇静军兵马使陈洎统兵一万人出三奇路；

威戎军使崔尧臣率兵一千出龙溪石门路；

维、保两州兵马使仇昱和保、霸两州刺史董振率兵两千进逼吐蕃占据的维州城；

北路兵马使邢砒并诸州刺史董怀愕率兵四千进攻吐蕃栖鸡、老翁等城；

大将高倜、王英俊率兵两千进逼松州；

陇东路兵马使元膺并诸将郝宗等分兵八千出南道雅、邛、黎等路，邛州镇南军使、御史大夫韦良金发镇兵一千三百人跟进；

雅州经略使路惟明等率兵三千进攻吐蕃偏松城；

黎州经略使王有道等率兵两千人过大渡河，深入吐蕃；

巂州经略使陈孝阳与行营兵马使何大海、韦义等率兵四千人进攻昆明（今四川省盐源县）、诸济（今四川省西昌市）等城。

战斗从八月一直持续到十二月，双方在剑南的崇山峻岭间陷入混战，唐蕃两军主力在雅州（今四川省雅安市）城外摆开战场，进行决战，结果吐蕃惨败。此战后，唐军在战场上更占据主动，接连攻克多个吐蕃城堡，各路唐军在群山之间对吐蕃败兵展开全线追击。

其中南渡大渡河（今泸水）的唐军，在南诏军的配合下，绕到吐蕃军后方，在三泸水一带夹击吐蕃驻军。

吐蕃军结营固守，但唐军发现吐蕃立营之处地势低洼，于是决堤放水，水淹吐蕃军营，大水瞬间就冲垮了吐蕃大营。

被大水冲跑的吐蕃军一路向鹿危山溃败。唐军与南诏军在后紧追不舍，追着吐蕃溃兵猛打，同时又派少量精兵在当地羌人带领下昼夜兼程绕道鹿危山后山设伏。

逃到鹿危山的吐蕃军还来不及休整，唐与南诏联军的追兵就到了。与此同时，山后伏兵也从山上直冲而下，吐蕃军腹背受敌，陷入合围，很快就溃不成军，四散奔逃。战后，唐军打扫战场，惊讶地发现吐蕃的俘虏中居然有大食的士兵。这场战役因发生在泸水之南，也被称为"渡泸之役"。

唐军在剑南高歌猛进，所向披靡，至十二月，剑南唐军先后攻取城池七座，焚毁堡垒一百多个，斩杀敌兵万余人。

南线告捷，北线的战局却陷入胶着。吐蕃大相论莽热率领大军在西北横冲直撞。

九月，盐州节度使杜彦光被迫放弃坚守八年的盐州城，奔向庆州。吐蕃占据盐州后，纵兵掠夺，将盐州城再次焚毁。

灵州、盐州、夏州自西向东连成一线，北接鄂尔多斯高原，南连黄土高原。鄂尔多斯高原土地平旷适合骑兵机动，这也是吐蕃军能来去如风的原因。但三州以南已经进入黄土台塬，沟深原高，机动困难，便于唐军防守。更难的是冬季，气候寒冷，唐朝占据三州时，每年都要动员大量的民夫给三州驻军运送补给，而吐蕃显然不具备这种补给能力。

冬天，大雪盈尺的鄂尔多斯草原就变成千里雪原。之前，尚结赞曾派兵驻守盐、夏二州，结果差点儿因冻饿全军覆没，有了上次的教训，论莽热也不敢驻兵，于是放起一把大火，毁城离去。

论莽热正准备接着围攻灵、夏二州，吐蕃赞普赤松德赞的命令送到了大营，要他火速领兵南下，救援维州。论莽热也只能遵令行事，调头南下。

唐朝的围魏救赵之计获得成功。

贞元十八年（802）正月，论莽热率兵十万入川以解维州之围。韦皋以逸待劳，正张开一张大网等着他。

剑南唐军据险而守，熟悉地形，又有羌人协助，占据优势。吐蕃十万大军从千里之外远道而来，本已十分疲惫，虽然兵多，但在川西高原群山之间兵再多也摆不开，只能排成线鱼贯而进。

论莽热部下多是骑兵，在草原这是优势，但到了川西，反而成了劣势。高山深谷限制了吐蕃骑兵的速度，却是唐军山地步兵的理想战场。

吐蕃数万大军涌入川西山地，唐军却只派出一千多人前来迎战。吐蕃军迅速"击溃"了阻击的唐军，前锋紧追唐军溃兵在山间穿行，不知不觉便进了唐军的口袋阵。没错，之前的那一千多人的小部队就是来诱敌的。

当吐蕃军主力进入山间一处谷地时，之前追击的唐军却不见了踪影，就在吐蕃士兵疑惑之际，突然伏兵四起，滚木礌石雨点般砸下来，紧接着，伴随着风声，唐军的透甲箭随风呼啸而至，混乱中，吐蕃骑兵在山谷中挤作一团，简直是练习射击的理想标靶。很快，山谷之间便躺满了吐蕃士兵的尸体。

吐蕃军想反击，但两侧山崖险峻陡峭，根本爬不上去，峡谷前后又都被唐军堵死。数万吐蕃骑兵被困在谷地，只有被动挨打的份儿。

经过一天血战，吐蕃前军全军覆没，论莽热得知前军中伏，急忙督促后军赶来救援。

对此，唐军早有准备，在吐蕃前军已经安全通过的山谷中再次设伏，第二次伏击将吐蕃后军也给包了饺子。吐蕃后军拼死突围，才避免了被全歼的命运，但十万吐蕃军也折损大半，大相论莽热在乱军中也被唐军俘虏。从北方来援的吐蕃军被唐军击溃后，唐军加紧围攻维州，但维州久攻不下，吐蕃的第二批援军将近，韦皋审时度势指挥唐军缓缓退兵。

此番唐蕃贞元大战，南诏、诸羌的配合，起到了关键作用，正是在南诏、诸羌的协助下，唐军才能在川西的深山峡谷中纵横穿插，将吐蕃大军打得晕头转向找不着北。

贞元十八年（802）正月十八日，韦皋将吐蕃大相论莽热押送长安，献俘阙下。德宗赦免了论莽热，"赐崇仁里宅以居之"。论莽热是唐蕃两百年战争中被俘的级别最高的吐蕃将领。

维州之战，吐蕃损失惨重，虽然暂时保住了川西重镇维州，但在战争中损失了数万兵力。以吐蕃的人口规模，是经不起这种大规模消耗的，拼人力，吐蕃是拼不过唐朝的。国力占优的唐朝已经从安史之乱的阴影中走出来，在与吐蕃的拉锯战中重新占据主动。

唐朝与吐蕃对北线盐州与南线维州的争夺在未来数十年里仍将持续进行，胜负尚未有定，决战即将到来。

鲜血浸润的东归之路——沙陀归唐

沙陀原名"处月",贞观年间,游牧于西域,为西突厥别种,也称"沙陀突厥"。唐代将"处月"译作"朱邪"。于是,"朱邪"慢慢成了沙陀酋长的姓氏。

永徽五年(654),唐军在征讨西突厥阿史那贺鲁叛乱中,在沙陀活动区域设置金满、沙陀两个羁縻州。

长安二年(702),沙陀酋长朱邪金山,因追随唐军征讨铁勒有功,被封为金满州都督,隶属于新设立的北庭都护府。

安史之乱爆发后,沙陀部也应征东调参与平叛,首领朱邪骨咄支还因功被授予特进、骁卫上将军。

唐肃宗时,吐蕃趁唐军主力东调攻占河陇,此时沙陀部还属于唐朝在北庭治下,沙陀士兵也服从北庭征调与唐军并肩作战抵抗吐蕃。但随着吐蕃逐渐占据上风,眼见唐军势弱,沙陀部也心生叛意。

广德二年(764),凉州被吐蕃攻克后,河西节度使杨志烈退守甘州,途中便是被沙陀所杀。

贞元六年(790),庭州的沙陀人,在吐蕃诱导下驱逐北庭节度使杨袭古,以七千帐归附吐蕃。

为争夺北庭,以唐军、回纥为一方,吐蕃、葛逻禄、沙陀为另一方,两方多次发生血战。

唐回联军连续遭遇惨败之后，北庭节度使杨袭古为回纥人所杀。

由于沙陀人"勇冠诸胡"，吐蕃将沙陀人从北庭迁往甘州，以朱邪尽忠为统军大论。吐蕃寇边，常以沙陀为前锋。从此，沙陀成为吐蕃北挡回纥、东击唐朝的一把利剑。

贞元十三年（797），河西战局逆转。回鹘在怀信可汗的治下，实力大增，在天山连败吐蕃盟友葛逻禄及黠戛斯。

接着，回鹘骑兵卷地而来，大败吐蕃和黠戛斯联军，不但收复了被吐蕃占据二十四年的凉州，还将围攻安西都护府治所龟兹的吐蕃军尽数围歼。

惨败之下的吐蕃节度使（吐蕃效仿唐朝也设节度使）迁怒于沙陀人，认为是沙陀在战场上出工不出力，贻误战机，才导致惨败。

吐蕃节度使担心沙陀有异心，便计划将沙陀迁往河外（今青海省玉树市）。

吐蕃对投降过来的沙陀并不信任，对沙陀人从始至终都是利用。

沙陀人生活的甘州，是整个河西走廊水草最丰美的地方。雪山融水将张掖滋润如膏腴，土地肥沃，物产丰富，西北素有"金张掖，银武威"之称。

而河外平均海拔超过四千米，是高原苦寒之地，只有贫瘠的高山苔原。

这种巨大的落差，换了谁也不会答应。

吐蕃之所以先前将肥美的甘州划给沙陀，只是看在沙陀勇猛善战，可以为其所用的分儿上。但如今眼看着沙陀的利用价值不如从前，马上就翻脸不认人。

这些年，每有大战，沙陀必为先锋。但再勇猛，战场上也是有伤亡的，沙陀本身也只是一个仅有三万人口的小部落。

鲜血浸润的东归之路——沙陀归唐

战争让沙陀损失了大量青壮年,却没有换来相应的回报。战后分战利品,大头儿都被吐蕃、葛逻禄瓜分,留给沙陀人的都是人家吃剩下的。

本就遭受不公正待遇,现在又让他们迁到苦寒之地。

沙陀人不干了。

沙陀首领朱邪尽忠对儿子朱邪执宜说:"我世为唐臣,不幸陷污,今若走萧关自归,不愈于绝种乎?"

我们本是大唐臣子,当初苦于回纥抄掠,被迫叛唐,如今吐蕃要把我们赶去玉树苦寒之地,与其去玉树送死,不如东入萧关复投唐朝。

元和三年(808),不堪忍受吐蕃欺压的沙陀人踏上了东归之路。

举族东迁,不管行动如何小心都是不可能保密的。

吐蕃很快就知道了,立即派兵追杀。担负掩护的沙陀后卫部队,为了能让族人顺利东归,与追杀而来的吐蕃骑兵展开殊死血战。

吐蕃重兵围攻,沙陀骑兵拼死血战。双方骑兵对冲,迎头相撞,先在马上厮杀,战马死了就下马步战,刀砍折了,就用拳头甚至牙齿,双方都拼尽全力,直到最后一个沙陀勇士流尽最后一滴血,一场战斗才算真正结束。

担任后卫的沙陀骑兵全部战死,吐蕃、沙陀士兵的尸体交错重叠,血水汇成涓涓细流,染红了黑河的河水。

河西走廊千里路上,几乎处处都有吐蕃驻军,沙陀骑兵一路突击,不停地冲进吐蕃军的防线又杀出,然后再杀进去,直到彻底冲开吐蕃的封锁线。

沙陀一路向东,边走边打,大小战斗四百余次。

封堵、突围、阻击、突袭,东归的沙陀人每天都要面对数次血腥的战斗。每次战斗过后,都会有很多沙陀人倒下。但任何困难都不能阻挡沙陀人东归的步伐，任何险阻也不会动摇沙陀东归大唐的决心。

几乎每前进一步都要付出血的代价，但沙陀人仍然顽强地突破吐蕃的层层拦阻，向东冲去。

几乎每次留下担任阻击的沙陀战士，等待他们的都是必死的结局，但他们从不畏惧也不后悔。因为他们知道，他们的牺牲是有意义的！他们在为自己的家人族人争取生存下去的机会。

担任后卫的沙陀战士最后一次拥抱哭泣的妻子，抚摸襁褓中的孩子，随后便转身头也不回地冲向追杀而来的吐蕃军队。

为了亲人能脱险，沙陀战士早已将生死置之度外，他们只有一个目的，死死拖住敌人，吐蕃士兵只有砍倒最后一个沙陀战士才能前进。

转战千里，一路血战，沙陀人终于接近了唐朝灵州边界。

前面就是黄河，只要过了河就是唐朝的地界，他们就安全了。但吐蕃的追兵也很快就要杀到，很显然，在过河之前，他们还要面临一场殊死血战。

这时，沙陀首领朱邪尽忠下令竖起王旗，这面跟随沙陀人千里远征的王旗，因为担心吐蕃军队的攻击，已经很久没有打开了。

但朱邪尽忠知道，现在是打开王旗的时候了。王旗竖起，族人纷纷聚拢在王旗之下。

朱邪尽忠平静地对儿子朱邪执宜说："前面就是黄河，过了黄河继续向东，不远就是大唐灵州地界。明天我率部突袭渡口，你带领族人趁机渡河。从明天起，你便是沙陀的首领。沙陀族若亡于你手，万死难辞其咎，你可明白！"

朱邪执宜知道父亲是要以自己为诱饵，引吐蕃军离开渡口，当即伏地大哭，要求由自己来承担诱敌的任务。因为父子二人都清楚，去就是死，但为了沙陀部族能存活下去，必须有人去

鲜血浸润的东归之路——沙陀归唐

牺牲，为族人赢得生存的机会。

朱邪尽忠怒骂："王旗与我共在，吐蕃才会上钩，此行东来，健儿沥血，今沙陀老幼都是你的亲族，弃一人如弃父母，此后千钧重担都要压在你的肩头，何做小儿哭泣之状！"

次日清晨，朱邪执宜率领族人准备渡河，当他来到伤兵营却发现，这里没有做任何渡河的准备，不由大怒。这时一个身受重伤的士兵对他说："我们走不动了，但我们可以和吐蕃人一起死。"

朱邪执宜面对这些血浸衣甲、决意求死的将士，也不禁泪流满面。他将一面营旗交给伤兵，对他说："诸位放心，前面就是刀山火海，沙陀人也定能冲出去。"

黄河渡口前，沙陀战士与吐蕃追兵展开了决死一战，也是东归路上的最后一战。

首领朱邪尽忠率领的突击队成功引开吐蕃的追兵。沙陀的大队人马得以顺利渡河，但朱邪尽忠还有追随他的护卫们则永远留在了黄河岸边。

担任后卫阻击的伤兵营也全部战死，但看着族人渡过黄河，相信他们在生命的最后时刻应该是面带微笑的。因为他们以自己的死，换来了沙陀族群的生。

满身伤痕、血透征衣的沙陀人终于回到唐朝。当朱邪执宜面对前来接应的唐军时，刚强如斯的他，也禁不住泪流满面。

他知道他的族人终于安全了。回望东归之路，沙陀从出发时的三万多人，回到唐朝时已不足万人，三分之二的族人都倒在了东归路上。

唐朝将沙陀安置在盐州。沙陀勇士再次成为唐军的先锋。

元和五年（810），唐宪宗召见沙陀首领朱邪执宜，赐以"金币袍马万计，授特进金吾卫将军"。后因盐州节度使范希朝调任河东节度使，沙陀人随其迁往河东。范希朝挑选沙陀勇士

283

组成"沙陀军",沙陀部众被安置于定襄川。

从此,朱邪执宜以神武川的黄花堆为根据地,所部改称"阴山北沙陀",居住于代北、河东一带,生活在雁北的沙陀族,依旧保持着他们勇悍的风格。

会昌二年(842),吐蕃瓦解崩塌。河陇的吐蕃军阀论恐热、尚婢婢旋即展开了长达二十多年的混战。

数度进攻尚婢婢都被杀得大败的论恐热,认为还是唐朝更好欺负。于是,他联络党项、回鹘等几个部落,于会昌六年(846)起兵进攻盐州。

时任河东节度使王宰听到论恐热来犯,怒不可遏。但他知道有人比他更恨吐蕃,这些人就是与吐蕃有着血海深仇的沙陀人。

他将沙陀首领朱邪赤心找来说:"四十年前,你们沙陀部落投奔大唐。要不是大唐接纳你们。沙陀人能有今天吗?现在你们的仇人吐蕃正在围攻盐州。我给你一个复仇的机会,用血洗去昔日的仇恨,你敢不敢去?"

沙陀人都是血性汉子、热血男儿。听说要去打吐蕃,血就往上涌,根本用不着激将法。

听到王宰的话,朱邪赤心怒火焚胸、血灌瞳仁,硬邦邦地扔下一句"遵命",便咬着牙往回跑。沙陀人听说酋长要去报昔日血仇,人人都争着去,唯恐落后。最后,朱邪赤心决定凡是高过车轮的沙陀男儿全部出征。

朱邪赤心瞪着血红的眼睛,率领沙陀男儿跨上战马,直奔盐州而来。沙陀骑兵杀到城下时正赶上论恐热在带队攻城。

也该论恐热倒霉,他手下的吐蕃士兵,大多下马攻城。沙陀骑兵杀过来时,猝不及防。

多年来,唐蕃的战争模式都是唐军守、吐蕃攻。论恐热也没有想到会有一支骑兵突然杀到。

鲜血浸润的东归之路——沙陀归唐

仇人见面，分外眼红，沙陀战士也不管队形了，发疯似的冲进吐蕃军阵，大砍大杀。

城下的吐蕃军直接被沙陀骑兵凿穿军阵，顿时大乱。

城中的唐军见状，也打开城门冲杀出来，与沙陀骑兵，前后夹击，吐蕃大败，被杀得尸横遍野。沙陀也凭此战得报血海深仇。

四十载泣血坚守,满城尽是白发兵——唐朝西域孤军

在安史之乱发生之前,驻守西域的安西、北庭两军共有四万精锐战兵。之后,接到朝廷诏令,近半数精锐组成安西、北庭行营前往中原平叛,此后这些东援兵马再也没能回到西域。

留守的安西、北庭将士即将面对的是吐蕃及周边势力持续数十年的围攻。而他们得不到任何来自朝廷的支援,虽然处境凶险万分,也只能孤军奋战。

起初,吐蕃的进攻重点是河西、陇右。河西留守唐军势单力薄。吐蕃趁势接连攻占兰、廓、河、鄯、洮、岷、秦、成、渭等州。

河西唐军曾派人到安西"请救援河西兵马一万人"。此时,西域唐军尚有余力支援河西。

但随着河西大部被吐蕃攻占,其兵锋甚至逼近长安。安史之乱之后的唐朝同时面对强敌吐蕃与割据藩镇,已是力不从心,朝廷一度失去与西域唐军的联系。

在新疆吐鲁番出土的《高耀墓志》出现广德四年的年号。但实际上,广德只有两年(763—764),第三年唐代宗改元永泰(765—766)。墓志仍沿用广德年号,说明在永泰元年(765)以前,西域与中原就已经失去联系。

直到大历三年(768),西域与朝廷才又音信相通,激动得

唐代宗称其："不动中国，不劳济师，横制数千里，有辅车首尾之应。以威以怀，张我右掖，凌振于绝域，烈切于昔贤。"

然而，这种联系很快又中断了。因为吐蕃已经几乎占据河西走廊，西域与朝廷的联络变得愈发困难。

据《元和郡县图志》记载：

广德二年（764）凉州陷蕃。

永泰二年（766）甘州陷蕃。

永泰二年（766）肃州陷蕃。

在新疆通古孜巴什古城遗址出土了一张借粮契，上面写的日期是"大历十五年"。而另一张《杨三娘借钱契约》，落款时间为"大历十六年"。

大历是唐代宗的年号。

事实上，这个年号也只用了十四年。

"大历十五年"其实是建中元年（780），"大历十六年"则是建中二年（781），此时的皇帝已经是唐德宗李适。

建中，是唐德宗的年号。

在吐蕃截断河西走廊后，朝廷对安西、北庭十余年音信不通，不知其存亡。

青海长云暗雪山，孤城遥望玉门关。

此时，守在天山以北的北庭的李元忠，守在天山以南的安西四镇的郭昕，都在遥望，他们遥望的不只是玉门关，还有长安。

然而，路阻萧关雁信稀。

吐蕃横亘河西，音信难通。

建中二年（781），久无音信的安西四镇终于与朝廷又取得了联系。

来自安西的使者取道回纥，跨越大漠，一路历尽艰辛来到长安。唐德宗这才得知北庭节度使李元忠、安西四镇节度使郭昕仍率将士坚守在西域。

虽然郭昕与李元忠率领的西域唐军早已成为孤军，但他们依然顽强地坚守着安西、北庭这片唐朝的疆土。

他们参军时都是青葱少年，如今早已步入中年。他们孤悬在外，没有援军，没有退路，甚至没有多余的粮草，有的仅仅是一腔报国的热血。

强汉盛唐之所以强盛正是因为始终存在着为国家舍生忘死、出生入死的忠勇将士。前有汉朝耿恭孤军战疏勒，后有唐朝郭昕老兵守龟兹。

强汉盛唐的背后是千万汉人、唐人坚定信念的汇聚，正是他们支撑起了令中国人永远引以为傲的汉唐盛世。正是汉唐将士的热血成就了铁血汉唐的威名！

坚定的信念，对国家的忠诚，使他们有勇气面对任何艰难险阻。否则，你很难解释，他们在那种艰难困苦之中所创造的奇迹。

困守之际，他们一直试图与远在长安的朝廷取得联系，不断派出人马向长安进发。

很多使者倒在去长安的路上，但依然有新的使者接力而上，他们肩负着相同的使命。

建中二年（781），这批使者终于突破层层封锁成功抵达长安。

使者告诉德宗，吐蕃攻陷河陇后，兵围伊州，伊州刺史袁光庭困守孤城数年，最后粮竭兵尽，袁光庭先杀妻子，然后自焚而死。同时，安西使臣还带来了沙州（今甘肃省敦煌市）的消息。当他讲到三代河西节度使（杨志烈、杨休明、周鼎）前仆后继的坚持以及沙州军民困守孤城十一年的事迹时，德宗也不觉潸然泪下。

正是在这次通使之后，远在西域的郭昕才知道，唐德宗李

四十载泣血坚守，满城尽是白发兵——唐朝西域孤军

适已经登基，并改元"建中"。

自永泰二年（766），朔方节度大使、中书令、汾阳王郭子仪奏请朝廷派左武卫大将军郭昕巡抚河西、安西等地并担任安西大都护以及安西四镇节度使以来，历时十余年，安西都护府终于重新与朝廷取得联系。

满朝文武听到西域孤军的事迹都感动得热泪盈眶。唐德宗也被深深打动，当即下诏，北庭节度使李元忠晋升北庭大都护，赐爵宁塞郡王，安西节度留后郭昕晋升安西大都护，赐爵武威郡王，所有安西、北庭将士一律连升七级。

然而，朝廷能做的也只有这么多，此时的唐朝内外交困，已经没有余力打通河西走廊。

西域唐军能在几乎完全孤立的情势下，坚守四十余年，与西域本地各族人民的支持密不可分。

这就要说到西域的安西节度副使于阗国王尉迟曜，他是安西都护府官职仅次于安西大都护郭昕的军政长官。

安史之乱发生后，不仅安西、北庭两个都护府组织勤王兵马，于阗也进行了动员。当时的国王尉迟胜亲率本部五千人追随安西、北庭兵马入中原。

虽然看上去于阗派出的兵马不多，但根据敦煌出土的文书，当时于阗的全部在册人口也不过两三万人。即使考虑到于阗国管辖的扜弥、皮山等城，以及若干隐藏人口，人口总数最多也就五六万。可以说，于阗为了救援长安，倾其所有，举国动员，将本国精壮男子几乎都送去了中原。

尉迟胜率五千于阗子弟兵奔赴中原后，于阗的治理就交给了他的弟弟尉迟曜。

尉迟胜到中原后，屡立战功被晋升为骠骑大将军。唐代宗曾允许尉迟胜返回于阗，但被尉迟胜拒绝了。尉迟胜请求留在京师从事宿卫，而将王位传给弟弟尉迟曜。最后，唐代宗答应

了他的要求，加任尉迟胜为开府仪同三司，封武都郡王，食邑百户。而尉迟曜也在这一年正式成为于阗国王。

安西与中原恢复联系后，尉迟曜派使者向唐德宗上奏，希望将王位让给侄子尉迟锐，也就是尉迟胜的儿子。但是，尉迟胜再三辞退，认为弟弟尉迟曜管理于阗多年，于阗百姓生活安定，心悦诚服，而尉迟锐久居京师长安，对于阗的情况并不了解，不宜让他担任于阗王。唐德宗听从了尉迟胜的建议。

尉迟胜、尉迟锐父子以及五千子弟兵后来彻底融入中原。他们的后代在唐代就涌现出了诗人尉迟汾、将军尉迟青、音乐家尉迟璋。

安西都护府能坚持四十余年，尉迟曜功不可没。尉迟曜在担任于阗国王的同时也兼任安西节度副使。

当时的安西四镇包括龟兹、疏勒、于阗、焉耆，安西都护府的治所在塔里木盆地北缘的龟兹。于阗则是安西四镇的南方门户，直接守卫着吐蕃从青藏高原进入安西的通道。

此前上百年，吐蕃进攻安西四镇，主要是从青藏高原西部出兵，翻越喀喇昆仑山，或绕道大、小勃律。于阗首当其冲，每次都是最先陷落。然而，尉迟曜镇守的于阗，却在这些年里成功挡住了吐蕃。只要于阗不失，吐蕃就只能从河西走廊绕道，从东边进攻安西都护府，不仅路途遥远而且补给困难。

在今天新疆和田出土的诸多汉文、于阗文文书中，记录了当时西域军民的真实生活，如安排当地军民屯田兴修水利、向当地村民每户摊派两只野兔做军粮，等等。

在一份民间收藏的出土文书中，用汉语、于阗语双语记录了"乘驼人桑宜在神山堡发现异常"，于阗国王下令"人畜一切尽收入坎城防备"，记录者为汉名官职典史、判官，最后落款为"节度副使都督王尉迟曜"，年份为"贞元十四年（798）闰四月四日辰时"。这个文书证明，尉迟曜在贞元十四年还在世，说明于阗至少在此时还没有失守。尉迟曜用坚强的寿命,将唐朝坚守于阗的时间又延长了六年!

但是在贞元十四年(798)后,于阗最终还是陷落了。汉文和吐蕃文史书都证明了这点。吐蕃最终占据于阗并以此为据点又攻陷了疏勒,接着开始长期围攻龟兹。

北庭都护府所属各城要比安西四镇更早陷落。宝应元年(762),伊州曾被吐蕃攻陷,但同年在河西与北庭两军夹击下得以收复。

但随后,吐蕃采取了与河西走廊相同的战术——切断交通线。

位于伊、西、庭三州最东端连接河西的伊州,成了吐蕃反复进攻的目标。

伊州何时陷落不得而知,但可以肯定比沙州沦陷得要早。伊州陷落后,天山北麓的唐军只能通过回纥道与长安进行联系。

但这种联系并不稳定,大漠之中的回纥也经常抢劫过往的商贾使臣。

庭州是天山北麓最重要的门户和交通枢纽。

向东的"伊北路",经伊州可通河西走廊;向西的"碎叶路",可入中亚;向南出高昌的"赤亭道",可通南疆;东北的"回鹘路",可达回鹘牙帐。

到贞元四年(788),唐军依然控制着安西四镇以及北庭的西州与庭州。

北庭大都护李元忠去世后,由杨袭古接任。

正是看到庭州的战略价值,吐蕃与回鹘对庭州展开了长期争夺。

贞元五年(789)十二月,吐蕃再次发兵围攻庭州。这次,吐蕃吸取之前失败的教训,事先联合葛逻禄组成联军。

北庭附近的葛逻禄人,曾长期在回纥治下。回纥对葛逻禄掠夺甚重，当吐蕃提出联合进攻庭州时，双方一拍即合。

在吐蕃大将马重英的率领下，三十万联军卷地而来。

北庭大都护杨袭古紧急向回鹘求援，回鹘大相颉干迦斯领兵救援。

贞元六年（790）五月，两支联军在天山北麓展开连番血战，唐回联军惨败，庭州失守。

北庭节度使杨袭古率部下两千人撤向西州。

此时，回鹘国内政局动荡，亲唐的回鹘长寿天亲可汗去世，其子继位，唐朝封其为忠贞可汗。

忠贞可汗刚刚上位就被人毒死，其弟自立。而后，回鹘次相又杀忠贞可汗之弟，拥立忠贞可汗幼子继位。

六月，颉干迦斯大军北还，安顿了国中政事后，心有不甘，于是又起国内丁壮五万，联合逃到西州的杨袭古，举兵欲再夺庭州。不料，连败于吐蕃，又被吐蕃、葛逻禄劫营，士卒死伤大半。惨败之后，唐军也只剩下一百六十多人，杨袭古带着这一百多老兵想回西州坚守。

颉干迦斯却对杨袭古说："你和我一同归营，我送你回西州。"待杨袭古率军进入回鹘大营，颉干迦斯突然翻脸，将杨袭古所部唐军尽数杀死。

回鹘经过此败元气大伤，葛逻禄乘胜夺取浮图川。回鹘震恐，将西北部落悉数迁于牙帐之南躲避。回鹘势力一度退出西域，葛逻禄则趁机接管了天山东部。庭州失陷后，回鹘道也走不通了。

西州位于焉耆、伊吾的中心，东接伊吾，西联焉耆，近可庇护安西四镇，以为接应，远可屏藩河西，牵制吐蕃东侵。

贞元六年（790），西州成为北庭最后的堡垒，"唯西州之人犹固守"。

吐蕃自然不会放过仍为唐守的西州。

四十载泣血坚守，满城尽是白发兵——唐朝西域孤军

西州在之后又坚持了两年，直到贞元八年（792）被吐蕃攻陷。

至此，天山北麓的伊、西、庭三州全部陷落，北庭都护府失守。

之前，安西军费的主要来源是朝廷供给以及过往商路的赋税。

为应对吐蕃日益沉重的压力，困守安西的郭昕只能自筹经费。

虽然军粮可以通过屯田的办法解决，但其他军需品的采购却需要货币。

为宣示西域仍归属唐朝，龟兹唐军在当地开采铜矿，铸造印有唐朝年号的私钱，来筹集所需的物资，维护西域稳定。

而这种私铸的货币，其价值依然是以唐朝的国家实力为背书。安西老兵拿着"大唐建中"钱说："周边的商人百姓因向唐军支援粮草，而被吐蕃抓去砍了脑袋，他们认的不是这个钱，是这钱上铸的两个字——大唐！"

"大唐"两字，重于千斤。

"大唐"两字，印在钱币上，更印在每个唐人的心里。

时至今日，在今天的新疆阿克苏、库车等地也就是唐朝安西四镇所在地，还能时常挖到当年西域唐军铸造的"大唐建中"钱。

一枚小小的钱币，映出的却是一千多年前，西域白发老兵铁血护国的凄然身影！

元和三年（808）的冬天，漫天暴雪，唐朝历史上最悲壮的一幕在安西都护府所在地龟兹拉开，吐蕃对龟兹城发起最后的总攻。

此时的唐朝安西大都护郭昕早已是满头白发，西域唐军已经坚守安西四十二年，在这四十二年的岁月里，唐朝已经换了

293

四任皇帝，当年跟随他出玉门关的将士也都成了白头老兵，这些孤悬西域的老兵没有放弃，李元忠、杨袭古，他们没有放弃，郭昕也从未放弃对自己使命的坚守。

面对城外黑压压的吐蕃军，郭昕知道，最后的时刻到了。

他最后一次穿上铠甲，站在城头，等着敌人即将发起的进攻。

郭昕抬头望向夜风中的唐军军旗，他知道这可能是他最后一次站在军旗下战斗。

他转过身，又看了看聚集在身边的老兵们，这些与他生死与共的好兄弟，此刻都望着他，等待他的将令。

战鼓声起，敌人的进攻开始了。

白发苍苍的老将军带领全城白发老兵与吐蕃进行了殊死搏斗。白发老兵们跟着他们的将军与敌人浴血拼杀，直到生命的最后时刻。

第二天，苍茫的大雪覆盖了龟兹城，同时被大雪覆盖的还有战死在城头的白发唐军，武威郡王郭昕与他的白发老兵们全部血战而亡，他们用热血捍卫了唐朝安西军最后的荣光。

四十二载泣血坚守，年华已逝，初心未改。

愿得此身长报国，何须生入玉门关。

西域孤军，真正的唐之荣耀！

浴血坚城——决战盐州

贞元二十一年（805），唐德宗李适驾崩，长子李诵即位，是为唐顺宗，改年号"永贞"。但顺宗只当了八个月皇帝，便禅位其子李纯，自己做了太上皇。

李纯随后即位，他就是历史上声名赫赫的唐宪宗，年号"元和"，唐朝也迎来元和中兴。

元和十一年（816），吐蕃与葛逻禄联军在西域大败回鹘，经此一败，回鹘元气大伤，退出西域。吐蕃完全占领西域，又将进攻矛头指向关中。

元和十三年（818）十月，吐蕃进攻宥州（今内蒙古自治区鄂托克旗东北），灵武节度使杜叔良率军北援，在定远城与吐蕃阻援部队遭遇，两军在旷野展开激战，吐蕃军队战死两千余人，一位节度副使被俘。阻援未果的吐蕃军，面对坚守宥州城不出的唐军无可奈何，在城外烧掠之后退去。

灵武唐军见吐蕃退去，趁机围攻吐蕃占领的定远城西面的常乐州。唐军很快攻下常乐州，在将吐蕃军驱逐之后，放火将常乐州焚毁，随即撤军。

与此同时，平凉名将郝玼也趁机进攻吐蕃占据的原州城，在击退两万吐蕃军后，成功占据原州。

剑南唐军也在剑南西川节度使王播的率领下攻占吐蕃的峨

和城、棲鸡城。

在唐军与吐蕃的交战中，也发生了一些令人心痛的事情，连年的征战，吐蕃折损了大量士兵，不得不从占领区征召各种士兵进行补充。此前的维州之战，唐军就在吐蕃俘虏中发现了来自大食的战士，而在吐蕃已经占领六十年的河湟地区，也有大量汉人被征为兵。

他们中的许多人，从小说吐蕃话穿吐蕃服长大，在吐蕃的洗脑灌输下，他们真把自己当成了吐蕃人。这些人在战场上与吐蕃士兵没有区别，甘愿为吐蕃人充当炮灰去冲锋陷阵，更可悲的却是，尽管他们为吐蕃效力且自认为是吐蕃人，可是，吐蕃从未把他们当作自己人，对这些人只是利用而已。

于是，河湟战场上就经常会出现同为汉人的士兵同室操戈的悲剧。

当时的诗人司空图对此深有感慨，写下了一首令人读之心酸的诗篇《河湟有感》：

一自萧关起战尘，河湟隔断异乡春。
汉儿尽作胡儿语，却向城头骂汉人。

连遭败绩，令吐蕃上层恼羞成怒，为了报复前一年定远城之败，吐蕃大相尚塔藏、中书令尚绮儿起兵十五万大举进犯盐州。

攻城一直是吐蕃的弱项，但这次吐蕃是有备而来，事先赶制了大量的攻城器具。围住盐州后，十几万人一拥而上，从四面同时强攻。

盐州守军也是见过大阵仗的，但这次吐蕃不论是兵力还是攻击的猛烈程度都超过以往，吐蕃士兵利用飞梯、鹅车、木驴等器械攻城，分番迭上，声势甚猛。

好在盐州刺史李文悦有勇有谋，他亲自登上城楼指挥战斗振奋士气，一次又一次打退吐蕃的进攻。

吐蕃的持续狂攻，让盐州城险象环生，部分城墙出现损毁坍塌。吐蕃主将很快也发现了，开始组织敢死队，全力进攻破损的城墙，企图打开缺口。

李文悦命人将城中大户的宅邸拆掉，收集建筑材料，随时准备修补破损的城墙，又从军中挑选一批精壮士兵组成突击队，哪里有危险就冲到哪里堵漏补防。破损的城墙在吐蕃不计死伤的攻击下还是坍塌了。

吐蕃军见城墙倒塌，欢呼着涌向城墙的缺口。在他们看来，接下来应该是蜂拥而上冲进城去，然后就是抢劫、杀人、放火。然而，就在他们冲到缺口处时，漫天尘烟中，迎接他们的却是唐军的箭雨。

李文悦早就防着这手呢！他已经预见到，受损的城墙可能挺不了多久，早就在附近埋伏了大量的弓箭手，就等着吐蕃士兵涌进来，开弓放箭。

密集的箭矢带着冰冷的弧线雨点般地落下，挤在一块儿的吐蕃士兵纷纷中箭。箭雨中还夹杂着火箭，这些火箭射到地上立即燃起一团团烈焰。

原来，李文悦早命人在地上洒了火油，当吐蕃士兵冲入缺口，唐军的火箭引燃了事先洒在地上的火油，顿时烈焰飞腾，冲进城的吐蕃士兵不是被射死就是被大火烧死，眼前惨烈的景象彻底镇住了后面的吐蕃军，纷纷停住脚步，不敢再往前冲。

就在吐蕃军在城下乱成一团时，李文悦亲自带领突击队，打开城门从城内冲了出来。

这再次出乎吐蕃将领的预料，唐军居然敢出城迎战。吐蕃被打了个措手不及，很快溃散。李文悦的一系列操作，完全不按常理出牌。

吐蕃军攻势受挫，锐气已失，只得收兵。

第二天，当他们整顿队伍准备再次攻城时，惊讶地发现，昨天城墙破损的地方，已经被唐军用两道大木栅栏封住，中间填满了土石。虽然强度比不上之前的城墙，但至少唐军可以站在上面用弓箭、滚木礌石对付吐蕃军。

激烈的攻防战持续了二十七天，吐蕃军如潮水般冲来，又如潮水般退去，留下遍地尸体，却始终不能得手。而苦苦支撑的李文悦，终于盼来了救兵。

从吐蕃围攻盐州开始，各路唐军就已经展开了救援。其中，驻军凤翔的野诗良辅与驻守泾原的郝玼，各自率领本部兵马杀入吐蕃境内掠马焚城，以缓解盐州的压力。这招围魏救赵是唐军面对吐蕃攻城时常用的最基本的战术。

因为正面对攻，唐军兵少，打起来很吃亏，而且，野战就要用骑兵，唐军自失去陇右就一直缺战马，避实击虚，围魏救赵是不得已的也是最有效的办法。

灵武牙将史敬奉面见朔方节度使杜叔良，请求给他三千兵马去解盐州之围。

杜叔良只给了他两千五百人。史敬奉就带着这两千五百人还有一个月的干粮出发了。

史敬奉出兵后，十几天音信不通。大家都以为他可能是遭遇吐蕃阻援的大部队而全军覆没了。其实，人家好好的。这些日子，他们都在行军，在敌后到处穿插。

人少也有人少的好处，那就是目标小。吐蕃军完全未注意到，已经有一支唐军的小部队穿插到了他们的后方。

吐蕃主将这次又没想到，会有唐军从他们背后的沙漠中冲出来。黑夜中，吐蕃不知唐军从何而来，也不知唐军来了多少人。在唐军的内外夹攻之下，吐蕃军再次大乱，稀里糊涂就被打败了。

唐军出其不意，以少胜多，经此一战，野诗良辅、郝玼与史敬奉三人威震吐蕃。

之后，唐朝以野诗良辅为陇州刺史。唐朝使者出使吐蕃，对方听说野诗良辅出任陇州刺史，直接就说唐朝没有诚意。

大将郝玼的风格其实更像他的对手，据说他每次带兵出战都不带辎重粮草，每次都是边打边抢，以其人之道还治其人之身，吐蕃被郝玼的生猛作风搞得苦不堪言，常年抢劫的也尝到了被人抢的滋味，吐蕃上下对其畏之如虎。

吐蕃赞普赤祖德赞甚至下令："有生得（活捉）郝玼者，赏之以等身金！"谁能捉住郝玼，就赏给他跟郝玼体重同等重量的黄金。郝玼简直就是一个行走的小金人！但吐蕃士兵都知道，这个黄金，他们是得不到的，不被郝玼捉去就不错了，还想抓郝玼，别做梦了。

三人中最猛的史敬奉就更不同凡响，他行军打仗不走寻常路。

据说他身形矮小干瘦，仿佛弱不胜衣，但天生神力，能手擒奔马。每次打仗他都带着外甥、侄子亲随二百人，到了前线，这些被他训练出来的特种兵就自行分为数队深入敌后，逐水草而行，数日各不相知，但每次回来都能带回不少吐蕃俘虏。

难怪史敬奉敢带兵深入敌后，带着三十天干粮就能穿越大漠偷袭吐蕃。

元和十四年（819）的盐州之战，是唐蕃第六次盐州大战，也是最后一次。

一波三折——维州归唐

在河西、陇右、北庭、安西先后失陷后,唐蕃的主战场逐渐转移到唐朝京师长安所在的关中,主要围绕着灵州、盐州这些外围防线上的城池进行反复争夺拉锯。

其次则是剑南西川战场,这里的焦点是维州。

双方围绕维州展开的大战,不论是激烈程度还是持续的时间,一点儿都不逊色于对盐州的争夺。

相比北线焦点盐州,南线焦点维州的经历则更为曲折。

元和十四年(819)的盐州大战,标志着唐朝已经彻底走出低谷,已经具备与吐蕃正面相抗的能力。

吐蕃在盐州城下的大败,让吐蕃的主战派再也不敢嚣张,主和派随之势起,开始寻求与唐朝会盟。

唐朝希望集中精力对付藩镇,也不想再打下去。

唐宪宗即位以来,励精图治,力主削藩。元和元年(806),就在他继位的当年,便迫不及待地对跋扈的藩镇动手了。

元和四年(809),唐宪宗派兵将西川、夏绥、镇海、魏博四镇节度使全都给干趴下了。

元和五年(810),宪宗又出兵讨伐成德节度使王承宗,迫使王承宗向朝廷认错。

元和十二年(817),平藩战争达到高潮,这年,唐军终于平定淮西吴元济叛乱。

当年就是淮西的背叛,让唐德宗蒙羞,下罪己诏,向藩镇让步,被迫停止对藩镇的讨伐。

唐宪宗终于扫平淮西,为爷爷出了气,报了当年的仇。

而领兵平淮西的李愬是德宗朝名将李晟的儿子。李愬雪夜破蔡州是元和中兴平藩战争的经典战例。

第二年,唐军又平定了淄青节度使李师道。在朝廷强大的压力下,全国所有的藩镇至少名义上全部归服朝廷。各路节度使重新向中央缴纳赋税,接受朝廷任免官吏。

藩镇势力被压制,中央的权力得以伸张。唐朝颇有中兴之象,因宪宗年号元和,史称"元和中兴"。

但长期的两线作战,也大大地消耗着唐朝的国力。吐蕃也在走下坡路,南诏弃蕃投唐、沙陀千里归唐就是最好的明证,加上此时吐蕃内部矛盾重重。双方都不想再打下去,于是开始谈判,因为分歧不大,双方都有诚意,两国谈判的进程特别顺利,即将达成全面协议,举行会盟已经提上议事日程。

然而,这一切,唐宪宗看不到了。元和十五年(820),宪宗被宦官杀害,李恒即位,即唐穆宗,第二年改年号"长庆"。

长庆元年(821),唐蕃举行了第八次会盟,这也是双方的最后一次会盟,史称长庆会盟。

现存于大昭寺门前的唐蕃会盟碑即是此次会盟的历史见证。

这次会盟之后,唐蕃大体上保持了和平。而和平的原因其实也很简单,双方都打不动了。主要是吐蕃打不动,此时距吐蕃的崩溃只剩下二十年。

之前唐蕃会盟,背盟的都是吐蕃。如果不是此时吐蕃陷入内乱,那么吐蕃再次背盟,发动战争也只是时间问题。只不过,吐蕃行将瓦解,也就来不及去背盟。

吐蕃每次都是打不动就找唐朝会盟,等缓过劲儿就背盟,再来杀掠。

但唐朝是礼仪之邦，特别认真遵守盟约。

宝历元年（825）四月，吐蕃将领刘师奴降唐，唐敬宗下令将其遣返，遣返的下场就是被吐蕃处斩。

因为按照盟约，双方都不能接纳对方的叛逃人员。

吐蕃正在崩溃，这已是众所周知的事情，从川西羌人部落到南诏再到沙陀，都选择回归唐朝。大家都看得很清楚。这个时候谁还会去投吐蕃。

很明显，这个条约对吐蕃有利，对唐朝却不利。

次年，灵武节度使收容了吐蕃石金山等四人，朝廷仍命派人送还吐蕃，这四人也遭吐蕃处决。

太和四年（830），李德裕被任命为西川节度使。他刚上任，一个大馅饼就砸到了他的头上。

当年九月，吐蕃维州副使悉怛谋主动要求献城投唐。李德裕听到这个消息，差点儿乐掉下巴。

贞元十八年（802），唐蕃围绕维州展开连番血战。韦皋围城打援击溃十万吐蕃援军，俘获大相论莽热。但即使挟此大胜之势，唐军也未能攻下险峻的维州城。

之前，几十年都打不下的坚城，现在主动来投，这对李德裕乃至唐朝都是惊喜，但他也不敢轻易答应，担心这是敌人的圈套。

李德裕命人给悉怛谋送去一件锦袍顺便探听虚实，结果这位维州副使直接率领部下奔入成都。李德裕直接派兵接管维州，不费吹灰之力，维州城回来了。

维州易手，唐朝朝野无不称快，而吐蕃则大惊失色，急调兵马组织防御，同时派使臣入唐，要求按照"长庆会盟"的约定归还维州。

之前六次背盟的吐蕃这时居然有脸要求履行盟约。

李德裕兵不血刃将维州收入囊中后，志得意满。

这时，李德裕的对头牛僧孺却站出来反对。

当年，李德裕的老爸李吉甫当宰相时，牛僧孺因为得罪李吉甫而遭贬谪。等牛僧孺回朝当了宰相，李德裕就被外放四川。这就是折腾数十年的牛李党争。

李德裕得志，牛僧孺当然不愿意。于是，牛僧孺为报私仇，置国家大计于不顾。牛僧孺说，维州咱不能要，咱应该讲诚信。这人好像忘了平凉劫盟，吐蕃何曾有过诚信。那些被杀害的唐朝军民地下有知也不会放过牛僧孺这个奸贼。

唐文宗也是智商堪忧，居然认可牛僧孺的说法，下旨照"长庆会盟"的协议，将维州归还吐蕃，并将投降的维州副使悉怛谋遣返吐蕃。

悉怛谋等人被交还吐蕃后，吐蕃就在边境将他们全部诛杀。杀完，还不忘嘲笑唐人。

牛僧孺凭一己之力，做到了敌人想做却做不到的事情。永远都要警惕牛僧孺这类奸贼。

唐文宗这个愚蠢至极的举动是典型的亲者痛、仇者快。

这事如果发生在贞观、天宝年间，以李世民、早期李隆基的睿智精明，当即就会热情接纳，要打便打，要战便战，吃到嘴里的肥肉，先咽下去再说，岂有吐出来的道理！

直到大中三年（849），吐蕃作为一个政权已经崩盘，陷入分裂内战。维州守将再次献城归降，这次，唐朝张开双臂迎接游子归家。

六郡山河宛然而旧——西北有唐朝孤忠归义军

会昌二年（842），与唐朝缠斗近两百年，强横一时的吐蕃王国轰然倒塌。

吐蕃陷入分裂内战，分裂是全面的，从中央到地方到处在内斗，内战也是全方位的，从雪域高原到河湟边地，到处都在混战。

这其中尤以吐蕃罗门川讨击使论恐热与吐蕃鄯州节度使尚婢婢的内战最为激烈。

论恐热性悍忍，多诈谋。简单地说，这就是个吐蕃低配版的董卓。当年董卓也是在凉州发迹的。论恐热野心勃勃也想在河西称王称霸。至于逻些到底是谁掌权，他才不关心。

尚婢婢，史书说他性恬淡，喜读书，不乐为官。年过四十还在家中赋闲。要是他一直这么闲下去，做个富贵闲人也好。但这个资深的文艺青年，过了不惑之年，却被强迫出来做官。

做官居然还要被强迫。当然，这是有原因的，尚婢婢的家族在吐蕃是豪门。男子世代在朝中为官，女子代代与王室联姻。

本来，尚婢婢有钱又有闲，平时读读书，写写诗，过得舒适惬意，他本不想涉足官场。可是，不想做官的偏偏被派去做官，还是大官。

吐蕃赞普赤祖德赞觉得尚婢婢闲着可惜，强令其为官，去鄯州做节度使。

唐蕃长庆会盟后，边境安宁。派个不爱惹事儿的文化人去，省得再闹出乱子。

吐蕃学唐朝的节度使制度，把优点缺点都学去了。到后期，吐蕃的边地节度使也开始不怎么服管了。

文人相对更听话。尚婢婢到了鄯州，每日吟诗作对，读书抚琴，好不逍遥。但他的幸福时光很快就结束了，因为论恐热打来了。

战前，论恐热极其轻视尚婢婢，认为对方不过是个只会读书的书呆子。到了鄯州，不用打，只要摆开阵势，尚婢婢就会乖乖就范，束手归降。

开始，事情跟他预料的似乎差不多。论恐热刚进入尚婢婢的地盘，对方的使者就到了，还带来了尚婢婢的亲笔书信，在信中，尚婢婢将论恐热狠狠地吹捧了一番，马屁拍得论恐热通体舒畅，心情大好。尚婢婢表示，我本来就不想做官，后来是被迫才来的，这个想必您也知道。如今得知您的大军即将到来，我愿意避贤者路，其实，我早就不想干了。现在就等着您来，咱好办交接。

论恐热看过信，十分得意，于是便放松了警惕，带着队伍慢悠悠地往前走，结果，直接钻进了尚婢婢为他准备的口袋阵，被一顿痛扁，直接被赶回了老家。

但论恐热岂肯善罢甘休。过了不久，他又来了。然后又被尚婢婢赶了回去。

可是，很快，重整兵马的论恐热再度打上门来。双方你来我往，打得那叫一个热闹。

这场吐蕃地方实力派之间的内战就此开场，连着打了六年，却看不出有一点儿结束的迹象。

这哥儿俩倒还沉得住气，似乎已经适应了战争生活。可是，河湟的老百姓受不了了。

论恐热只要打了败仗就在河西到处抓兵，捎带抢粮。当地百姓苦不堪言。

但吐蕃的两个地方军阀忙着打内战，当地驻军大多被调去打仗了，对地方的控制力自然也就减弱了。

唐宣宗大中三年（849）二月，秦州、原州、安乐州以及萧关、石门等三州七关军民趁吐蕃内乱，主动归唐。

唐宣宗命邻近的泾原、灵武、凤翔、邠宁、振武各镇出兵应接。三州七关重归大唐。

三十多年前，吐蕃为谋求与唐会盟，以归还三州之地为条件，后又出尔反尔。

当时在朝为官的白居易代宪宗执笔起草了多篇文书，与吐蕃据理力争，反复交涉，却仍未收回三州，直到三十多年后的今天，三州才重回唐朝。

八月，宣宗下诏，招募百姓开垦三州七关土地，五年不纳租税；今后凡京城罪犯应流放者，皆命配流此地。屯防三州七关将吏，如能于其地营田，由政府给牛及种粮。戍卒皆给加倍衣粮，二年轮代；凡道路建置堡栅，商旅往来贩易及戍卒子弟通传家信，关镇不得阻拦。

同年八月，三州七关军民千余人来到长安。唐宣宗亲临延喜门接见三州七关军民代表，众人见圣驾亲临，欢呼雀跃，军民纷纷脱去胡服，换上唐朝衣冠。

长安百姓观者数十万，高呼万岁，欢声雷动。

唐宣宗为此专门去太庙，告慰列祖列宗。

一年后，大中四年（850），河西又有喜讯传来：来自河西沙州的使者高进达一行历经千难万险终于来到京师长安。

唐宣宗在大明宫紫宸殿会集百官，隆重接见来自沙州的使者。

因过于激动而浑身颤抖的高进达用尽全身气力,大声禀奏道:"沙州光复!"

高进达有理由激动,为了喊出这一声,他已经整整等了两年。而为了这一天,他们付出太多,牺牲巨大。

沙州位于河西走廊的最西面,而当时的河西仍为吐蕃所据,为了冲破吐蕃的层层封锁,确保能将沙州光复的消息报告朝廷上达天听,刚刚起义成功的沙州军民总共派出了十队使团,每队十人。而最终到达长安的,只有高进达这一队,而这一队使者一路之上也是险象环生,他们从沙州出发,向东北走回鹘道,经河套平原来到大唐天德军驻地,沿途多遇盗匪,有三人遇难。使团从天德军南下不久又被在此游牧的党项部落劫掠,又有一人遇害,后被天德军所救,在天德军的护送下于大中四年(850)底方才抵达长安。

十队使团一百名使者,仅有一队成功,而这一队完成使命的使团成员也仅剩六人。

一路走来,九死一生。

九十四位使团成员牺牲在从沙州到长安的路上。

他们不惧死亡,舍命传书,只为让朝廷知道,在河西还有一群人,在为回归唐朝而不懈努力,浴血奋战。

高进达向宣宗呈上奏疏,上面详细写明了沙州起事的前后经过。宣宗看罢奏疏,龙颜大悦,心潮澎湃,情不自禁,连声赞叹:"关西出将,岂虚也哉!"

使命达成的沙州使者并未在长安多做停留,随即西返。因为他们知道,此刻强敌环伺的河西更需要他们。

陷于吐蕃已近百年的唐朝河西故土,此时遍燃战火。

百年沉沦,有人迷失,有人堕落,有人凄怀,但更有人心怀故国,矢志归唐。

河西百姓沦为吐蕃奴隶,受尽苦楚,民怨沸腾,然慑于吐蕃兵势，只能将故国之思藏于心底。

当此之时，沙州豪族有一人，少习文史，长通韬略，虽生于胡虏，却心系唐朝。民生哀怨之中，他结交豪俊密谋起兵驱逐吐蕃回归唐朝，此人便是河西英雄张议潮。

大中二年（848），吐蕃内战愈演愈烈，张议潮见时机已然成熟，当年夏天就在沙州府衙前聚众起事，沙州百姓苦于吐蕃暴虐由来已久，张议潮振臂一呼，应者云集，沙州百姓纷纷追随，驱逐吐蕃守将，当日即光复沙州。

吐蕃自然不能坐视张议潮起事，不久，吐蕃便调动军队围攻沙州。

此时，孤悬河西的沙州军民得不到任何来自外部的支援，他们能依靠的只有他们自己。

孤军作战，四面皆敌。

面对凶险万分的局面，张议潮并没有闭城坚守，而是选择出城野战，主动出击。

这时河西起事的只有沙州，河西各族军民虽早已对吐蕃暴政不满，但吐蕃统治河西日久，很多人虽同情沙州，但仍心存观望。

张议潮知道，闭城坚守就是示弱于敌，只有奋起迎战，野战胜敌，才能坚定河西军民的信心。要让他们看到希望，才能得到其支持。

出城野战自然有风险，但既然决定起兵归唐，就必须战斗到底，直至胜利。

于是，张议潮尽起城中之兵，亲自领军出城与吐蕃军决战。

吐蕃军未料到，张议潮敢于主动出击，最终吐蕃军被沙州骑兵杀得大败。吐蕃军中的回鹘、党项士兵见吐蕃大势已去，四散奔逃，甚至有士兵直接临阵倒戈。

吐蕃败军向瓜州逃窜，张议潮乘胜追击，趁势一举收复瓜州。

顺利收复沙、瓜二州后,张议潮便急不可待地迫切希望与千里之外的唐朝取得联系。

然而,从沙州前往关中,必须经过尚被吐蕃控制的肃州、甘州、凉州。

此去凶险难测,须穿过吐蕃的层层拦阻,随时可能丢掉性命,但仍有百位勇士慨然应征,他们分成十队,从十个不同方向同时出发,穿越封锁线向长安进发。

百人衔命出发,三年后,归者六人。

大中五年（851）五月,沙州高僧洪辩法师弟子悟真入朝。洪辩法师"远怀故国,愿被皇风",在沙州举事之初,利用佛教在当地的影响,四处为起义军奔走呼号。

洪辩法师是沙州佛教领袖,周边各族几乎都信奉佛教。洪辩法师在河西有很高的声望。在洪辩法师的鼎力支持下,张议潮得以团结西北各族共同对抗吐蕃。

七月,张议潮的哥哥张议潭携河湟十一州图籍再次入朝。

在使者往返的数年间,张议潮率领军民且耕且战,攻城野战,所向披靡。

大中五年（851）前后,张议潮发兵略定其旁瓜、伊、西、甘、肃、兰、鄯、河、岷、廓十州。

张议潮复派其兄张议潭及州人李明达、李明振、押衙吴安正等二十九人入朝告捷,并献十一州图册,归于有司,于是河湟之地尽入于唐。

河西捷报连连,令宣宗惊喜不已。

十一月,唐宣宗正式颁布诏令,于沙州设置归义军,以张议潮为归义军节度使、十一州观察使、检校礼部尚书。

唐宣宗兴奋地对臣下说:"宪宗常有志收复河湟,然忙于中原用兵,事遂未成。朕竟其遗志,足以告慰父皇在天之灵!"

经过数年浴血奋战,张议潮带领归义军连战连捷,数次大败吐蕃。至大中十年（856），吐蕃在河西仅剩凉州一城。

面对吐蕃重兵驻守的凉州，张议潮并未急于进攻，而是厉兵秣马，积蓄实力。

大中十三年（859），张议潮举兵东征，尽起精锐，率归义军七千人，讨蕃开路，直取凉州。

凉州之战，归义军拼尽全力，人持白刃，突骑争先，浴血苦战，历时三年，终于在咸通二年（861）收复凉州。

河西陷没百余年，至是悉复故地。

从凉州败退的吐蕃军不甘心失败，而张议潮也深知"宜将剩勇追穷寇"的道理，率军一路追杀，双方在绵延数千里的河陇大地上，血腥缠斗，最终，这支吐蕃军被归义军围歼，尽数斩杀于黄河岸边。

凉州收复，河西贯通。

西尽伊吾，东接灵武，得地四千余里，户口百万之家。六郡山河，宛然而旧。

从沙州起兵到收复凉州开通河西，已经整整过去了十三年。

为庆祝胜利，张议潮特意在敦煌开凿了今天编号为一百五十六号的洞窟，并在主室南壁经变画下面绘制了统军出行图以示纪念。这就是著名的《张议潮统军出行图》。这幅画的全称是《河西节度使检校司空兼御史大夫张议潮统军驱除吐蕃收复河西一道行图》。

最后一战——廓州之战。

咸通七年（866）二月，张议潮率军西征吐蕃占领下的西域大唐故地。归义军一路西进，所向披靡，斩首吐蕃军万余人，接连收复西域的西州、庭州、轮台后，全军高唱《大阵乐》凯旋。

吐蕃大相论恐热倾全力对河西义军进行了最后的反扑！

这年，论恐热调集所有主力精锐骑兵三万，孤注一掷，对河西走廊的归义军发起拼死一击!

面对敌人的垂死顽抗,张议潮决定也以主力迎战,毕其功于一役,彻底解决吐蕃对河西的威胁。

八月,张议潮率归义军精锐三万铁甲骑兵,迎战论恐热的三万吐蕃骑兵,正式拉开唐朝与吐蕃廓州之战的序幕。

张议潮采取诱敌深入的策略,派出部分兵力佯攻,将吐蕃军引入决战场地。而这个决战场地,就选定在了此前从吐蕃手中刚刚收复的廓州。

张议潮将部队分成四部,先派出三千骑兵诱敌。同时以三千骑兵抄山间小路,迂回到吐蕃军背后切断粮道。而张议潮亲率大军在廓州城外山岭密林之间设伏,待敌人进城后,进行决战。

张议潮又派部将尚延心率领一支奇兵在外围拦阻,防止敌人突围,力争将敌人全歼。

开战前夕,张议潮指挥将廓州城内和附近所有的百姓撤至城外,但在城内有意留下一些粮草诱敌。

三万吐蕃骑兵气势汹汹杀奔河西而来,刚进入青海就遭到归义军的迎头痛击。面对数万敌军,这支只有三千人的河西归义军诱敌部队打得非常顽强,不停地从正面强攻吐蕃军,且战且退。

论恐热认定这是归义军的主力。于是,他不顾部下苦劝,下令全军追击。

在诱敌上路后,为显得更为真实,担任诱敌的归义军虽一路后撤,却抵抗得十分激烈,轻易不肯后退,这更让论恐热坚信追击的是归义军主力。

吐蕃军一路直奔廓州而来,就在接近廓州时,归义军担任迂回的部队到位,立即发起攻击,将吐蕃的大量辎重粮草尽数烧毁。

原来论恐热没有料到张议潮敢抄袭他的后路,后方的辎重并没有派重兵防守。

得知粮草被烧,吐蕃军心大乱。论恐热强令进军,力求速战,拿下廓州。于是,吐蕃军在论恐热的严令下迅速向廓州进发,一路遭到归义军的顽强阻击进展缓慢。

十月,论恐热才率军抵达廓州。为了让论恐热相信归义军是被迫弃城,张议潮派出诱敌部队与吐蕃军在城外大战,然后边打边退,论恐热顺势带兵入城,这让他坚信自己是经过血战打下的廓州,从而放松了警惕。

论恐热在城外留下部分兵力驻守,他率主力进入廓州。但进城后,论恐热才发现这是一座空城。吐蕃军入城后,张议潮立即命令全军准备出击。

当天夜里,随着一声令下,归义军突然发起攻击,在夜色的掩护下向吐蕃军在城外的营地发起突袭。密集的火箭如同漫天飞舞的流星,裹挟着火焰和刺耳的尖啸,遮天蔽日地砸向吐蕃大营,整座营地瞬间变成一片火海。

归义军攻势凶猛,城外的吐蕃军在遭到攻击后没做多久抵抗就迅速崩溃,四散奔逃,慌乱中,居然连城门都没关。张议潮的部将拓跋怀光率五百骑兵趁势跟在吐蕃溃兵后面冲进廓州城,而此时的廓州城内也早已一片混乱。

经过一场混战,吐蕃大败,论恐热也被生擒活捉,随即被斩首示众,传首长安。

廓州之战也是唐朝与吐蕃的最后一战。至此,吐蕃王国不复存在。唐朝终于取得了这场连绵两百年战争的最后胜利。

咸通八年(867),自大中五年入长安献图便一直留在长安的张议潭去世。朝廷随后召张议潮进京。

入朝前,张议潮把河西军政交给张议潭之子张淮深。虽然张议潮自己有两个儿子,但兄终弟及是归义军的传统。

张议潮来到长安后,朝廷任命他为右神武统军、司徒,遥领河西节度使。

咸通十三年(872)八月,张议潮卒于京师长安,享年七十四岁。

《敕河西节度兵部尚书张公德政之碑》又名《张淮深碑》,详细记述了张议潮率领归义军驱逐吐蕃,收复河西失地的英雄事迹:

其叔故前河西节度,讳某乙。侠少奇毛,龙骧虎步,论兵讲剑,蕴习武经。得孙武白起之精,见韬钤之骨髓。上明乾象,下达坤形。观荧惑而芒衰,知吐蕃之运尽。誓心归国,决意无疑。盘桓卧龙,候时而起。率貔貅之众,募敢死之师,俱怀合辙之欢,引阵云而野战;六甲运孤虚之术,三宫显天一之神;吞陈平之六奇,启武侯之八阵;纵烧牛之策,破吐蕃之围。白刃交锋,横尸遍野。残烬星散,雾卷南奔。敦煌,晋昌收复已讫,时当大中二载。题笺修表,纡道驰函。上达天闻,皇明披览,龙颜叹曰:"关西出将,岂虚也哉!"百辟欢呼,抃舞称贺。便降驲骑,使送河西旌节,赏赉功勋,慰谕边庭收复之事,授兵部尚书万户侯。图谋得势,转益豪雄。次屠张掖,酒泉,攻城野战,不逾星岁,克获两州。再奏天阶,依前封赐,加授左仆射。官高二品,日下传芳,史册收功,名编上将。姑臧虽众,勃寇坚营,忽见神兵,动地而至,无心掉战,有意逃形,奔投星宿领南,苟偷生于海畔。我军乘胜逼逐,虏群畜以川量;掠其郊野,兵粮足而有剩;生擒数百,使乞命于戈前;魁首腰斩,僵尸染于蓁莽。良图既遂,摅祖父之沉冤。西尽伊吾,东接灵武,得地四千余里,户口百万之家。六郡山河,宛然而旧。修文献捷,万乘忻欢,赞美功臣,良增惊叹。便驰星使,重赐功勋;甲士冬春,例沾衣赐。转授检校司空,食实封二百户。事有进退,未可安然,须拜龙颜,束身归阙。朝廷偏奖,官授司徒,职列金吾,位兼神武。宣阳赐宅,廪实九年之储;锡壤千畦,地守义川之分。忽遘恚蛇之疾,行乐往而悲来;俄惊梦奠之灾,谅有时而无命。春秋七十有四,寿终于长安万年县宣阳坊之私第也。诏赠太保,敕葬于素沪南原之礼。

后人有诗为赞:

> 河西沦落百余年,路阻萧关雁信稀。
> 赖得将军开旧路,一阵雄名天下知。

二百年烽火不息,多少忠勇的戍边将士血洒沙场,只为守护这片土地。

山河依旧。

只是因为,他们曾经来过。